古典文獻研究輯刊

二四編

潘美月・杜潔祥 主編

第24冊

《臨川四夢》校注（一）
——牡丹亭還魂記（上）

王學奇、李連祥　校注

國家圖書館出版品預行編目資料

《臨川四夢》校注（一）——牡丹亭還魂記（上）／王學奇、
李連祥 校注 — 初版 — 新北市：花木蘭文化出版社，2017〔民
106〕
序 8+ 目 4+214 面：19×26 公分
（古典文獻研究輯刊 二四編：第 24 冊）
ISBN 978-986-485-014-3（精裝）
1. 牡丹亭 2. 注釋
011.08   106001922

古典文獻研究輯刊
二四編　第二四冊   ISBN：978-986-485-014-3

《臨川四夢》校注（一）——牡丹亭還魂記（上）

注　　者　王學奇、李連祥 校注
主　　編　潘美月　杜潔祥
總 編 輯　杜潔祥
副總編輯　楊嘉樂
編　　輯　許郁翎、王筑　美術編輯　陳逸婷
企劃出版　北京大學文化資源研究中心
出　　版　花木蘭文化出版社
社　　長　高小娟
聯絡地址　235 新北市中和區中安街七二號十三樓
　　　　　電話：02-2923-1455／傳眞：02-2923-1452
網　　址　http://www.huamulan.tw 信箱 hml810518@gmail.com
印　　刷　普羅文化出版廣告事業
初　　版　2017 年 3 月
全書字數　369237 字
定　　價　二四編 32 冊（精裝）新台幣 62,000 元

《臨川四夢》校注（一）
——牡丹亭還魂記（上）

王學奇、李連祥　校注

王學奇簡介

王學奇，北京密雲人，漢族，生於 1920 年，1946 年畢業於國立西北師院（北師大後身）國文系，受業於黎錦熙先生。畢業後在蘭州、蘇州、北京教過幾年中學。1950 年起，開始到大學任教，先後曾在東北工學院、東北師範大學、中央音樂學院、河北北京師院、河北師範大學任講師、副教授、教授、研究生導師。在河北師範大學階段，還曾任元曲研究所所長、河北省元曲研究會會長、關漢卿研究會會長。主講過文學概論、中國古典文學、世界文學、元明清戲曲。以教學優異，獲得國務院特殊津貼。還被母校北師大評為榮譽校友。

早年好詩，從上世紀五十年代中葉，轉攻戲曲語言研究，著有《元曲釋詞》《宋金元明清曲辭通釋》《關漢卿全集校注》《元曲選校注》《笠翁傳奇十種校注》《王學奇論曲》《湯顯祖〈臨川四夢〉校注》，即將出版的有《曲辭通釋》（《宋金元明清曲辭通釋》增訂本）、《中華古今少數民族語》等。已出版各書，皆獲大獎，備受國內外學術界好評。

李連祥簡介

李連祥，1958 年 10 月生於天津，1982 年 2 月畢業於天津師範大學中文系。長期從事教學及研究工作。

主要著作：《唐詩常用語詞》（辭書類，125 萬字，百花文藝出版社 2009 年版）；《奈何天校注》（收錄於王學奇先生主編《笠翁傳奇十種校注》，天津古籍出版社 2009 年版）；《詩藪珠璣》（唐詩研究論集，52 萬字，與李峘合著，天津社會科學院出版社 2016 年版）；《湯顯祖〈臨川四夢〉校注》（與王學奇先生合著）。《唐詩常用語詞》一書，在美國 2015 年芝加哥圖書展及亞馬遜網站上均有介紹。

《牡丹亭》故事梗概

《牡丹亭》，亦稱《還魂記》，合稱《牡丹亭還魂記》，全劇共五十五齣。劇寫杜麗娘熱烈追求愛情的故事。取材於《杜麗娘慕色還魂》話本，又參考了《太平廣記》有關李仲文、馮孝將兒女事以及收拷談生事。作者在舊有故事框架上，又充實了很多現實生活和非現實生活。劇本一開始，寫福建南安郡杜寶太守的女兒杜麗娘，受父母管教甚嚴，久處深閨。因受塾師陳最良教授《詩經‧關雎》篇的啓發，又受婢女春香慫恿，外出遊園，看到大自然的美景，不由感歎。遊園回來困倦，不覺入夢，夢中與一少年在牡丹亭畔幽會，飽嘗快感，情竇初開，欲罷不能。從此以後，為相思所苦，寫眞留記，傷情而死。三年後，柳夢梅去臨安赴試，路過杜麗娘埋葬的地方，杜麗娘幽魂未散，又與柳夢梅歡會，並起死回生，二人遂結為夫婦。經過千辛萬苦，見到麗娘之父杜寶，杜寶不但不承認這椿親事，反而將柳夢梅弔起拷打。最後柳中了狀元，由皇帝做主、麗娘一再堅持，才確定下兩人的婚姻關係。杜麗娘這種為愛而死，又為愛而生的求愛精神，曾感動千千萬萬青年男女，是動搖封建婚姻的巨大力量，它代表了歷史前進的最強音。

序言：湯顯祖與《臨川四夢》

王學奇

解　題

　　湯顯祖，字義仍，號海若，又號海若居士，一名若士，晚年號繭翁，自署清遠道人。江西臨川人，平生共寫過五種劇本，最初寫的是《紫簫記》，因遭非議，中途輟筆，後經改造和補充，更名《紫釵記》。離職後又寫有《牡丹亭》、《南柯記》、《邯鄲記》三種。故歷來校注湯劇，只列《紫釵記》、《牡丹亭》、《南柯記》、《邯鄲記》四種，不把《紫簫記》計入。這四種劇本的故事情節，均因與夢幻有關，又因作者是臨川人，故後世通稱「臨川四夢」。這次校注，各劇之前，增補了「作者題詞」。《紫簫記》原文，只校不注，列在書後，作爲附錄，以供參考。

湯顯祖生活的時代

　　湯顯祖生於明世宗嘉靖二十九年（公元 1550 年），卒於明神宗萬曆四十四年（公元 1616 年），享年六十七歲。這個時間段，適逢十六世紀，是個不尋常的時代。在西方，掀起了文藝復興大變革運動，在東方，中國的封建統治搖搖欲墜，新興資本主義欲代之而起。在文化上，西方出了個大戲劇家莎士比亞，在中國也出了個堪與莎翁媲美的湯顯祖。他們同是從統治階級內部分裂出來的進步思想家、文化先驅者。湯顯祖出身於中小地主家庭。高祖和祖父都是藏書家。祖父湯懋昭篤信道教，父親湯尙賢崇尙儒教，是個「爲文高古，舉行端方」的儒者。正由於這個條件，湯顯祖從小就受到良好的教育。他自己也說：「家君恒督我以儒檢，大父輒要我以仙遊。」（語見《和大父遊

城西魏夫人壇故址詩·序》）但他生非其時，他的一生，是社會矛盾叢生的動亂時代，既處於貧雇農與地主階級矛盾日深，又處於新興市民階層與腐朽的封建統治勢不兩立的時代。當時政治腐敗，聚斂成風，上層統治階級乃至一般地主豪紳，驕奢淫逸，生活至為糜爛。一部《金瓶梅》便是整個統治階層生活的縮影。而廣大農村，貧雇農冒著酷暑嚴寒、雨淋雪打，終年勞動在野外，卻得不到最低限度的溫飽，生活無著，流離失所，不得已鋌而走險，起初還是小規模地分散地各自為戰，到明毅宗崇貞元年（公元 1628 年）便彙聚成以高迎祥為首的大規模的農民起義。這時距湯逝世，不過短短十二年；距崇貞十七年（公元 1644 年）李自成打進北京，逼崇貞帝上吊自殺，不過二十八年。在城市，明神宗二十七年（公元 1599 年），薊州爆發了數千商民驅逐稅監陳奉的鬥爭。兩年後，武昌市民為反抗陳奉的壓榨也舉行了暴動。蘇州紡織手工業者為反抗織造官員孫隆也是此伏彼起，鬥爭不斷。可以說，在中國廣袤的大地上，這種鬥爭，無時或休，無地或休，因而就不能不反映到哲學鬥爭上來。最著名的便是泰州學派代表人物李贄等人對程朱理學的批判。程朱理學胡說什麼「存天理，滅人欲」（語見《朱子語類》卷十二）；還胡說什麼「餓死事小，失節事大」（語見《二程遺書》）。這類滅絕人性，反對寡婦再嫁的封建說教，遭到體無完膚駁斥。在泰州學派看來「日用飲食男女生活之私即是自然之理」。在文藝領域，則有前後七子復古反復古的鬥爭。同時還有「情」與「理」的交鋒。湯顯祖的一生，就是在上述形形色色矛盾鬥爭交織的漩渦中乘風破浪成為巨人的。他十三歲時，即師從泰州學派創始人王艮的再傳弟子羅汝芳學習。以後又與當地名流結社唱和，互相切磋。到十四歲便進了學，二十一歲中舉，以一孝廉而名揚天下。但以剛正不阿，拒絕了權相張居正施以「啖以巍甲」（見《明史》卷二三〇《湯顯祖傳》）的結納，以致幾次春試都被刷掉。直至三十四歲（公元 1583 年），張居正死後第二年，才考中進士。接著又拒絕了執政申時行、張四維的招致。這時他謀求到南京去做大常寺博士，寧願失去考取庶吉士（明、清官名）的機會；以後又歷任南京詹事府主博、南京禮部祠祭司主事。不過這都是閒差，沒有什麼實權，也不幹什麼實事。《紫釵記》就是趁這個閒暇期間把八年前的半成品《紫簫記》改寫成功。這時湯顯祖正三十八歲（公元 1582 年）。當時，南京雖為留都，但這裏沒有一套完整的中央官僚機構，其中一部分官員是受到排擠，才安插到這裏來的。因此南京便逐漸形成反政府的輿論的地方，並

進而形成以顧憲成為首的反對派東林黨的中心。湯顯祖嫉惡如仇的不妥協精神，反封建、求解放的思想日益堅定，並和東林黨的重要人物，如顧憲成、高攀龍、鄒元標、可上人等，都先後成了好友。湯顯祖四十二歲時（公元 1591年）上《輔臣科臣疏》，這道奏摺不但彈劾了申時行及其爪牙對全國大災荒的失職，對皇帝的昏庸也做了非議。這還了得，於是被貶到廣東雷州半島徐聞縣掛個典史的虛職。這倒使湯顯祖有機會漫遊很多地方，接觸到民間生活，開拓了胸襟，覺得思想更為充實了。三年後（公元 1593 年），湯顯祖又升為浙江遂昌知縣。在遂昌任上，為反對礦稅，作《感事》詩云：「中涓鑿空山河盡，聖主求金日夜勞。賴是年來稀駿骨，黃金應與築臺高。」諷喻矛頭直指聖主，真是豁出去了；這時湯已四十四歲。在遂昌五年，備受百姓愛戴。到四十九歲，棄職歸臨川，作《牡丹亭》。五十一歲作《南柯記》。五十二歲作《邯鄲記》，於是年以「浮躁」被正式免職，自此，過著鄉村的退隱生活，直至公元 1616 年 7 月 29 日逝世。

四夢的成就

　　《紫釵記》係《紫簫記》的改本，共五十三齣，成書於萬曆十五年（公元 1587 年），湯時年三十八歲，在南京工作時所作。取材於唐・蔣防《霍小玉傳》小玉與李益的愛情故事。劇寫詩人李益流落長安，元宵節拾得霍小玉所失玉釵，託媒鮑四娘而成親。後李益考取狀元，當朝權要盧太尉欲招李為婿，益不從。盧盛怒之下，借機派益到玉門關作參軍，離間李益與小玉的夫妻關係。這時小玉家貧生活困難，不得不出售紫玉釵，適為盧太尉所得，乃向李益偽稱小玉已死。黃衫客聞此不平之事，仗義相助，促成李益和小玉相會，各道出思念之情，真相大白，和好如初，使盧太尉的陰謀未得逞，並受到懲處。此劇基本保留了傳奇小說的主要人物和基本情節，但內容有所豐富並有新的發展。劇本把霍小玉對愛的癡情寫得淋漓盡致，沁人心脾。特別是當霍小玉聽到訛傳李益招贅到盧府時，病體支離的小玉，仍然不惜家財，千方百計去追尋李益消息，甚至把當初的定情物紫玉釵換來的百萬金錢拋撒滿地（見第四十七齣）。以表明她的「情乃無價，錢有何用」的俠義心腸。湯之劇作與蔣之傳奇小說最大的不同，是把悲劇改寫成團圓劇。其所以稱作夢者，請聽聽第四十九齣【黃鶯兒】曲云：「（旦：）……四姨，咱夢來，見一人似劍俠非常遇，著黃衣。分明遞與，一輛小鞋兒。（鮑：）鞋者，諧也，李郎必

重諧連理。」此劇崑曲常演《折柳陽關》，京劇《霍小玉》（亦名《黃衫客》），閩劇《紫玉釵》均有悲劇結局。川劇有《紫燕釵》。

《牡丹亭》亦名《還魂記》，共五十五齣，成書於萬曆二十六年（公元1598 年），湯顯祖棄官歸臨川後所作，湯時年四十九歲。劇寫杜麗娘追求愛情的故事。取材於《杜麗娘慕色還魂》話本。它給《牡丹亭》提供了基本的故事情節。在《驚夢》、《尋夢》和《鬧殤》各齣賓白中還保留了話本的若干原句。另外還參考了《太平廣記》中有關於李仲文、馮孝將兒女事以及收拷談生事。通觀全局，作者在舊有故事的輪廓上，又充實了很多現實生活和非現實生活。劇本一開始，寫福建南安郡杜寶太守的女兒杜麗娘久處深閨，被父母拘管甚嚴。因從塾師陳最良教授《詩經》首篇《關雎》得到啓發，婢女春香私自帶她去遊園，看到大自然風景：「朝飛暮旋，雨絲風片，煙波畫船」，不禁衝口而出：「一生愛好是天然。」「不到園林，怎知春色如許」；回來困倦，不覺入夢。夢中與一少年柳夢梅在牡丹亭畔幽會。從此以後，爲相思所苦，寫眞留記，傷情而死。三年後，柳夢梅去臨安赴試，路過梅花觀埋葬杜麗娘的地方，這時眷戀柳夢梅的杜麗娘的幽魂，一靈不散，又與柳夢梅歡會，並得再生，二人遂結爲夫婦。但麗娘之父非但不承認他們的結合，還對柳夢梅進行弔打。經杜麗娘一再堅持，再加以柳夢梅被朝廷點中狀元，由皇帝主婚，杜寶方接受了女兒和女婿。全劇五十五齣，最關鍵的一齣就是《驚夢》，杜麗娘因遊園而倦夢，因倦夢而與柳生相遇，由此便演繹出爲柳生而死，爲柳生而生的一系列故事。它與《尋夢》同是本劇的精華所在。清・李漁《閒情偶寄・詞曲部》說：「湯若士《還魂》一劇，世以配享元人，宜也。問其精華所在，則以《驚夢》、《尋夢》二折對。」在這兩折中，作者以無法抑制的激情，描寫她「一生愛好是天然」的信念。描寫她走出「錦屏」，發出「不到園林，怎知春色如許」的感歎；從而對封建統治者把婦女禁錮在「錦屏」之中，提出了強烈的抗議，並且喊出了「這般花花草草由人戀，生生死死隨人願，便酸酸楚楚無人怨」。如此這般追求自由解放的心聲，如霹靂一般，簡直要把整個封建堡壘震得粉碎。

明清時《牡丹亭》一再印行，廣泛流佈，家喻戶曉。今崑劇尚能演十多齣。常演者，有《春香鬧學》、《遊園驚夢》、《尋夢》、《拾畫叫畫》等，其中《遊園驚夢》屢至海外演出，京劇亦演《春香鬧學》、《遊園驚夢》。後又拍成電影，影響更大了。

　　《南柯記》共四十四齣，成書於萬曆二十八年（公元 1600 年），比《牡丹亭》成書晚兩年，湯時年五十一歲，劇寫淳于棼夢入槐安國的故事。取材於唐・李公佐《南柯太守傳》。劇情略謂：淳于棼於夢境中到了大槐安國，被招爲駙馬，任南柯太守二十餘年，甚有政績。後檀蘿國入侵，金枝公主受驚而亡。回朝後，拜爲左丞相，拉攏王親貴戚，威勢日盛，甚至驕縱弄權，右丞相向國王奏明此情況，淳于棼被遣回鄉。至此夢醒，餘酒尙溫。及尋視所謂大槐安國不過是庭前大槐樹洞裏的一群螞蟻。湯顯祖通過對淳于棼墮落的描寫，寄寓了明代黑暗現實的批評。他在《寄鄒梅宇》的信中說：「二夢記殊覺恍惚，令人悵然。」他在《南柯夢記・題詞》中也說：「一往之情，則爲所攝。」就是指淳于棼的一片「眞情」，在宦海浮沉之中，爲「貴極祿位，權傾國都」的「矯情」所攝，終於導致了淳于棼的徹底墮落。湯顯祖在《南柯記》中鞭撻這種「矯情」，矛頭也正指向權相張居正「剛而有欲」和執政申時行「柔而有欲」（語見《論輔臣科臣疏》）的表現。《南柯記》這個劇本，在祈彪佳《日記》和褚人獲《堅瓠四集》均有記載。今崑劇尙能演出《花報》、《瑤臺》等折子戲。最近由著名演員施夏明（飾淳于棼）和單雯（飾瑤芳公主）在天津演出了全本崑曲《南柯夢》，受到觀眾的好評。

　　《邯鄲記》共三十齣，成書於萬曆二十九年（公元 1601 年），是在歸鄉三年後被正式解職後所作。湯時年五十二歲。劇寫盧生入夢後的故事，取材於唐・李泌《枕中記》。故事略謂：呂洞賓在邯鄲旅店，以磁枕使盧生入睡。盧生夢與高門崔氏女結婚，借行賄考取狀元。以河功與邊功爲朝廷建立了功業，受到提拔，出將入相，榮華已極，卻因官場傾軋，歷盡宦海風險；讒臣宇文融被誅後，得封國公，備受皇帝恩寵。一門皆富貴，奢侈荒淫，無所不極，終染病而亡，死後醒來，黃粱尙未蒸熟，才知是一場夢幻。實際，這種頓悟人生如夢的消極思想，並非湯顯祖晚年思想的寫照。在他「頭白未銷吳楚氣」（語見《七夕醉答東君二首》），「恩仇未盡心難死」（語見《送劉大甫謁趙玄仲膠西》詩）等詩句，即可看出他「烈士暮年，壯心不已」的反腐敗政治的豪氣。所以取材《枕中記》不過是借用這個軀殼，所表現的生活內容卻有很大不同。這個借開元盛世爲背景的故事，不啻是反映晚明官場的一部《官場現形記》。湯顯祖通過盧生這個人物的生活經歷，對明代封建社會的誠信榮譽、富貴尊榮的虛僞和荒謬，做了無情的揭露。黃榜招賢，盧生高中狀元，看似「天上文星」，實際乃是由崔氏在暗箱調度的結果。盧生進京，四處晉謁

權貴，再利用金錢「相幫引進」。盧生榮歸，崔氏受封誥。原來誥命夫人的榮譽，也是盧生趁掌制誥之便「偷寫下夫人誥命一通」，朦朧進呈，借騙術得來的，以及其它種種描述，湯顯祖都採用了「正言若反」的譏諷筆法，摘掉了「開元盛世」的虛假光環。筆鋒所至，眞是入木三分；當時評家認爲《邯鄲》、《南柯》二夢，「布格既新，遣詞復俊。其掇拾本色，參錯麗語，境往神來，巧妙湊合，又視元人別一蹊徑。」（見明・王驥德《曲律》）《漁磯漫步》、《草堂詩集》皆記有《邯鄲》演出。今崑劇尚能演《掃花三醉》、《番兒》、《雲陽法場》、《仙圓》等單折。

總觀以上四劇，其情節及其所反映的思想內容，雖各有差異，卻在不同方面表現了對現實生活的看法和理解，對封建統治亦表現了不同形式的抗爭。藝術成就，雖各有千秋，也都受到讀者不同程度的歡迎。清・昭槤《嘯亭雜錄》謂：「湯若士『四夢』，其詞雋秀，膾炙人口久矣。」總合多數人評議，都認爲《牡丹亭》的思想、藝術，最爲突出。明・馮夢龍改本《風流夢》小引云：「若士先生千古逸才，所著『四夢』，《牡丹亭》最勝。」清・梁廷枏《曲話》云：「玉茗四夢，《牡丹亭》最佳，《邯鄲》次之，《南柯》又次之，《紫釵》則強弩之末耳。」《牡丹亭》之所以最勝，是在於它具有激動人心的藝術力量，是在於作者通過他所創造的杜麗娘這個光輝形象，忠實地反映了那個時代青年婦女的苦悶。並爲了獲得情愛，杜麗娘孤身奮戰，勇往直前，從生到死，又以死到生，用火一般的激情破除種種阻力，最後終於取得勝利。湯顯祖在「題詞」中寫道：「如麗娘者，乃可謂之有情人耳。情不知所起，一往而深。生者可以死，死可以生。生而不可以死，死而不可復生者，皆非情之至也」。若杜麗娘者，爲愛，生死不渝，達到了「情」的極致。這在古今中外藝術作品中，是絕無僅有的。故《牡丹亭》一問世，立刻轟動，引起廣泛的熱烈反應，特別是廣大女青年的反應。

明・沈德符《顧曲雜言・塡詞名手》：「《牡丹亭》夢一齣，家傳戶誦，幾令《西廂》減價。」

婁江女子俞二娘，讀了《牡丹亭》，有感於杜麗娘的遭遇，斷腸而死（引自蔣瑞藻《小說考證》卷四）。

杭州女伶商小伶，因婚姻不能自主，「鬱鬱成疾」，某日演《牡丹亭》，唱到《尋夢》中「待打並香魂一片，陰雨梅天，守得箇梅根相見」時，熱淚盈眶，隨聲撲地而死。（見焦循《劇說》轉引的《娥術堂閒筆》）

　　馮小青看了《牡丹亭》作《絕句》云：「冷雨幽窗不可聽，挑燈開看《牡丹亭》。人間亦有癡於我，豈獨傷心是小青。」（轉引自徐朔方校注本《牡丹亭》）

　　《紅樓夢》中的林黛玉「走到梨香院牆角上，只聽牆內笛韻悠揚，歌聲婉轉。林黛玉便知是十二個女孩演習戲文呢……偶然兩句，吹到耳內：

　　「原來姹紫嫣紅開遍，似這般都付與斷井頹垣。」林黛玉聽了，倒也十分感慨纏綿，便止住步側耳細聽，又聽唱道是：

　　「良辰美景奈何天，賞心樂事誰家院。」聽了這兩句，不禁點頭自歎，心下自思道：「原來戲上也有好文章，可惜世人只知看戲，未必能領略其中的趣味。想畢，又後悔不該胡想，耽誤了聽曲子。又側耳，只聽唱到：

　　「則爲你如花眷美，似水流年……」林黛玉聽了這兩句，不覺心動神搖。又聽道：

　　「你在幽閨自憐」等句，亦發如醉如癡，站立不住，便一蹲身坐在一塊山子石上，細嚼「如花美眷，似水流年」八個字的滋味，忽又想起前日見古人詩中有「水流花謝兩無情」之句，再又有詞中有「流水落花春去也，天上人間」之句，又兼方才所見《西廂記》上「花落水流紅，閒愁萬種」之句，都一時想起來，湊聚在一起。仔細忖度，不覺心痛神癡，眼中落淚。」（以上見《紅樓夢》第二十三回）

　　《紅樓夢》中這段文字，有力地評價了《牡丹亭》及其主人翁在反封建禮教鬥爭中所起的十分積極的作用。在封建末期成功地塑造出杜麗娘的典型，這是對中國文學史極大的貢獻。

校注說明

一、校勘方面

　　一部書因為出版機構不同，便形成多種不同的版本；又因為各版本在輾轉翻印過程中，出版者自以為是，於文字斟酌損益之間，又增加了不少歧異現象，甚至出現「烏焉成馬」等硬傷。這說明要提供給讀者一個較完善的本子，首先必須認真做好校勘工作。為此，在校注湯顯祖《臨川四夢》這部傑作之前，經過仔細比較和反覆考慮，我們選定六十種曲本，亦即汲古閣本（簡稱汲本）為底本。其它版本，如朱校本、朱墨本、文林本、清暉本、獨深本、格正本、繼志本、柳浪本、三婦本、竹林本、富春本（簡稱富本）、暖紅室本、葉《譜》等作為校本；除此，還從歷史文獻中其它有關資料廣為取證，同時就近取材，在同一戲文中前後用字不一致的地方正謬糾偏。

　　我們的校勘原則是尊重底本，凡底本文字可通，於義沒有明顯軒輊者，各本異文不錄，我們要動的地方：

　　一是誤者改之，如《牡丹亭》第三齣注〔22〕「繞池遊」，其中「池」字原誤作「地」，據格正本、葉《譜》改。再如《牡丹亭》第二十齣注〔43〕「好」字原誤作「反」，據朱墨、文林本改。再如《紫釵記》第八齣注〔12〕「跟尋」，其中「跟」字原誤作「恨」，據清暉、柳浪、竹林本改。再如《紫釵記》第十齣注〔33〕「秦宮」，其中「宮」字原誤作「官」，據葉《譜》、《後漢書‧梁冀傳》改。秦宮，乃漢代大將軍梁冀嬖奴的名字。再如《紫釵記》第十四齣注〔50〕「樂羊之織」，其中「織」字，原誤作「職」，據繼志、獨深、柳浪本和《後漢書‧烈女傳‧樂羊子妻》改。再如《邯鄲記》第八齣注

－1－

〔32〕「老旦」，其中「旦」字原誤作「貼」，據清暉、朱墨本改。

　　二是奪（缺）者補之，如《牡丹亭》第四齣注〔34〕「處」字，原無此字，據文林、朱墨、清暉、朱校、獨深本補。再如《紫釵記》第三十二齣注〔20〕「有詩」，在此二字下，疑缺一「獻」字，據曲意補。「詩」即指李益《獻劉濟》之詩（見《全唐詩》卷283），當時李益作幽州劉濟副使，受到劉濟提拔，獻上此詩，表示感恩之意。再如《邯鄲記》第十一齣注〔64〕「生」，原無此字，根據曲意，應由「生」唱，據朱墨本補。再如《南柯記》第十五齣注〔65〕「賀君」，在此二字下缺一「王」字，據暖紅室本補。

　　三是衍者刪之，如《牡丹亭》第四十三齣注〔36〕「外」，原無此字，衍，據朱墨、朱校本刪。再如《紫釵記》第六齣注〔1〕「鳳凰閣」下原有「引」字，衍，據葉《譜》刪。又第九齣注〔9〕「鶯集林」下原有「春」字，衍，據葉《譜》刪。再如《南柯記》第二十一齣注〔6〕「外郎郎」，原作「外郎外郎」，衍一外字，據葉《譜》刪。再如《紫簫記》第一齣注〔2〕「眾賓」，此二字上原有「末」字，衍，據富春本刪。

　　四是文字顛倒者正之，如《牡丹亭》第三十八齣注〔10〕「蓮帳」，原顛倒作「帳蓮」，今正。按：以蓮名帳，蓋取義於《南史·庾杲之傳》。傳云：「安陸侯蕭緬與儉書曰：『盛府元僚，實難其選。庾景行（杲之字）泛淥水，依芙蓉，何其麗也。』時人以入儉府爲蓮花池，故緬書美之。」再如《紫釵記》第三齣注〔31〕「新春」，原顛倒作「春新」，今據獨深本正之。再如第八齣注〔44〕「雛鴦」，原顛倒作「鴦雛」，今據曲意正之。按「雛鴦」，幼鴦也。此喻霍小玉年紀尚小。再如《紫簫記》第二十八齣注〔9〕「婼羌」，原顛倒作「羌婼」，今正。按「婼羌」乃漢代西域國名（在今新疆維吾爾自治區）。1959年改寫爲「若羌」（縣名）。再如《南柯記》第四齣注〔18〕「禪智」，原顛倒作「智禪」，據本劇第七齣〔普賢歌〕白：「小僧揚州府禪智寺一箇五戒是也。」及「同來禪智寺報名，孝感寺聽經」兩例正之。按「禪智」乃一寺院名也。

　　五是同一角色或事物在同齣曲文中前後出現矛盾時，則統一之，例如《南柯記》第二十齣注〔5〕「〔生〕行李整齊」，據上下文意，〔生〕應統一作「紫」，因前文有「紫衣見介」、「〔紫〕俱已齊備」，後文有「〔紫〕知道」。再如《紫簫記》第三十一齣注〔12〕「只有老身要從相公一問」，據上下文「老身」應統一作「老僧」，因前文有「〔老僧〕老相公，身子何須更問」。後文有「〔老

僧〕老僧百歲，都是些無明數目湊起來的」。

二、注釋方面

包括注音、釋意。

注音要注那些呢，主要包括以下五方面：

一是生僻字，如作「男巫」講的「覡（xī）」字（見《牡丹亭》第十七齣注〔1〕）、作「求」字講的「詗（xiòng）」字（見《牡丹亭》第三十四齣注〔1〕），作「切草」講的「莝（cuò）」字（見《紫釵記》第十二齣注〔36〕），如「步天罡」的「罡（gāng）」字（見《南柯記》第四十三齣注〔31〕），等等，不勝列舉。這類生僻字，在古籍中到處可見，而一般詞書又不易查到，為方便讀者隨手注明是必要的。

二是多音字要注，因為意隨音轉，不注明音，意義就不便確定，例如「母親行」的「行」字，就應讀「háng（杭）」，因宋元口語，在人稱，自稱後面用「行（háng）」字，是用來表示方位的。「母親行」，意即母親那邊（見《紫釵記》第八齣注〔93〕）。還有「好」字，一般有上聲，去聲兩念，在「愛好是天然」這句話中的「好」字，應讀hǎo。「愛好」是動賓短語，意即愛美。「愛好是天然」，意言愛美是出於天性。如把「好」字讀成去聲hào，「愛好（hào）」便成為同意連文的動詞，這樣就和下文「是天然」搭配不攏了（見《牡丹亭》第十齣注〔27〕），這類例子，也舉不勝舉。

三是有的姓氏，讀音很特別，如「仇」，不讀chóu（愁），而讀qiú（求）；區，不讀qū（屈），而讀ōu（歐）；如「單」，不讀dān（丹），而讀shàn（扇）；如「查」，不讀chá，而讀zhā。

四是有的地名，讀音也不尋常，如山西省運城地區「解縣」之「解」，不讀jiě（姐），也不讀jiè（借），而讀xiè（謝），今山西方言又讀hài（害）。

五是古今異讀字，也最好注明，如肴（餚），古讀xiào，今讀yào，如佳肴、酒肴。

關於釋義的要求，我們本著確實能夠幫助廣大讀者讀懂詞意的宗旨，努力做到以下幾點：

一、釋義務求準確。例如《牡丹亭》第十齣注〔68〕「命如一葉」，此語極言命運不好也。金·元好問《鷓鴣天·薄命妾》詞：「顏色如花畫不成，命如一葉可憐生」。再如《牡丹亭》第一齣注〔9〕「俊得江山助」。此語，言

湯顯祖曲詞之妙，都是得自江山靈氣的幫助。《文心雕龍・物色》：「然屈平所以洞鑒風騷之情者，抑亦江山之助乎！」再如《紫釵記》第四齣注〔19〕「卿」，此字是夫妻間的稱呼，或迭用「卿卿」二字，以形容親昵的程度。《世說新語・惑溺》：「王安豐婦常卿安豐，安豐曰：『婦人卿婿，於理爲不敬，後勿復爾。』婦曰：『親卿愛卿，是以卿卿，我不卿卿，誰當卿卿？』」解詞引證，是爲幫助讀者理解詞意，引證的內容，如與要解的詞意貼切、契合，就更能啓發讀者得到更深的理解。

二、本著簡練的原則，釋文的引證，務求繁簡適當。比較易解的，則擇引一、二例；比較繁難的，則多用些筆墨。例如《牡丹亭》第十四齣注〔37〕對「欲火三焦」，我們這樣解道：「欲火，佛教語，謂塵世間熾盛如火的欲念（多指淫欲）。《楞嚴經》卷八：『是故十方一切如來，色目行婬，同名欲火。』三焦，中醫學名詞，上焦、中焦、下焦的合稱。戰國・扁鵲《難經・三十一難》：『三焦者，水谷之道路，氣之所終始也。上焦在胃上口，主內（nà）而不出；中焦在胃中腕，不上不下，主腐熱水谷；下焦當膀胱上口，主分別清濁，主出而不內。』」「欲火三焦」連起來是說，杜麗娘淫欲之火，充斥於三焦。總之，務使讀者感到，注文筆到意足，短者不嫌短，長者不覺長。

三、引證材料都應具體交待清楚材料的來源，引小說必注明回數，引戲曲必注明折數（或齣數）、曲牌，引其它著作必注明卷數、子目。這樣處理，以便讀者在縮小範圍內查證疑點，這是對本書負責，對讀者負責，同時也表示注者的自信。

四、引用前賢和現當代學者的研究成果，一概注明作者及其著作或文章，這是對前人勞動的尊重。我們還應該感謝他們，因爲他們替我們解決了問題。如「賊牢」（見《牡丹亭》第四十四齣注〔30〕）、「巴繡」（見《牡丹亭》第五十二齣注〔21〕），等等，我們都明確注明是採用徐朔方的說法。

五、必須承認，我們的知識有限，即使鴻學博儒，也不是什麼都懂，況且湯顯祖的語言，有的艱深晦澀，遇到不懂的詞語或查不出來的典故，是正常的。「知之爲知之，不知爲不知」。本著這種實事求是的態度，對「奶子花」（見《牡丹亭》第二十三齣注〔87〕）、「明姑仙子」（見《紫釵記》第八齣注〔75〕）等都注以「不詳，待考」。對「古魯古魯」（見《牡丹亭》第四十七齣注〔51〕）、「力嫯吉丁母刺失」（見《牡丹亭》第四十七齣注〔56〕），從上下文看，猜是蒙語，而具體含義不詳，亦注以「待考」字樣。這樣作，也是爲

給讀者留下思索的空間，希望共同解決未了的問題。

六、詞語或典故重出者，爲節約篇幅，則採取後見前的辦法。但有些詞語如「嬋娟」涵義不同，有的用以喻指美女（見《紫釵記》第六齣注〔76〕、四十二齣注〔35〕、四十七齣注〔48〕），有的用以形容月亮（如《紫釵記》第七齣注〔27〕），有的則形容姿態美好（如《紫釵記》第十三齣注〔71〕），對這類詞語，後見前時，要對號入座，避免亂套。

總目次

《牡丹亭還魂記》目次

《牡丹亭還魂記》[1]

作者題詞

　　天下女子有情，寧有如杜麗娘者乎！夢其人即病，病即彌連[2]，至手畫形容[3]，傳於世而後死。死三年矣，復能溟莫[4]中求得其所夢者而生。如麗娘者，乃可謂之有情人耳。情不知所起，一往而深。生者可以死，死可以生。生而不可與死，死而不可復生者，皆非情之至也。夢中之情，何必非眞？天下豈少夢中之人耶？必因薦枕[5]而成親，待掛冠[6]而爲密者，皆形骸之論也。傳杜太守事者，彷彿晉武都守李仲文[7]、廣州守馮孝將兒女事[8]。予稍爲更而演之[9]。至於杜守收拷柳生，亦如漢睢陽王收拷談生也[10]。嗟夫！人世之事，非人世所可盡。自非通人，恒以理相格[11]耳！第[12]云理之所必無，安知情之所必有邪！

萬曆戊戌[13]秋清遠道人[14]題

校　注

〔1〕原題《還魂記》，今用全名《牡丹亭還魂記》。據文林本、朱校本補。

〔2〕彌連——謂久病不愈，猶「彌留」。《書·顧命》：「病日臻，既彌留，恐不獲誓言嗣茲。」蔡沈集傳：「病日至，既彌甚而留連。」

〔3〕形容——指形貌。《戰國策·秦策一》：「形容枯槁，面目犁黑。」宋·王禹偁《賃宅》詩：「老病形容日日衰，十年賃宅住京師。」

〔4〕溟（míng）莫——猶溟漠。幽晦廣遠貌，多指陰曹。前蜀·杜光庭《馬尚書本命醮（jiào）詞》：「洎乎沉潛異質，溟漠殊庭，同沐玄風，咸升道域。」莫，謂昏暗。楊倞注《荀子·成相》曰：「莫，冥莫，言闇（yīn）也。」

〔5〕薦枕——亦作「薦枕席」謂進獻枕席也。借指侍寢。《文選·宋玉〈高唐賦〉》：「昔者先王嘗遊高唐，怠而晝寢，夢見一婦人，曰『妾巫山之女也，為高唐之客，聞君遊高唐，願薦枕席。』」李善注：「薦，進也，欲親於枕席，求親昵之意也。」

〔6〕掛冠——猶今云辭職。語本晉·袁宏《後漢記·光武帝紀五》：「（逢萌）聞王莽居攝，子宇諫，莽殺之。萌會友人曰『三綱絕矣，禍將及人。』即解衣冠，掛東都城門，將家屬客於遼東。」

〔7〕晉武都李仲文（兒女事）——晉時，武都太守李仲文，在郡喪女，年十八，權假葬郡城北，有張世之代為郡。世之男（兒子），字子長，年二十，侍從在廨（xiè）中，夢一女，年可十七八，顏色不常。自言：前府君女，不幸早亡，會今當更生，心相愛樂，故來相見就。如此五六夕，忽然晝見，衣服薰香殊絕，遂為夫婦，寢息衣皆有涔，如處女焉。後仲文遣婢視女墓，因過世之婦相問。入廨中，見此女一隻履，在子長牀下，取之啼泣，呼言發塚，持履歸，以示仲文。仲文驚愕，遣問世之，君兒何由得亡女履耶？世之呼問，兒具陳本末。李、張並謂可怪，發棺視之，女體已生肉，顏姿如故，惟右腳有履。子長夢女曰：「我比得生，今為所發，自爾之後，遂死肉爛，不得生矣。萬恨之心，當復何言。」泣涕而別。（見《太平廣記》卷319引《法苑珠林》）

〔8〕馮孝將女兒事——東晉時馮孝將為廣州太守。兒名馬子，年二十餘，獨臥廄（jiù）中，夜夢一女子，年十八九。言：「我是太守北海徐元方女，不幸早亡，往來出入四年，為鬼所枉殺，按生錄，當年八十餘，聽我更生，要當有依憑，方得活，又應為君妻，能從所委見活不？」馬子答曰：「可。」因與馬子克期而出。至期，床前有頭髮，正與地平，令人掃去，愈分明，始悟所夢者。遂屏左右，發視，漸見頭面，已而形體皆出。馬子便令坐對榻上陳說，語言奇妙非常。遂與馬子寢息。每戒云：「我尚虛。」借問何時得出，答曰：「出，當待本生日，尚未至。」遂往廄中。言語聲音，人皆聞之。女計生日至，具教馬子出之養之方法。語畢，拜去。馬子從其言。至日，以丹雄雞一隻，黍飯一盤，清酒一升，醊（zhuì）其喪前，去廄十餘步。祭訖，掘棺出，開視女身，完全如故，徐徐抱出，著氈帳中，惟心中微暖，口有氣，令婢四守養護之。常以青羊乳汁，瀝其兩眼。始開口，能咽粥。積漸能語，二月持仗起行。一期之後，顏色肌膚氣力悉復常。乃遣報徐氏，上下盡來，選吉日下禮，聘為夫婦。生二男。長男字元慶，嘉禾初為秘書郎。小男敬度，作太傅掾。女適濟南劉子彥徵延世之孫。（見《太平廣記》卷276引《幽明錄》）

〔9〕稍爲更而演之——意言在參考上述故事基礎上稍微改變而敷演之，實際是根據自己豐富的想像力對歷史故事傳說進行再創造，成爲一部積極浪漫主義的傑作。按：湯顯祖最主要的根據是話本短篇小說《杜麗娘慕色還魂》。

〔10〕杜太守收拷柳生，亦如漢睢陽王收拷談生也——談生者，年四十，無婦，常感激讀書。忽夜半有女子，年可十五六，姿顏服飾，天下無雙，來就生爲夫婦。乃言：「我與人不同，勿以火照我也；三年之後，方可照。」生一兒，已二歲，不能忍，夜伺其寢後，盜照視之，其腰以上，生肉如人，腰下但有枯骨。婦覺，遂言曰：「君負我，我垂生矣，何不能忍一歲而竟相照也。」生辭謝，涕泣不可復止。云：「與君雖大義永離，然顧念我兒，若貧不能自偕而活者，暫隨我去，方遺君物。」生隨之去，入華堂，室宇器物不凡，以一珠袍與之，曰：「可以自給。」裂取生衣裾，留之而去。後生持袍詣市，睢陽王家買之，得錢千萬。王識之曰：「是我女袍，此必發墓。」乃取拷之，生具以實對，王猶不信，乃視女冢，冢完如故。發視之，果棺蓋下得衣裾。呼其兒，正類王女，王乃信之。即召談生，復賜遺衣，以爲主壻，表其兒以爲侍中。（見《太平廣記》卷 316 引《列異傳》）

〔11〕格——推究也。

〔12〕第——用作副詞，猶「只」，或表示轉折，用同「但」。

〔13〕萬曆戊戌——萬曆，明神宗朱翊鈞的年號。萬曆戊戌，即指萬曆二十六年，相當西曆公元 1598 年。

〔14〕清遠道人——湯顯祖，字義仍，號若士，一號海若，別署清遠道人。

第一齣　標　目〔1〕

【蝶戀花】〔末〔2〕上〕忙處拋人閒處住〔3〕。百計思量，沒箇為歡處〔4〕。白日消磨〔5〕腸斷句，世間只有情難訴〔6〕。玉茗堂前〔7〕朝復暮，紅燭迎人〔8〕，俊得江山助〔9〕。但是〔10〕相思莫相負，牡丹亭上三生路〔11〕。

【漢宮春】杜寶黃堂〔12〕，生麗娘小姐，愛踏春陽〔13〕。感夢書生折柳，竟為情傷。寫真〔14〕留記，葬梅花道院〔15〕淒涼。三年上，有夢梅柳子，於此赴高唐〔16〕。果爾〔17〕回生定配。赴臨安〔18〕取試，寇起淮陽〔19〕。正把杜公圍困，小姐驚惶。教柳郎行探〔20〕，反遭疑激惱〔21〕平章〔22〕。風流況〔23〕，施行〔24〕正苦，報中狀元郎。

杜麗娘夢寫丹青〔25〕記，陳教授〔26〕說下梨花槍〔27〕。

柳秀才偷載回生女，杜平章刁打〔28〕狀元郎〔29〕。

校　注

〔1〕標目——古代傳奇戲曲開場白的引子，用來介紹創作緣起和劇情梗概。原稱「家門引子」。也稱「家門」或「開宗」。

〔2〕末——為古劇一種腳色名，多扮演中年男性。傳奇劇第一齣照例由副末開場。本劇用末代替副末。

〔3〕忙處拋人閒處住——忙處，指工作繁劇的官場；閒處，指退隱到閒散的地方。拋人，指辭職。

〔4〕歡處——高興的時候。處，指時間。

〔5〕消磨——猶琢磨。《朱子語類》卷五：「古人學問便要窮理知至，直是下工夫消磨。」「下工夫消磨」，謂下工夫琢磨也。

〔6〕世間只有情難訴——語見《全唐詩》卷267、顧況《送李侍御往吳興》詩，作者借用。

〔7〕玉茗堂——明劇作家湯顯祖的居室名，以玉茗（白山茶）花而得名。湯顯祖即以傳奇故事《玉茗堂四夢》而揚名。

〔8〕紅燭迎人——截取《全唐詩》卷245、韓翃《贈李翼》詩：「樓前紅燭夜迎人。」以為己用。

〔9〕俊得江山助——意言曲詞之妙，都是得自江山靈氣的幫助。《文心雕龍·物色》：「然屈平所以能洞鑒風騷之情者，抑亦江山之助乎！」

〔10〕但是——只要。元·王曄《桃花女》三、白：「俺這周公陰陽有準，但是一卦算不清，甘罰這一個銀子。」元·楊顯之《瀟湘雨》四〔滾繡球〕白：「我但是吃東西，你便討吃。」

〔11〕牡丹亭上三生路——牡丹亭，是好友約定再世相逢的地方。傳說唐代李源與老僧圓觀友善，同遊三峽，見婦女數人打水，觀曰：「其中孕婦姓王者，是某託身之所。」更約定十二年後中秋月夜，相會於杭州天竺寺外。是夕圓觀亡而孕婦產。十二年後，李源赴約，聞牧童唱《竹枝詞》：「三生石上舊精魂，賞月吟風不要論。慚愧情人還相訪，此身雖異性長存。」源因知牧童即圓觀之後身。（見《太平廣記》卷387《圓觀》）。三生石，在杭州靈隱寺，即李源與圓觀相會之處。後人詩文中常用爲前因宿緣的典故。這裏喻指杜麗娘爲情由生而死、又由死而生與柳夢梅團圓的愛情故事。

〔12〕杜寶黃堂——杜寶太守。杜寶，杜麗娘的父親。黃堂，漢代太守的廳堂，塗以雌黃，以除災殃，稱爲「黃堂」。因作太守的代稱。

〔13〕愛踏春陽——喜好踏青，即愛春日郊遊也。踏春陽，語出唐·沈亞之《異夢錄·春陽曲》：「長安少女踏春陽，何處春陽不斷腸。」

〔14〕寫眞——謂畫像。宋·王安石《胡笳十八拍》之八：「死生難有卻回身，不忍重看舊寫眞。」清·孫枝蔚《漢武帝》詩：「自上甘泉看寫眞，芳魂一去杳難親。」

〔15〕梅花道院——栽種有梅花的道院，見第二十齣，麗娘臨終囑曰：「聽女孩兒一言。這後花園中一株梅樹，兒心所愛，但葬我梅樹之下可矣。」

〔16〕高唐——戰國時楚國臺觀名，在雲夢澤中。傳說楚襄王遊覽高唐，夢見巫山神女與之交歡。臨別時，神女對襄王說：「我巫山之女，旦爲朝雲，暮爲行雨，朝朝暮暮，陽臺之下。」（見楚·宋玉《高唐賦》序）後來凡高唐、巫山、陽臺等就用來比喻男女歡會的地方。參見第十八齣注〔29〕。

〔17〕果爾——果然、終於。

〔18〕臨安——今杭州市。

〔19〕淮陽——今縣名，在河南省東部，潁河北岸。

〔20〕行探——打探。

〔21〕激惱——惹惱。

〔22〕平章——古代官名。全稱爲平章軍國重事或同平中書門下平章事，唐宋時是對宰相的簡稱。本劇第五十齣〔梁州序·前腔〕：「奉有聖旨，不准致仕，欽取老爺還朝，同平章軍國大事。……（末、淨：）平章乃宰相之職，君侯出將入相，官署不能欣仰。」這裏指杜寶。

〔23〕風流況——風流事也，男歡女戀之事。況，情況、事情。明・汪道昆《洛水悲》〔五更轉・前腔〕：「結綺窗，流蘇帳，罷樓五夜長，無端惹得風流況。」

〔24〕施行——謂依法用刑。一作「施刑」。元・孫仲章《勘頭巾》〔梁州第七〕白：「他是王小二，殺了劉員外，贓仗俱明，如今拿出去施刑去也。」

〔25〕丹青——原指繪畫所用原料，故名「繪畫」爲丹青。《晉書・顧愷之傳》：「尤善丹青，圖寫甚妙。《故事成語考・技藝》：「繪畫之輩曰丹青。」清・洪昇《四嬋娟》三〔小桃紅〕：「十年書劍舊行藏，歷歷猶堪想，爲失丹青費惆悵。」

〔26〕陳教授——杜麗娘塾師陳最良。教授，明代對府學教官的尊稱。

〔27〕梨花槍——古代槍法的一種。相傳創自宋名將楊業。這裏是指叛賊李全的妻子。《宋史・叛臣傳下・李全下》：「楊氏論鄭愠德等曰：『二十年梨花槍，天下無敵手。』」這裏是指杜寶派陳最良去招降李全，先說服他的妻子。參見本劇第十九齣注〔11〕。

〔28〕刁打——毒打。

〔29〕「杜麗娘夢寫丹青記」四句下場詩，是簡要地對劇情的介紹。

第二齣　言　懷

【眞珠簾】〔生〔1〕上〕河東舊族〔2〕、柳氏〔3〕名門最。論星宿〔4〕，連張帶鬼〔5〕。幾葉到寒儒〔6〕，受雨打風吹〔7〕。謾說書中能富貴〔8〕，顏如玉和黃金哪裏，貧薄把人灰。且養就這浩然之氣〔9〕。

【鷓鴣天〔10〕】刮盡鯨鼇背上霜，寒儒偏喜住炎方〔11〕。憑依造化〔12〕三分福，紹接〔13〕詩書一脈香。能鑿壁〔14〕，會懸梁〔15〕，偷天妙手〔16〕繡文章。必須砍得蟾宮桂〔17〕，始信人間玉斧〔18〕長。小生姓柳，名夢梅，表字〔19〕春卿。原係唐朝柳州司馬柳宗元之後〔20〕，留家嶺南。父親朝散〔21〕之職。母親縣君〔22〕之封。〔歎介〕所恨俺自小孤單，生事微渺〔23〕。喜的是今日成人長大，二十過頭，志〔24〕慧聰明，三場得手〔25〕。只恨未遭時勢〔26〕，不免飢寒。賴有始祖柳州公〔27〕帶下郭橐駝〔28〕，柳州衙舍，栽接花果。橐駝遺下一箇駝孫，也跟隨我廣州種樹，相依過活。雖然如此，不是男兒結果之場〔29〕。每日情思昏昏〔30〕，忽然半月之前，做下一夢。夢到一園，梅花樹下，立著箇美人，不長不短〔31〕，如送如迎。說道：「柳生，柳生，遇俺方有姻緣之分，發跡〔32〕之期。」因此改名夢梅，春卿爲字。正是：夢短夢長俱是夢，年來年去是何年！

【九迴腸〔33〕】雖則俺改名換字，俏魂兒〔34〕未卜先知？定佳期盼煞蟾宮桂，柳夢梅不賣查梨〔35〕，還則怕嫦娥妒色花顏氣〔36〕，等的俺梅子酸心柳皺眉〔37〕，渾如〔38〕醉。無螢鑿遍了鄰家壁〔39〕，甚東牆〔40〕不許人窺！有一日春光暗度黃金柳，雪意沖開了白玉梅〔41〕。那時節走馬在章臺〔42〕內，絲兒翠、籠定個百花魁〔43〕。

雖然這般說，有個朋友韓子才，是韓昌黎〔44〕之後，寄居趙佗王臺〔45〕。他雖是香火秀才〔46〕，卻有些談吐，不免隨喜〔47〕一會。

門前梅柳爛春暉〔48〕，夢見君王覺後疑〔49〕。

心似百花開未得〔50〕，託身須上萬年枝〔51〕。

校　注

〔1〕生——傳統戲曲角色名稱，扮演男性人物，明清傳奇中的生角，相當元雜劇中的正末。

〔2〕河東舊族——黃河流經山西省境，自北而南，故稱山西省境內黃河以東地區為河東。《左傳·僖公十五年》：「於是春始征晉河東，置官司馬。」舊族，謂望族、大姓。

〔3〕柳氏——柳姓。

〔4〕星宿——指列星。《列子·天烈》：「天果積氣，日月星宿，不當墜邪？」北齊·顏之推《顏氏家訓·歸公》：「天地初開，便有星宿。」唐·王勃《滕王閣序》：「星分翼軫，地接衡廬。」（翼軫，二星名；衡廬，二山名。）

〔5〕連張帶鬼——「張」、「鬼」各為周天恒星二十八星宿之一。按照古代天文學家以星宿主州城的說法，「張」宿主三河（包括河東），「鬼」宿所主的雍州與河東相鄰。這裏意在用星宿說明河東所在的方位。《史記·天官書》曰：「天則有列宿，地則有州城。」

〔6〕幾葉到寒儒——幾葉，幾代。寒儒，柳夢梅自指。

〔7〕受雨打風吹——形容柳夢梅家道衰落。

〔8〕漫說書中能富貴、顏如玉、和黃金那裏——漫說，別說，不要說。唐·司空圖《柳》詩之一：「漫說早梅先得意，不知春力暗分張。」「能富貴」三句，語本宋真宗《勸學篇》：「娶妻莫恨無良媒，書中自有顏如玉。」常言：書中自有黃金屋，書中自有千鍾粟，書中自有顏如玉，多見於元雜劇。

〔9〕浩然之氣——正氣、正大剛直之氣。《孟子·公孫丑上》：「我知言，我善養浩然之氣。」何謂浩然之氣？孟子答云：「其為氣也，至大至剛，以直養而無害，則

塞於天地之間。」

〔10〕鷓鴣天——在此詞牌下四句，是生角柳夢梅的上場詩。詩中自謂刻苦學習，但仍沒取得功名；反而因花費過多，家境更加貧寒。「刮盡鯨鼇背上霜」，意即極言消費之多；霜，喻貧寒。鯨鼇，即「鼇」，科舉時代，俗以中狀元為占鼇頭。

〔11〕炎方——南方。泛指南方炎熱地區。李白《古風》之三十四：「怯卒非戰士，炎方難遠行。」

〔12〕憑依造化——憑依，憑藉，依靠。唐·韓愈《雜說》：「然龍弗得雲，無以神其靈矣；失其所憑依，信不可歟？」造化，謂創造化育萬物，這裏是指造物主、上天。

〔13〕紹接——繼承。紹，承繼。《漢書·敘傳下》：「漢紹堯運，以接帝業。」

〔14〕鑿壁——《西京雜記》卷二：「匡衡勤學而無燭，鄰舍有燭而不逮，衡乃穿其壁引其光，以書映光而讀之。」形容刻苦讀書。

〔15〕懸梁——《太平御覽》卷363引《漢書》曰：「孫敬字文寶，好學，晨夕不休。及至睡眠疲寢，以繩索繫頭，懸屋梁。」後卒成當世大儒。此亦苦讀取得成功之例。

〔16〕偷天妙手——極言文才之高。宋·陸游《文章》詩：「文章本天成，妙手偶得之。」

〔17〕砍得蟾宮桂——舊時認為考中科舉，就等於到月宮折到桂枝，故每以折桂枝比喻登科。《晉書·郤詵傳》：「武帝於東堂會送，問詵曰：『卿自以為何如？』詵對曰：『臣舉賢良對策，為天下第一，猶桂林之一枝，崑山之片玉。』」宋·葉夢得《避暑錄話》：「世以登科為折桂；此謂郤詵對策，自謂桂林一枝也，自唐以來用之。溫庭筠詩：『猶喜故人新折桂。』以後以月中有桂，故又謂之月桂。而月中又言有蟾，故又以登科為登蟾宮。」砍，猶折也。蟾宮，即月宮，謂月中有蟾蜍也。又「砍」字，文林本、朱墨本俱作「斫」。

〔18〕玉斧——仙斧、神斧。宋·楊萬里《九月十五夜月二絕句》之一：「吳剛玉斧何曾巧，斫盡南枝放北枝。」

〔19〕表字——凡人相敬而呼，不直呼其名，而呼其表德之字，後因稱字為表字。如孔子之子名鯉字伯魚是也。

〔20〕唐朝柳州司馬柳宗元之後——意言是唐代柳宗元的後代。柳宗元（公元773〜819年），唐代著名散文家，唐宋八大家之一。曾做過永州司馬、柳州刺史，人因稱柳柳州。司馬，州郡的屬官。柳州，唐州名，轄境相當今廣西省柳州市、柳城、柳江、鹿寨等縣也。治所在馬平，即今柳州市。柳宗元遭貶後，徙為柳州刺史。

〔21〕朝散大夫——閒職文官，簡稱「朝散」。

〔22〕縣君——古代婦女的封號，其封號級別與男人的官職相應。唐代五品官之母與妻爲縣君（見《通典·職官六》）。

〔23〕生事微渺——謂生活困難。生事，謀生之事，即指生活。微渺，謂細小、微末，借指困難。

〔24〕志——清暉本作「智」。

〔25〕三場得手——科舉時代，童生考試及格，進入府州縣學的稱生員（即秀才），生員再經考試及格稱舉人，舉人參加會試被錄取後稱進士。這個進身的全過程稱三場。得手，謂順利、成功。

〔26〕未遭時勢——未碰到機遇，指還沒得到官職。元·李壽卿《伍員吹簫》三〔醉春風〕：「兀的班人物，遭逢著恁般時勢。」

〔27〕始祖柳州公——始祖，有世系可考的最初的祖先，柳州公，即柳宗元。

〔28〕郭橐駝——人名，因駝背有此綽號。《柳宗元全集》卷十七有《種樹郭橐駝傳》。《古文觀止》亦選有此傳。言其善於培植樹木。傳云：「視駝所種樹，或遷徙，無不活，且碩茂早實以蕃。」所以如此者，蓋「能順木之天，以致其性焉爾。」

〔29〕不是男兒結果之場——不是男子漢安身立命的結局。

〔30〕情思昏昏——情緒感觸昏亂迷茫。

〔31〕不長不短——謂身材不高不矮。

〔32〕發跡——由貧賤而至富貴、顯達者曰發跡。詳《宋金元明曲辭通釋·發跡》。

〔33〕九迴腸——謂腸回九轉。這裏用作曲牌名。原謂「解三酲」犯「三學士」、「急三槍」，故云。但「急三槍」之名，出明人杜撰，不足據。

〔34〕俏魂兒——指夢中美人（杜麗娘）。

〔35〕不賣查梨——意即不說謊騙人。按：查梨味酸，賣查梨的人每隱瞞其酸澀，裝出笑臉欺騙顧客，遂相沿爲陪笑臉賣查梨的諢語；比喻將壞做好，說謊騙人。元雜劇《百花亭》第三折賣查梨小販的叫賣，便是典型的例子。

〔36〕嫦娥妒色花頹氣——嫦娥，神話傳說中的月中女神。句言月中女神嫉妒花的美色，使它凋謝。花，暗指梅花樹下美人杜麗娘。頹氣，倒楣，比喻凋敗。言外之意，極言杜麗娘之美。

〔37〕等的俺梅子酸心柳皺眉——意言柳夢梅等待見到杜麗娘等的心酸眉皺；形容等待時的急切心情。梅、柳二字嵌入句中，用以表示柳夢梅的名字。這種筆法乃是借用明初朱有燉《曲江池》一〔賞花時〕語：「空教我梅子酸心柳皺眉。」

〔38〕渾如——完全像、簡直像的意思。唐·杜甫《即事》詩：「雷聲忽送千峰雨，花氣渾如百和香。」

〔39〕無螢鑿遍鄰家壁——螢，螢火蟲，光能照明。晉代車胤，家貧沒錢買油，囊螢而讀。《晉書·車胤傳》：「胤恭勤不倦，博學多通。家貧不常得油，夏則練囊

盛數螢火以照書，以夜繼日焉。」鑿壁，見本齣注〔14〕。

〔40〕東牆——照應上句「鄰家壁」。「甚東牆不許人窺」，意指男女相愛之事。《孟子·告子下》：「逾東牆而摟其處子則得妻，不摟則不得妻。」戰國楚·宋玉《登徒子好色賦》：「天下之佳人，莫若楚國；楚國之麗者，莫若臣里；臣里之美者，莫若臣東家之子……此女登牆窺臣三年至今未許也。」（見《文選》卷十九）元·白樸《東牆記》雜劇，亦寫男女相戀之事。

〔41〕「有一日」二句——嵌柳、梅二字，亦扣緊劇中人物柳夢梅。

〔42〕章臺——漢代長安城內一條街名。《漢書·張敞傳》：「敞無威儀，時罷朝會，過走馬章臺街，使御史驅，自以便面拊馬。」後用來借指京城的繁華的街道。唐·李白《流夜郎贈辛判官》詩：「夫人紅顏我少年，章臺走馬著金鞭。」「那時節走馬章臺內」，意指我柳夢梅將來一旦春風得意，誇官遊街，乘馬走在京城繁華的街道上，像張敞那樣，夠多麼榮耀！

〔43〕絲兒翠，籠定個百花魁——絲兒翠，「翠絲兒」的倒文，為協「魁」字之韻而倒用也。絲，古時招親時用的「絲鞭」；百花魁，指夢中美人。全句是說：我一旦得意，那官宦家小姐就要我接受她們的絲鞭。

〔44〕韓昌黎——即唐宋八大家為首的韓愈。韓愈，字退之，自稱系出昌黎韓氏，宋熙寧七年詔封昌黎伯，後因稱昌黎先生。

〔45〕趙佗王臺——即越王臺，在今廣州市北越秀山，相傳是漢代南越王趙佗所築，故稱。唐·韓愈《送鄭尚書赴南海》詩：「貨通師子國，樂奏越王臺。」

〔46〕香火秀才——即奉祀生。謂不經科舉考試，被賜予秀才功名者。負責管理先祖祠廟的祭祀。

〔47〕隨喜——遊覽寺院之意。本佛家語，意謂見人做善事，隨之而生歡喜之心也。《勝鬘經》云：「爾時世尊於勝鬘所說攝授正法大精進力，起隨喜心。」一說：譬如布施，隨己所喜，富則金帛，貧則水草，皆布施也。

〔48〕門前梅柳爛春暉——見《全唐詩》卷802、張窈窕《春思二首》之一。《全唐詩》注：「梅」一作「桃」。

〔49〕夢見君王覺後疑——見《全唐詩》卷143、王昌齡《長信秋詞五首》之四。

〔50〕心似百花開未得——見《全唐詩》卷717、曹松《南海旅次》詩。

〔51〕託身須上萬年枝——見《全唐詩》卷681、韓偓《鵲》。《全唐詩》注：「上」一作「是」。

　　按：以上四句下場詩，為本劇結尾的下場詩。原詩作者姓名沿用三婦評本所注。下場詩上，文林、朱墨、清暉、獨深、竹林五本俱有「集唐」二字，以下各齣同。

第三齣　訓　女

【滿庭芳】〔外[1]扮杜太守上〕西蜀名儒，南安[2]太守，幾番廊廟江湖[3]。紫袍金帶[4]，功業未全無。華髮[5]不堪回首。意抽簪[6]萬里橋[7]西，還只怕君恩未許[8]，五馬欲踟躕[9]。

一生名宦守南安，莫作尋常太守看。到來只飲官中水[10]，歸去惟看屋外山。自家南安太守杜寶，表字子充，乃唐朝杜子美[11]之後。流落巴蜀，年過五旬。想廿歲登科[12]，三年出守，清名惠政[13]，播在人間。內有夫人甄氏，乃魏朝甄皇后[14]嫡派[15]。此家峨嵋山[16]，見世出賢德夫人[17]，單生小女，才貌端妍[18]，喚名麗娘，未議婚配。看起自來淑女[19]，無不知書。今日政有餘閒，不免請出夫人，商議此事。正是中郎學富單傳女[20]，伯道官貧更少兒[21]。

【遶池遊[22]】〔老旦[23]上〕甄妃洛浦[24]，嫡派來西蜀，封大郡南安杜母[25]。

〔見介、外〕老拜名邦無甚德，〔老旦〕妾沾封誥[26]有何功！〔外〕春來[27]閨閣閒多少？〔老旦〕也長向花陰課女工[28]。〔外〕想女工一事，女孩兒精巧過人。看來古今賢淑，多曉詩書。他日嫁一書生，不枉了談吐相稱。你意下如何？〔老旦〕但憑尊意。

【前腔[29]】〔貼[30]持酒臺隨旦上〕嬌鶯欲語，眼見春如許。寸草心怎報得春光一二[31]！

〔見介〕爹娘萬福[32]。〔外〕孩兒，後面捧著酒肴，是何主意？〔旦跪介〕今日春光明媚，爹娘寬坐後堂，女孩兒敢進三爵[33]之觴，少效千春[34]之祝。〔外笑介〕生受你[35]。

【玉山頹】〔旦進酒介〕爹娘萬福[36]，女孩兒無限歡娛。坐黃堂百歲春光，進美酒一家天祿[37]。祝萱花椿樹[38]，雖則是子生遲暮[39]，守得見這蟠桃[40]熟。〔合〕且提壺[41]，花間竹下，長引著鳳凰雛[42]。

〔外〕春香，酌小姐一杯。

【前腔】吾家杜甫，為飄零老愧妻孥[43]。〔淚介〕夫人，我比子美

公公〔44〕更可憐也。他還有念老夫詩句男兒〔45〕，俺則有〔46〕學母氏畫眉嬌女〔47〕。〔老旦〕相公休焦，儻若招得好女婿，與兒子一般。〔外笑介〕可一般呢〔48〕！〔老旦〕做門楣〔49〕古語，爲甚的這叨叨絮絮，纏到的中年路〔50〕。〔合前〕〔51〕

　　〔外〕女孩兒把臺盞〔52〕收去。〔旦下介、外〕叫春香。俺問你，小姐終日繡房，有何生活〔53〕？〔貼〕繡房中則是繡。〔外〕繡的許多？〔貼〕繡了打綿〔54〕。〔外〕甚麼綿？〔貼〕睡眠。〔外〕好哩，好哩。夫人，你纔說長向花陰課女工，卻縱容女孩兒閒眠，是何家教？叫女孩兒。〔旦上〕爹爹有何分付？〔外〕適問春香，你白日睡眠，是何道理？假如刺繡餘閒，有架上圖書，可以寓目。他日到人家，知書知禮，父母光輝。這都是你娘親失教也。

【玉胞肚】宦囊清苦，也不曾詩書誤儒。你好些時做客爲兒〔55〕，有一日把家當戶〔56〕。是爲爹的疏散不兒拘，道的個爲娘是女模〔57〕。

【前腔】〔老旦〕眼前兒女，俺爲娘心蘇體劬〔58〕。嬌養他掌上明珠，出落〔59〕的人中美玉。兒呵，爹三分說話你自心模〔60〕，難道八字梳頭做目呼〔61〕。

【前腔】〔旦〕黃堂父母，倚嬌癡慣習如愚。則打〔62〕的鞦韆畫圖，閒榻〔63〕著鴛鴦繡譜。從今後茶餘飯飽破工夫，玉鏡臺前插架書。

　　〔老旦〕雖然如此，要個女先生講解纔好。〔外〕不能勾。

【前腔】後堂公所〔64〕，請先生則是鴻〔65〕門腐儒。〔老旦〕女兒呵，怎念遍的孔子詩書，但略識周公禮數〔66〕。〔合〕不枉了銀娘玉姐〔67〕只做個紡磚兒〔68〕，謝女班姬女校書〔69〕。

　　〔外〕請先生不難，則要好生管待〔70〕。

【尾聲】說與你夫人愛女休禽犢〔71〕，館明師〔72〕茶飯須清楚〔73〕。你看我治國齊家、也則是數卷書。

　　往年何事乞西賓〔74〕？主領春風只在君〔75〕。

伯道暮年無嗣子〔76〕，女中誰是衛夫人〔77〕。

校　注

〔1〕外——元劇中腳色，爲外末、外旦、外淨的省稱，是正腳以外的次要腳色。王國維《古劇腳色考》云：「外則或扮男或扮女，外末、外旦之省稱爲外，猶貼旦之後省稱爲貼也。」但到明代，就專指扮演男子者爲外，並逐漸演變成專演老年男子的腳色。

〔2〕南安——軍、路、府名。宋代有南安軍，明代設府，治所在大庾（今江西大餘）。

〔3〕幾番廊廟江湖——幾次爲官又退隱。廊廟，猶言廟堂，指朝廷。《後漢書·孟嘗傳》：「廊廟之寶棄於溝渠。」江湖，舊時指隱士的居處。宋·范仲淹《岳陽樓記》：「居廟堂之高，則憂其民；處江湖之遠，則憂其君。」

〔4〕紫袍金帶——高官顯宦的服飾，唐制，親王及三品服用紫，五品以上服用朱。見《新唐書·車服志》。宋制，四品以上官才可以腰繫金帶。《宋史·輿服五》：「四品以上服金帶。」宋·梅堯臣《十一日垂拱殿起居聞南捷》詩：「腰佩金魚服金帶，榻前拜跪稱聖皇。」

〔5〕華髮——花白的頭髮，喻老年。

〔6〕抽簪——簪，貫髮具。古時官吏用簪子束髮戴冠；不束髮戴冠，謂之「抽簪」，比喻棄官歸隱。唐·白居易《戊寅歲暮詠懷》詩：「萬一差池似前事，又應追悔不抽簪。」

〔7〕萬里橋——在今四川省成都市南，跨錦江上。其西有杜甫的浣花草堂，故杜甫詩中有「萬里橋西一草堂」之句。杜寶自稱是杜甫後人，故表示希望退居此處。

〔8〕怕君恩未許——借用宋·辛棄疾《沁園春·帶湖新居將成》詞：「怕君恩未許，此意徘徊。」以上三句連起來是說：杜寶久欲退隱，又怕皇上不批准，故猶豫不決。

〔9〕五馬欲踟躕——形容猶豫、去留不定。五馬，古太守出行，例以五馬駕車。語雖本於漢樂府《陌上桑》：「使君從南來，五馬立踟躕。」而意不屬。

〔10〕到來只飲官中水——意言到任上只飲官中水，表示清廉自守，要像鄧攸一樣。《晉書·鄧攸傳》：「時吳郡闕守，人多欲之，帝以授攸。攸載米之郡，俸祿無所授，唯飲吳水而已。」又云：「攸在郡，刑政清明，百姓歡悅，爲中興良守。」唐·方干《獻浙東王大夫》二首之一：「到來唯飲長溪水，歸去應將一個錢。」（見《全唐詩》卷652）。

〔11〕杜子美——即杜甫，字子美。

〔12〕登科——科舉時代考中進士的就叫登科。五代·王仁裕《開元天寶遺事·泥金帖子》：「新進士才及第，以泥金書帖子，附家書中，用報登科之喜。」

〔13〕清名惠政──清廉之民，惠民之政。

〔14〕甄皇后──魏文帝曹丕的皇后甄氏。《三國志·魏志》卷五有傳。後文提及的「甄妃洛浦」與曹植的《洛神賦》的洛水之神宓妃和甄后混爲一人，非是。

〔15〕嫡派──封建宗法制度中稱正妻爲「嫡」，正妻所生子女，謂之嫡生。後引申爲正宗的意思，如嫡傳、嫡派。

〔16〕峨嵋山──在四川省峨嵋縣西南，山勢逶迤，有山峰相對如蛾眉，故云。

〔17〕見世出賢德夫人──見，按：朱墨本、獨深本俱作「澗」，則應屬上句，於「澗」字斷句。賢德，謂賢惠、有美德之人。明·汪廷訥《獅吼記》十三【三煞】：「怎把賢德的妻兒罵一場？」

〔18〕端妍──端莊美麗。

〔19〕淑女──美好的女子。《詩·周南·關雎》：「窈窕淑女，君子好逑。」

〔20〕中郎學富單傳女──中郎，指蔡邕，漢末著名學者，「博學有才辯，有妙於音律」，做過中郎將的官，故稱蔡中郎。蔡只有一個女兒，名琰，字文姬，故曰「單傳女」。她撰有《胡笳十八拍》、《悲憤》詩等名篇。參見《後漢書·蔡邕傳》及《董祀妻傳》。

〔21〕伯道官貧更少兒──伯道，鄧攸之子。見本劇本齣注〔76〕。《晉書·鄧攸傳》又云：「攸棄子之後，妻不復孕。過江，納妾，甚寵之，訊其家屬，說是北人遭亂，憶父母姓名，乃攸之甥。攸素有德行，聞之感恨，遂不復蓄妾，卒以無嗣。時人義而哀之，爲語曰：『天道無知，使鄧伯道無兒！』」唐·韓愈《遊西林寺·題蕭二兄郎中舊堂》詩以美之云：「中郎有女能傳業，伯道無兒可保家。」（見《韓昌黎全集》卷十）

〔22〕繞池遊──「池」原誤作「地」，據格正本、葉《譜》改。

〔23〕老旦──戲曲中旦角之一種，飾演老年婦女。王國維《古劇腳色考》：「旦則正旦外，有老旦、大旦、小旦、色旦、搽旦、外旦、旦兒……細旦……花旦。」

〔24〕甄妃洛浦──見本齣前注〔14〕。

〔25〕封大郡南安杜母──意指杜寶妻封爲南安郡夫人。郡夫人，命婦的封號。女人受朝廷封號的叫命婦。《宋史·職官志十》：「樞密使副、知院、同知、參知政事、宣徽節度使、曾祖母、祖母、母封郡太夫人；妻，郡夫人。」當時杜寶的官，由太守到安撫使以至同平章軍國大事，故妻得封爲郡夫人。

〔26〕封誥──封號。五品以上命婦所受的誥命。

〔27〕來──獨深本作「秋」。

〔28〕女工──舊指婦女所作的紡績、刺繡、縫紉等事。《淮南子·齊俗訓》：「錦繡纂組，害女工者也。」亦作女功、女紅。

〔29〕前腔──南曲某一曲牌連用兩次以上，後面的曲牌不重出，省稱「前腔」。

〔30〕貼──貼旦之簡稱，戲曲腳色名。別於正旦而言，故稱貼旦。明·徐渭《南詞

敘錄》云：「貼，且之外貼一旦也。」地位稍次於正旦，猶今之花衫，明代省稱爲「貼」。

〔31〕寸草心怎報的春光一二——二句取意於唐・孟郊《遊子吟》：「誰言寸草心，報得三春暉。」比喻父母的恩情很深，報答不了。就像小草報答不了春光的化育之恩。

〔32〕萬福——唐宋時婦女的一種禮節，爲表達祝願，口稱「萬福」，類乎男子相揖時口稱「唱喏」。

〔33〕三爵（jué）之觴（shāng）——意謂進三杯酒。爵，古代酒器，青銅製。盛行商代和西周。觴，亦古代酒器。《禮記・投壺》：「命酌，曰『請行觴！』」南朝宋・顏延之《陶徵士誄》：「念昔宴私，舉觴相誨。」按：爵與觴，只是形制不同。

〔34〕千春——千年，形容歲月長久。「千春之秋」，祝賀長壽之意。

〔35〕生受——謂操勞、費心、受苦。如對人說，則有道謝意，猶今云「有勞」、「麻煩」、「難爲」等。

〔36〕黃堂——漢代太守的廳堂，塗以雌黃，以除災殃，稱爲黃堂。杜寶當過太守，故云「坐黃堂」。

〔37〕天祿——酒的代稱。語出《漢書・食貨志下》：「酒者，天之美祿。」宋・蘇軾《桂酒頌》序：「酒，天祿也。」

〔38〕萱花椿樹——萱花指母，椿樹指父。古稱母爲萱堂，稱父爲椿庭。宋・葉夢得《再任後遣模婦按視石林》詩：「白髮萱堂上，孩兒更共懷。」此專指母親。唐・车融《送徐浩》詩：「知君此去情偏切，堂上椿萱雪滿頭。」此兼指父母。

〔39〕子生遲暮——謂子女生的晚。遲暮，比喻晚年。屈原《離騷》：「惟草木之零落兮，恐美人之遲暮。」

〔40〕蟠桃——古代神話中的仙桃。《海內十洲記》云：「東海有山名度索山，上有大桃樹，蟠屈三千里曰蟠木。」相傳三千年結一次子。以上三句是比喻生子雖晚但是優秀。

〔41〕提壺——指提酒壺。

〔42〕鳳凰雛——古代傳說中的鳥王，雄曰鳳，雌曰凰後因以美稱男孩爲「鳳雛」，美稱女孩爲「凰雛」。這裏用爲祝願之詞，祝賀對方，生子雖晚，但都如鳳凰一樣，聰慧可愛。

〔43〕爲飄零老愧妻孥——句意本於唐・杜甫《自閬州領妻子卻赴蜀山行》三首之二：「何日干戈盡，飄飄愧老妻。」（見《全唐詩》卷 228）妻孥，妻和兒女。

〔44〕公公——指祖上。

〔45〕念老夫詩句男兒——杜甫《遣興》詩：「驥子好男兒，前年學語時。問知人客姓，誦讀老夫詩。」（見《全唐詩》卷 224）驥子，杜甫幼子字宗武，小名呼

騍子。

〔46〕則有——只有。

〔47〕學母氏畫眉嬌女——杜甫《北征》詩：「瘦妻面復光，癡女頭自櫛。學母無不為，曉妝隨手抹。移時施朱鉛，狼藉畫眉間。」（見《全唐詩》卷 217）以上是杜寶借杜詩表示自己只有個嬌女。嬌女，指杜麗娘。

〔48〕可一般呢——疑問句，怎麼一樣呢？可，怎、豈的意思。

〔49〕做門楣——由於楊貴妃得唐明皇之寵，使楊貴妃一家人都得到高官厚祿，尊崇至極，故當時民謠有云：「生女勿悲酸，生男勿喜歡。」又曰：「男不封侯女作妃，看女卻為門上楣。」（見唐‧陳鴻《長恨傳》）「生男勿喜女勿悲，君今看女做門楣。」（見《資治通鑑》卷 125）楣，門上的橫樑，門楣，猶今云「門面」。

〔50〕中年路——意指人到中年。

〔51〕合前——重複前曲末數句，即「且提壺花間竹下，長引著鳳凰雛」。按：南曲同一曲牌連用兩次以上，結尾相同的數句，曰「合頭」，簡寫作「合」。

〔52〕臺盞——酒器。《遼史‧禮志》：「執臺盞，進酒，訖退。」

〔53〕生活——勞動成品，這裏指繡作。元‧鄭光祖《㑳梅香》二〔歸塞北〕白：「這個香囊兒，端的是小姐繡的生活。」

〔54〕打綿——綿，眠的諧音；打綿，即打眠。

〔55〕做客為兒——言女兒婚前在娘家，猶如做客。明‧呂坤《閨範》卷二：「世俗女子在室，自處以客，而母亦客之。」俗云「女生外向」亦此意也。

〔56〕把家當戶——主持家務過日子。

〔57〕女模——女中模範、榜樣。

〔58〕心蘇體劬——身體勞累，心情舒暢。劬，勞累；蘇，精神暢快。

〔59〕出落——意為顯露出，引申為發育成長。《紅樓夢》第十六回：「寶玉細看那黛玉時，越發出落的超逸了。」

〔60〕模——「摸」的借字。意即揣摸。「爹三分說話你自心模」，是說爹的話含蓄未盡，你自己去揣摸吧。

〔61〕難道八字梳頭做目呼——意為：難道一個小姐連字也不認識？八字梳頭，一種頭梳，這裏代指小姐。做目呼，意指把「四」字讀作「目」字，言人不識字也。明‧無名氏輯《盛世新聲》戍集《醉太平》：「認不的之乎者也。千呼干，頭上爭一撇；川呼三，腹內原橫寫；目呼四，口裏少分別。」亦其例也。參考徐朔方《牡丹亭》注。

〔62〕打——用作動詞，「畫」也。

〔63〕榻——「搨（拓）」的借字。把石碑或器物上的文字或圖畫印在紙上謂之「拓」，這裏是指摹畫繡譜上的圖樣。

〔64〕後堂公所——指官員住宅。

〔65〕黌（hóng）——古代學校的稱謂。

〔66〕周公禮數——周公，周武王的弟弟，姓姬名旦，輔佐成王制禮作樂，著有《周禮》。禮數，指禮貌、禮節的等級。封建社會時對人施禮，因人名位而異。杜甫《八哀》詩云：「向時禮數隔，製作難上請。」

〔67〕銀娘小姐——古時多以「銀」、「玉」美稱女孩兒，這裏代指杜麗娘。

〔68〕紡磚兒——紡紗的工具，女工所需。

〔69〕謝女班姬女校書——謝女，指晉代女才子謝道韞，她以「撒鹽空中差可擬，未若柳絮因風起」詩句而得名（見《世說新語·語言》）。班昭，一名姬，漢代史學家班固之妹，以補寫《漢書》而得名（見《後漢書·曹世叔妻傳》）。女校書，一作「女才子」，這裏指才女。以上的意思連起來是說：小姐做點女工豈不可惜，應該像謝道韞、班姬那樣展露自己的才華。

〔70〕館待——謂招待、款待，多指宴以酒肉而言。

〔71〕禽犢——溺愛，比喻父母對子女愛之不以其道，猶如禽獸疼愛幼仔。

〔72〕明師——賢明的老師。《韓非子·五蠹》：「文學習則爲明師，爲明師則顯榮。」「館明師」，謂做館的明師。

〔73〕茶飯須清楚——言招待老師的茶飯要整齊（好）。

〔74〕往事何事乞西賓——見唐·柳宗元《重贈二首》之二（見《全唐詩》卷352）。西賓，亦稱西席，指座位坐西朝東。古時總是請塾師坐那個席位，以示尊敬。後因稱塾師的代稱。

〔75〕主顧春風只在君——見王建《對酒》詩（見《全唐詩》卷301）。春風，比喻教育教誨。《兒女英雄傳》第三七回：「驥兒，承老夫子的春風化雨，遂令小兒成名。」

〔76〕伯道暮年無嗣子——見苗發《送孫德罷官》詩（《全唐詩》卷295）。

〔77〕女中誰是衛夫人——見劉禹錫《答前篇》詩（《全唐詩》卷365）。衛夫人，晉代人名鑠，字茂漪，李矩之妻。這裏泛指女才子。

第四齣　腐　歎

【雙勸酒】〔末扮老儒上〕燈窗苦吟，寒酸撒吞〔1〕。科場苦禁〔2〕，蹉跎〔3〕直恁〔4〕！可憐辜負看書心。吼兒病〔5〕年來迸侵〔6〕。

咳嗽病多疏酒盞，村童俸薄減廚煙。爭〔7〕知天上無人住，弔下春愁鶴髮仙〔8〕。自家南安府儒學生員〔9〕陳最良，表字伯粹。祖父行醫。小子自幼習儒。十二歲進學〔10〕，超增補廩〔11〕。觀場〔12〕一十五次。不

幸前任宗師〔13〕，考居劣等停廩。兼且兩年失館，衣食單薄。這些後生都順口叫我陳絕糧〔14〕。因我醫卜地理〔15〕，所事〔16〕皆知，又改我表字伯粹作百雜碎〔17〕。明年是第六個旬頭〔18〕，也不想甚的了。有個祖父藥店，依然開張在此。儒變醫，菜變齏〔19〕，這都不在話下。昨日聽見本府杜太守，有個小姐，要請先生。好些奔兢〔20〕的鑽去。他可為甚的？鄉邦〔21〕好說話，一也；通關節〔22〕，二也；撞太歲〔23〕，三也；穿〔24〕他門子管家，改竄文卷，四也；別處吹噓進身，五也；下頭官兒怕他，六也；家裏騙人，七也。為此七事，沒了頭〔25〕要去。他們都不知，官衙可是好踏的！況且女學生，一發〔26〕難教，輕不得，重不得。儻然間體面有些不臻〔27〕，啼不得，哭不得。似我老人家〔28〕罷了。正是有書遮老眼，不妨無藥散閒愁。〔丑〔29〕府學老門子上〕天下秀才窮到底，學中門子老成精。〔見介〕陳齋長〔30〕報喜。〔末〕何喜？〔丑〕杜太爺要請個先生教小姐，掌教老爹〔31〕開了十數名去都不中〔32〕，說要老成〔33〕的。我去掌教老爹處〔34〕稟上了你，太爺有請帖在此。〔末〕人之患在好為人師〔35〕。〔丑〕是人之飯，有得你喫哩。〔末〕這等便行。〔行介〕

【洞仙歌】咱頭巾破了修，靴頭綻了兜〔36〕。〔丑〕你坐老齋頭，衫襟沒了後頭。〔合〕硯水漱淨口，去承官飯溲〔37〕，剔牙杖〔38〕敢黃齏臭〔39〕。

【前腔】〔丑〕咱門兒〔40〕尋事頭〔41〕，你齋長干罷休〔42〕？〔末〕要我謝酬，知那裏留不留？〔合〕不論端陽九〔43〕，但逢出府遊，則撚著衫兒袖〔44〕。

〔丑〕望見府門了。

世間榮祿本逡巡〔45〕，誰睬髭鬚白似銀〔46〕？

風流太守容閒坐〔47〕，便有無邊求福人〔48〕。

校　注

〔1〕撒呑——假裝癡呆。明·梅鼎祚《字彙》：「呑，呑上聲，癡貌。」
〔2〕科場苦禁——在科場上一直承受失敗之苦。意指沒有考取（舉人）。禁，禁受，

謂承受也。

〔3〕蹉跎（cuō tuó）──虛度光陰。唐・李頎《送魏萬之京》詩：「莫見長安行樂
　　處，空令歲月易蹉跎。」

〔4〕直恁──竟然這樣。元・關漢卿《望江亭》三折衙內白：「弟子孩兒！直恁的般
　　多？」

〔5〕吼兒病──哮喘病，即由於支氣管痙攣所引起的呼吸道疾病。

〔6〕迸侵──並侵（同時侵襲）。迸，通「並」。

〔7〕爭──怎。

〔8〕鶴髮仙──白髮僊人，這裏指老人。陳最良自喻。北周・庾信《竹杖賦》：「子
　　老矣，鶴髮雞皮，蓬頭歷齒。」「鶴髮雞皮」，形容老年人頭髮白皮膚皺。

〔9〕儒學生員──封建社會時各府州縣所設立的學堂叫做儒學。（儒生經縣考、府
　　考，再赴全省學政院〔道〕考，錄取的稱生員，通稱秀才。清・張灆《萬花臺》
　　七〔北折桂令〕白：「生員聞人悅，只求父母作養。」）唐代國學及州、縣學規
　　定學生員額，因稱生員，明清凡經考試，取入府、州、縣學的通稱生員，習慣
　　上稱秀才。

〔10〕進學──考取了全省學政的院考，得到入儒學讀書的資格，叫做進學。

〔11〕超增補廩（lǐn）──生員有一定名額，額外增加的謂之增廣生員。由官府發
　　給膳食津貼的生員叫廩生。《元史・選舉志一》：「成宗大德十年春二月，增生
　　員廩膳。」增廣生考試成績好，補入廩生的名額內，此謂之超增補廩。詳《明
　　史・選舉志一》。

〔12〕觀場──指赴鄉試。清・袁枚《隨園詩話補遺》卷八：「康熙乙卯，史胄斯宮
　　詹公典試浙江，子文靖公年十八，讀書京邸，宮詹令遲歲觀場不必硉硉。」
　　按：鄉試三年一次。觀場十五次，經歷四十五年。

〔13〕宗師──意指受人尊崇、奉為師表的人。明清時中式秀才尊稱主持一省舉業的
　　學政為宗師。

〔14〕陳絕糧──陳最良的綽號，借孔子在陳絕糧（見《論語・衛靈公》）故事以自
　　嘲。

〔15〕地理──即堪輿、風水，舊時迷信術的一種，指住宅基地或墳地的形勢，亦指
　　相宅相墓之法。

〔16〕所事──凡事、包舉一切之詞。

〔17〕百雜碎──也是陳最良的綽號，嘲他雜而不專。

〔18〕第六個旬頭──指六十歲。

〔19〕齏（jī）──切碎的醃菜，荣變齏，比喻「儒變醫」，處境越來越困難。《周禮・
　　春官・醢人》鄭玄注：「齊當為齏，凡醢醬所知，細切為齏。」

〔20〕奔竟──奔波、競爭，猶今言鑽營。《南史・顏延之傳》：「外示寡求，內懷奔

競。」《宋史‧徽宗本紀一》：「內外官勿得越職論事，僥倖奔競，違者御史臺彈奏。」

〔21〕鄉邦——指鄉里、同鄉。猶「鄉黨」。

〔22〕通關節——打通關係，進行賄賂。

〔23〕撞太歲——依託官府、訛人財物。明‧李如一《水南翰記》：「京師依託官府、賺人財貨者，名撞太歲。」（見《說郛續》卷十七）

〔24〕穿——串通。穿，通「串」。

〔25〕沒了頭——謂拼命。

〔26〕一發——猶言越發，有「更」的意思。元‧無名氏《鴛鴦被》〔寄生草〕白：「小姐，若真個打起官司來，出乖露醜，一發不好。」

〔27〕不臻——不周到，不完備。臻，原作「尊」，依文林、朱墨、朱校本改。元‧王曄《桃花女》三折彭大白：「倘若禮物有些不臻，打將起來，我在後面好溜。」臻，至也。見《說文》。

〔28〕人家——用作第一人稱，陳最良首指。

〔29〕丑——雙曲中的滑稽角色。

〔30〕齋長——明代國子監的班長曰齋長。沿用對秀才的敬稱。

〔31〕掌教老爹——府學教官，即教授。

〔32〕不中——不行、不成。元‧喬吉《金錢記》三折、白：「這個先生實不中，九經三史幾曾通！」

〔33〕老成——穩重、老練。宋‧邵伯溫《邵氏見聞錄》卷十二：「任老成為腹心，以養和平之福。」

〔34〕處——原無此字，據文林諸本補。

〔35〕人之患在好為人師——語見《孟子‧離婁上》。朱熹集注：「若好為人師，則自足而不復有進矣，此人之大患也。」

〔36〕兜——縫補。

〔37〕飯溲——謂飯經久變味也。溲，餿（sōu）的諧音。

〔38〕剔牙杖——牙籤。

〔39〕黃虀臭——鹹菜的臭味。「剔牙杖敢黃虀臭」，是挖苦陳最良初到官府吃飯，恐怕飯後剔牙時還沾著先前吃鹹菜的臭味。

〔40〕門兒——即門子（州、縣長官的貼身僕役）。門，原作「們」，依朱墨本、朱校本改。

〔41〕事頭——差使、工作。

〔42〕你齋長干罷休——你陳最良難道不酬謝我，就算了不成？

〔43〕端陽九——端陽，指端陽節（農曆五月初五），九指重陽節（九月初九）。

〔44〕則撚著衫兒袖——舊時風俗，端午節和重陽節都要宴請塾師並送他禮物。這裏

意指門子叫他帶點出來與他分享之。撚，通「捏」。《紅樓夢》第十二回：「賈瑞也撚著一把汗。」

〔45〕世間榮樂本逡巡——語見《全唐詩》卷541、李商隱《春日寄懷》詩：「世間榮落重逡巡。我獨丘園坐四春。」湯把「落」改作「樂」，文林諸本又作「祿」。逡巡，謂頃刻之間。言得失榮落，都在頃刻之間。

〔46〕誰睬髭鬚白似銀——語見《全唐詩》卷640、曹唐《羽林賈中丞》詩：「胸中別有安邊計，誰睬髭髮白似銀？」湯改「髮」爲「鬚」。

〔47〕風流太守容閒坐——語見《全唐詩》卷514、朱慶餘《潮州韓使君置宴》詩：「高情太守客閒坐，借與青山盡日看。」湯改「高情」爲「風流」，改「客」爲「容」。

〔48〕便有無邊求福人——語見《全唐詩》卷343、韓愈《題木居士二首》之一：「偶然題作木居士，便有無窮求富人。」湯改「無窮」爲「無邊」，其實都是很多的意思。

第五齣　延　師

【搗練子〔1〕】〔外引貼扮門子皁隸〔2〕上〕山色好，訟庭稀。朝看飛鳥暮飛回〔3〕。印牀〔4〕花落簾〔5〕垂地。

杜母〔6〕高風不可攀，甘棠〔7〕遊憩在南安。雖然爲政多陰德〔8〕，尚少階前玉樹蘭〔9〕。我杜寶出守此間，只有夫人小女。尋個老儒教訓他。昨日府學開送一名廩生陳最良。年可六旬，從來飽學。一來可以教授小女，二來可以陪伴老夫。今日放了衙參〔10〕，分付安排禮酒，叫門子伺候。〔眾應介〕

【前腔】〔末儒巾藍衫〔11〕上〕須抖擻，要拳奇〔12〕。衣冠欠整老而衰。養浩然分庭還抗禮〔13〕。

〔丑稟介〕陳齋長到門。〔外〕就請衙內相見。〔丑唱門〔14〕介〕南安府學生員進。〔末跪、起揖、又跪介〕生員陳最良稟拜。〔拜介〕廣學開書院，〔外〕崇儒引席珍〔15〕。〔末〕獻酬樽俎〔16〕列，〔外〕賓主位班陳〔17〕。叫左右，陳齋長在此清敘，著門役散回，家丁伺候。〔眾應下、淨家童上、外〕久聞先生飽學。敢問尊年有幾，祖上可也習儒？〔末〕容稟。

【鎖南枝】將耳順〔18〕，望古稀〔19〕，儒冠誤人〔20〕霜鬢絲。〔外〕近來？〔末〕君子要知醫，懸壺〔21〕舊家世。〔外〕原來世醫。還有他長？〔末〕凡雜作，可試為；但諸家，略通的。

〔外〕這等一發有用。

【前腔】聞名久，識面初，果然大邦生大儒。〔末〕不敢。〔外〕有女頗知書，先生長訓詁〔22〕。〔末〕當得〔23〕。則怕做不得小姐之師。〔外〕那女學士，你做的班大姑〔24〕。今日選良辰，叫他拜師傅。

〔外〕院子，敲雲板〔25〕，請小姐出來。

【前腔】〔旦引貼上〕添眉翠〔26〕，搖佩珠，繡屏中生成士女圖〔27〕。蓮步鯉庭趨〔28〕，儒門舊家數〔29〕。〔貼〕先生來了，怎好？〔旦〕少不得去。丫頭，那賢達女，都是些古鏡模〔30〕。你便略知書，也做好奴僕。

〔淨報介〕小姐到。〔見介外〕我兒過來。玉不琢，不成器；人不學，不知道〔31〕。今日吉辰，來拜了先生。〔內鼓吹旦拜介〕學生自愧蒲柳之姿〔32〕，敢煩桃李〔33〕之教。〔末〕愚老恭承捧珠之愛〔34〕，謬加琢玉之功。〔外〕春香丫頭，向陳師父叩頭。著他伴讀〔35〕。〔貼叩頭介、末〕敢問小姐所讀何書？〔外〕小女《四書》〔36〕，他都成誦了。則看些經旨罷。《易經》〔37〕以道陰陽，義理深奧；《書》以道政事，與婦女沒相干；《春秋》、《禮記》，又是此孤經〔38〕；則《詩經》開首，便是后妃之德〔39〕，四個字兒順口，且是學生家傳〔40〕，習《詩經》罷。其餘書史盡有，則可惜他是個女兒。

【前腔】我年將半，性喜書，牙籤〔41〕插架三萬餘。〔歎介〕我伯道恐無兒，中郎有誰付〔42〕？先生，他要看的書盡有。有不尊的所在，打丫頭。〔貼〕哎喲！〔外〕冠兒〔43〕下，他做個女秘書〔44〕。小梅香〔45〕，要防護。

〔末〕謹領。〔外〕春香伴小姐進衙，我陪先生酒去。〔旦拜介〕酒是先生饌〔46〕，女為君子儒〔47〕。〔下外〕請先生後花園飲酒。

門館無私白日閒〔48〕，百年粗糲腐儒餐〔49〕。

在家弄玉惟嬌女〔50〕，花裏尋師到杏壇〔51〕。

校　注

〔1〕搗練子——原誤作「浣紗溪」，據格正本、葉《譜》改。

〔2〕皂隸——古代奴隸分爲皂、輿、隸幾個等級，後專以「皂隸」稱衙門裏的衙役，並把供職於官府、出門呵禁犯人，入廳待命執行，在旁侍立的差役，通稱爲皂隸。

〔3〕朝看飛鳥暮飛回——語見《全唐詩》卷 134、李頎《寄韓朋》詩：「爲政心閒物自閒，朝看飛鳥暮飛還。」湯爲叶韻，改「還」爲「回」。

〔4〕印床——放印章的文具，作床形，故稱。唐·朱有餘《夏日題武功姚主簿》詩：「僧來茶竈動，吏去印床閒。」花落，指花落在印床上。

〔5〕簾——指問事簾。古代審問案子，問官可以從簾內看見罪犯，罪犯看不到問官。元明間·無名氏《勘金環》四折〔滴滴金〕白：「張千，卷起問事簾，將交床來，我扣廳自問。」「簾垂地」，形容訴訟事少，衙門清閒無事。

〔6〕杜母——即東漢的杜詩。《後漢書·杜詩傳》：「（建武）七年，遷南陽太守，性節儉而政治清平，以誅暴立威，善於計略，省愛民役。適作水鑄爲農器，用力少，見功多，百姓便之。又修治陂池，廣拓土田，郡內比室殷足。時人方於召信臣，故南陽爲之語曰：『前有召父，後有杜母。』」

〔7〕甘棠——樹木名，即棠梨樹。《詩·召南》有《甘棠》篇，內容是歌頌西周召伯巡行南國，宣揚文王之德政的。據說他曾在甘棠樹下休息，人民懷念他，見樹思人，遂作《甘棠》篇。後因用「甘棠之愛」美稱地方官的清明治績。這裏杜寶藉以自喻。

〔8〕爲政多陰德——漢代于定國之父，治獄多陰德。見《漢書·于定國傳》：「（于定國）父於公爲縣獄吏，郡決曹，決獄平，羅文法者，於公所決皆不恨，郡中爲之立生祠，號曰於公祠。」陰德，爲善不使人知之也。這也是杜寶藉以自喻。

〔9〕玉樹蘭——玉樹和芝蘭，「芝」字省略了。比喻子弟才貌之美。《世說新語·言語》：「謝太傅（謝安）問諸侄：『子弟亦何預人事，而正欲使其佳？』諸人莫有言者，車騎（謝玄）答曰：『譬如芝蘭玉樹，欲使其生於階庭耳。』」「尙少階前玉樹蘭」是杜寶表示還少個得意的兒子，故下文云「只有夫人小女」。

〔10〕衙參——召集官員辦公。

〔11〕藍衫——讀書人的服裝。《正字通·衣部》：「明制生員襴衫用藍絹裾袖緣以青，謂有襴緣也；俗作『襴衫』；因色藍改爲『藍衫』。」

〔12〕拳奇——婦本作「權奇」，意謂奇謫不俗，超乎尋常。按：「權奇」早見於《漢書·禮樂志》：「太一况，無馬下，沾赤汗，洙流赭、志倜儻，精權奇，籥

浮雲，晻上馳。」據此知權奇本是形容馬奔突的神氣，這裏是借喻。籋，通「躡」。

〔13〕分庭還抗禮——謂以平等禮節相待。古指主客分處庭中，相對設禮。宋・程大昌《演繁露・東鄉》：「《曲禮》說曰：『主人就東階，客就西階，客若降等，則就主人之階。則是客與主人敵禮者，即居西對東，以與主人匹，所謂分庭抗禮也。』」

〔14〕唱門——在門口高聲通報來客。謂之「唱門」。

〔15〕席珍——語出《禮記・儒行》：「儒有席上之珍以待聘。」意謂懷才待用。這裏是借來稱美陳最良的才幹。

〔16〕樽俎——古代盛酒肉的器皿，這裏用爲宴席的代稱。「獻酬樽俎」，意指賓主互相布菜勸酒。

〔17〕賓主位班陳——言賓主按次序入座。按：「廣學開書院」四句詩，見《全唐詩》卷三，唐明皇《集賢書院成送張說上集賢學士賜宴得珍字》詩。把第三句「尊」字改作「樽」。

〔18〕耳順——六十歲。《論語・爲政》：「六十而耳順。」何晏集解引鄭玄曰：「耳順，聞其言而知其微旨也。」後遂以「耳順」爲六十歲的代稱。

〔19〕古稀——七十歲。《全唐詩》卷225、杜甫《曲江二首》之二：「酒債尋常行處有，人生七十古來稀。」

〔20〕儒冠誤人——亦作「儒冠誤身」，意謂讀書人多迂腐，很多都耽誤了自己的前程。此爲成語，戲曲小說多用之。

〔21〕懸壺——指行醫。本於《後漢書・費長房傳》：「市中有老翁賣藥，懸一壺於肆頭。」

〔22〕訓詁——使之明白可曉，即謂之訓詁。訓是解釋疏通，詁（故）是古代的語言。訓詁，就是解釋疏通古代的語言，也就是將古代的語言加以解釋，這裏借指教人讀書。

〔23〕當得——應當爲此。清・洪昇《長生殿》三十九〔孝南枝〕白：「妹子，我與你向受娘娘之恩，無從報答，就把一陌紙錢，一杯清茗，遙遙長安哭奠一聲，多少是好。（貼：）姐姐這是當得的，待我寫個牌位兒供養。」

〔24〕班大姑——即指班昭。她曾做宮廷后妃的教師。《後漢書・曹世叔妻傳》：「帝數召（昭）入宮，令皇后諸貴人師事焉，號曰大家（gū）。」

〔25〕雲版——是一種雲頭形的響器，舊時官署、寺院、貴族、大戶的傳事版。《紅樓夢》第十三回：「鳳姐還欲問時，只聽二門上傳出二板，連叩四下……將鳳姐驚醒。」

〔26〕翠——青綠色，這裏指黛，婦女畫眉用的。黛、翠顏色相近，故「翠黛」可連用。唐・許渾《觀章中丞夜按歌舞》詩：「舞衫未換紅鉛濕，歌扇初移翠黛

顰。」

〔27〕士女圖——美人圖，此指美人。

〔28〕鯉庭趨——《論語·季氏》：「嘗獨立，鯉趨而過庭。」此言孔子曾獨自站在那裏，孔鯉以較快的步子走過去，表示對孔子的尊敬。鯉，孔鯉，孔子兒子。趨，疾走，快步而行。

〔29〕家數——一脈相承的家規、家風。清·李漁《蜃中樓》十一〔四邊靜·前腔〕：「成親家數須教慣，臨時學不辦。」

〔30〕鏡模——榜樣，借鑒。

〔31〕玉不琢不成器，人不學不知道——語見《禮記·學記》。這是以琢玉成器比喻人欲知道，須要學習。道，一作「義」。

〔32〕蒲柳之姿——意謂像蒲柳一樣早衰，蒲柳，植物名，即水楊。《世說新語·言語》：「顧悅與簡文同年而發早白。簡文曰：『卿何以先白？』對曰：『蒲柳之姿，望秋而落；松柏之質，經霜猶茂。』」宋·陸游《出遊》詩：「羊牛點點日將夕，蒲柳蕭蕭天正秋。」因即以早凋，用來比喻衰弱的體質。這裏杜麗娘用爲自謙之詞。」

〔33〕桃李——比喻所栽培的後輩或所教的學生，這裏是杜麗娘自比。《韓詩外傳》卷七：「夫春樹桃李者，夏得陰其下，秋得其實；春樹蒺藜者，夏不可采其葉，秋得其刺焉。」後以弟子及所薦士爲「桃李」者本此。

〔34〕捧珠之愛——表示對女兒的寵愛。《全唐詩》卷451、白居易《哭崔兒》詩云：「掌珠一顆兒三歲，鬢雪千莖父六旬。」此爲俗稱女兒爲掌上珠所本。

〔35〕伴讀——本教官名，宋諸王府南北院皆置伴讀侍教皇侄皇孫。後來富家大戶亦依例稱陪伴子弟讀書的書童、侍女爲伴讀。元·鄭光祖《㑳梅香》劇中的樊素便是裴家小姐小蠻的侍讀。與本劇同例。

〔36〕男女四書——男孩讀的《四書》，即朱熹所指的《大學》、《中庸》、《論語》、《孟子》（見《小戴記》）；女《四書》是對女孩進行封建教育的四部書，如班昭《女誡》、明·仁孝文皇后《內則》、唐·宋若昭《女論語》、王節婦《女範捷錄》。按：男，原作「小」，據文林、朱墨、朱校清暉、竹林各本改。

〔37〕「《易經》以道陰陽」各句——《莊子·天下》：「《詩》以道志，《書》以道事，《禮》以道行，《樂》以道和，《易》以道陰陽，《春秋》以道名分。」《史記·太史公自序》：「《易》著天地陰陽四時五行，故長於變；《禮》經紀人倫，故長於行；《書》記先王之事，故長於政；《詩》記山川溪谷禽獸草木牝牡雌雄，故長於風；《樂》樂所以立，故長於和；《春秋》辯是非，故長於治人。是故《禮》以節人，《樂》以發和，《書》以道事，《詩》以達意，《易》以道化，《春秋》以道義，撥亂世反之正，莫近於《春秋》。」最後決定，對婦女說，以學《詩經》爲宜。

〔38〕孤經——徐朔方說：「從孤字著眼，帶有打諢性質。」

〔39〕后妃之德——《詩·周南·關雎》:「關關雎鳩,在河之洲。窈窕淑女,君子好逑。」孔穎達疏:「關雎,后妃之德。」意即歌頌后妃的品德。近人以爲這只是一首愛情詩,是歌唱一個貴族愛上一個美麗姑娘,最後終結爲伉儷。見高亨《詩經今注》。

〔40〕學生家傳——杜寶自稱是詩人杜審言、杜甫的後代,故稱家傳。學生,自我之謙稱。《全唐詩》卷231、杜甫《宗武生日》詩云:「詩是吾家事,人傳世上情。」

〔41〕牙籤——夾在書上的標簽。《全唐詩》卷342、韓愈《送諸葛覺往隨州讀書》詩:「鄴侯家勿書,插架三萬軸。一一懸牙籤,新若手來觸。」

〔42〕「伯道恐無兒」二句——見第三齣注〔2〕。

〔43〕冠兒——男子「二十而冠,始學禮。」(見《禮記·內則》)表示已經成人。這裏借指杜麗娘。

〔44〕他做個女秘書——意指杜麗娘長成後可以開始讀書學禮,並替父親保存藏書,起秘書的作用。

〔45〕梅香——戲曲中婢女的通稱。宋·陸佃《埤雅》:「梅花優於香,桃花優於色。」故後世多以梅香爲婢女之名,並稱婢女爲梅香。

〔46〕酒是先生饌——語出《論語·爲政》。「有酒食,發生饌。」而稍變通,意言有酒食給老師吃。

〔47〕女爲君子儒——語出《論語·雍也》:「女爲君子儒,無爲小人儒。」女,音「汝」。君子、小人之儒的區別主要在於義與利之分。宋·朱熹引謝氏說,按以上作者已在借《論語》取笑,非《論語》本義。

〔48〕門館無私白日閒——語出《全唐詩》卷559、薛能《獻僕射相公》詩:「朝廷有道青春好,門館無私白日閒。」門館:家塾。元·喬吉《金錢記》三折、白:「你家這門館先生,自從我在學堂中,不曾教我一句書。」

〔49〕百年粗糲腐儒餐——語出《全唐詩》卷220、杜甫《有客》詩云:「竟日淹留佳客坐,百年粗糲腐儒餐。」粗糲,糙米。《史記·刺客列傳》:「故進百金者,將用爲大人粗糲之費。」張守節正義:「糲,猶粗米也,脫粟也。」

〔50〕左家弄玉惟嬌女——語出《全唐詩》卷352、據柳宗元詩改,柳宗元《疊前》詩云:「左家弄玉惟嬌女,空覺庭前鳥迹多。」左家,指晉代左思之家。左思《嬌女》詩云:「吾家有嬌女,皎皎頗白晳。」弄玉,即弄璋,指生男孩子。《詩·小雅·斯干》:「乃生男子,載弄之璋。」這裏反其意而用,借指杜寶嬌女杜麗娘。

〔51〕花裏尋師到杏壇——語出《全唐詩》卷239、錢起《幽居春暮書懷》詩云:「吾憐童子宜春服,花裏尋師指杏壇。」杏壇,相傳爲孔子講學之處。《莊子·漁父》:「孔子遊乎緇帷之林,休坐乎杏壇之上。」後人附會杏壇在今山東曲阜孔廟大成殿前。這裏是指教師所在的地方。

第六齣　悵　眺

【番卜算】〔丑韓秀才上〕家世大唐年，寄籍潮陽縣〔1〕。越王臺〔2〕上海連天，可是鵬程〔3〕便？

榕樹〔4〕梢頭訪古臺，下看甲子海門〔5〕開。越王歌舞今何在？時有鷓鴣〔6〕飛去來。自家韓子才。俺公公〔7〕唐朝韓退之，為上了《破佛骨表》〔8〕，貶落潮州。一出門，藍關雪阻，馬不能前。先祖心裏暗暗道，第一程采頭〔9〕罷了。正苦中間，忽然有個湘子侄兒，乃下八洞神仙〔10〕，藍縷〔11〕相見。俺退之公公一發心裏不快。呵融凍筆，題一首詩在藍關草驛〔12〕之上。末二句單指著湘子說道：知汝遠來應有意，好收吾骨瘴江邊。湘子袖〔13〕了這詩，長笑一聲，騰空而去。果然後來退之公公潮州瘴死〔14〕，舉目無親。那湘子恰在雲端看見，想起前詩，按下雲頭，收其骨殖〔15〕。到得〔16〕衙中，四顧無人，單單則有湘子原妻一個在衙。四目相視，把湘子一點凡心頓起。當時生下一支〔17〕，留在水潮〔18〕，傳了宗祀〔19〕。小生乃其嫡派苗裔〔20〕也。因亂流來廣城〔21〕。官府念是先賢之後，表請勅封〔22〕小生為昌黎祠香火秀才〔23〕。寄居趙佗王臺子之上。正是：雖然乞相〔24〕寒儒，卻是仙風道骨。呀，早一位朋友上來。誰也？

【前腔】〔生上〕經史腹腹便〔25〕，晝夢人還倦。欲尋高聳看雲煙，海色光平面。

〔相見介、丑〕是柳春卿，甚風兒吹的老兄來？〔生〕偶爾孤遊上此臺。〔丑〕這臺上風光儘可矣。〔生〕則無奈登臨不快哉！〔丑〕小弟此間受用〔26〕也。〔生〕小弟想起來，到是不讀書的人受用。〔丑〕誰？〔生〕趙佗王〔27〕便是。

【鎖寒窗】祖龍飛，鹿走中原〔28〕，尉佗呵，他倚定著摩崖〔29〕半壁天〔30〕。稱孤道寡，他是英雄本然。白佔了江山，猛起些宮殿。似吾儕〔31〕讀盡萬卷書，可有半塊土麼？那半部〔32〕上山河不見。〔合〕由天，那攀今弔古〔33〕也徒然，荒臺古樹寒煙。

〔丑〕小弟看兄氣象〔34〕言談，似有無聊之歎。先祖昌黎公有云：不患有司之不明，只患文章之不精；不患有司之不公，只患經書之不通〔35〕。老兄還則怕工夫有不到處。〔生〕這話休提。比如我公公柳宗元，

與你公公韓退之，他都是飽學才子，卻也時運不濟。你公公錯題了《佛骨表》，貶職潮陽。我公公則爲在朝陽殿，與王叔文〔36〕丞相下棋子，驚了聖駕，直貶做柳州司馬〔37〕。都是邊海煙瘴地方。那時兩公一路而來，旅舍之中，兩個挑燈細論。你公公說道：宗元，宗元，我和你兩人文章，三六九比勢〔38〕：我有《王泥水傳》〔39〕，你便有《梓人傳》〔40〕；我有《毛中書傳》〔41〕，你便有《郭駝子傳》〔42〕；我有《祭鱷魚文》，你便有《捕蛇者說》。這也罷了。則我進《平淮西碑》〔43〕，取奉〔44〕朝廷，你卻又進個《平淮西的雅》〔45〕。一篇一篇，你都放俺不過。恰如今貶竄煙方〔46〕，也合著一處。豈非時乎運乎命乎！韓兄，這長遠的事休提了。假如俺和你，論如常〔47〕，難道便應這等寒落。因何俺公公造下一篇《乞巧文》，到俺二十八代玄孫，再不曾乞得一些巧來？便是你公公立意做下《送窮文》，到老兄二十幾輩了，還不曾送的個窮去。算來都則爲時運二字所虧。〔丑〕是也。春卿兄，

【前腔】你費家資製買書田〔48〕，怎知他賣向明時〔49〕不值錢。雖然如此，你看趙佗王當時，也有個秀才陸賈〔50〕，拜爲奉使中大夫到此。趙佗王多少〔51〕尊重他。他歸朝燕〔52〕，黃金累千〔53〕。那時漢高皇厭見讀書之人，但有個帶儒巾〔54〕的，都拿來溺尿。這陸賈秀才，端然帶了四方巾〔55〕，深衣〔56〕大擺，去見漢高皇。那高皇望見，這又是個掉尿鱉子〔57〕的來了。便迎著陸賈罵道：你老子用馬上得天下，何用詩書？那陸生有趣，不多應他，只回他一句：陛下馬上取天下，能以馬上治之乎？漢高皇聽了，呀然一笑，說道：便依你說。不管什麼文字，念了與寡人聽之。陸大夫不慌不忙，袖裏出一卷文字，恰是平日燈窗下，纂集的《新語》一十三篇，高聲奏上。那高皇纔聽了一篇，龍顏大悅。後來一篇一篇，都喝綵稱善。立封他做個關內侯。那一日好不氣象！休道漢高皇，便是那兩班文武，見者皆呼萬歲。一言擲地，萬歲諠天〔58〕。〔生歎介〕則俺連篇累牘無人見。

〔合前、丑〕再問春卿，在家何以爲生？〔生〕寄食園公〔59〕。〔丑〕依小弟說，不如干謁〔60〕些須〔61〕，可圖前進。〔生〕你不知今人少趣哩。

〔丑〕老兄，可知有個欽差識寶中郎苗老先生，到是個知趣人兒。今秋任滿，例於香山奧〔62〕多寶寺中賽寶。那時一往何如？〔生〕領教。

應念愁中恨索居〔63〕，青雲器業俺全疏〔64〕。

越王自指高臺笑〔65〕，劉項原來不讀書〔66〕。

校 注

〔1〕潮陽縣——在廣東省東部沿海。

〔2〕越王臺——在今浙江紹興鍾山，相傳爲春秋時越王句踐登臨之處。一說在今廣東廣州越秀山，爲漢時南越王趙佗所築。韓愈《送鄭尙書赴南海》詩：「貨通師子國，樂奏越王臺。」當以前者爲是。見第二齣注〔45〕。

〔3〕鵬程——比喻前程遠大。語出《莊子·逍遙遊》：「鵬之徙於南溟也，水擊三千里，搏扶搖而上者九萬里。」唐·唐彥謙《留別》詩之一：「鵬程三萬里，別酒一個鍾。」

〔4〕榕樹——常綠大喬木，分佈於我國浙江南部、江西南部以南各地區。

〔5〕甲子海門——廣東省陸豐縣東南有甲子門海口，互石壁立，形勢險要（採徐朔方說）。

〔6〕鷓鴣——鳥名，羽毛大，多以黑白兩色相雜，腳橙黃至紅褐色。爲我國南方留鳥。古人諧其鳴聲爲「行不得也哥哥」，詩文中常用以表示思鄉之情。《全唐詩》卷181、李白《越中覽古》詩云：「越王勾踐破吳歸，義士還鄉盡錦衣。宮女如花滿春殿，至今惟有鷓鴣飛。」

〔7〕公公——猶「祖上」。

〔8〕《破佛骨表》——即《論佛骨表》。《論佛骨表》云：「百姓愚冥，易惑難曉；苟見陛下如此，將謂眞心事佛，皆云天子大聖，猶一心敬信，百姓何人，豈合（應該）更惜身命。焚頂燒指，百十爲群。解衣散錢，自朝至暮，轉相仿傚，惟恐後時，必有斷臂臠身以爲供養者，傷風敗俗，傳笑四方，非細事也。」

〔9〕采頭——兆頭，不好的意思。

〔10〕下八洞神仙——道家傳說，有所謂上八洞神仙，下八洞神仙。下八洞神仙，一般泛稱八仙，即指漢鍾離、劉果老、李鐵拐、曹國舅、呂洞賓、藍采和、何仙姑及韓湘子。按：八仙之說，元明各劇所指並不一致，這說明八仙的傳說在元代尙未定型。在明代，以鍾離漢、呂洞賓、曹國舅、藍采和、韓湘子、鐵拐李、劉果老、何仙姑爲八仙。從此八仙之中的八個仙人才逐漸固定下來，但仍有小的出入。例如明代無名氏《八仙過海》雜劇中所列舉的八仙卻將何仙姑作徐神翁、雜劇《長生會》則作張四郎。

〔11〕藍縷——衣服破舊的形容詞。《左傳·宣公十二年》：「篳路藍縷。」杜預注：「藍縷，敝衣。」孔穎達疏引服虔曰：「言其縷破藍藍然。」亦作「襤褸」。揚雄《方言》卷四：「以布而無緣，敝而紩之，謂之襤褸。」紩，縫也。

〔12〕草驛——猶言「簡陋的驛站」。

〔13〕袖——用作動詞，意指放在衣袖內。

〔14〕瘴死——被瘴氣毒死。瘴氣，舊指南方山林間濕熱蒸鬱致人疾病的氣。「退之公公潮州瘴死」，乃作者虛構。按：瘴，文林本作「葬」。

〔15〕骨殖——死人骨頭。亦作「骨植」，如《清平山堂話本·花燈轎蓮女成佛記》：「第三日骨植葬了。」

〔16〕到得——原顛倒作「得到」，據朱校、朱墨本改。

〔17〕一支——指家族的支派。亦作「宗枝」，杜甫《奉贈李八丈判官》詩：「我丈特英特，宗枝神堯後。」

〔18〕水潮——當是潮州附近一個地名。

〔19〕宗祀——謂對祖宗的祭祀。清·紀昀《閱微草堂筆記·如是我聞三》：「吾不忍吾家之宗祀，自此而絕也。」

〔20〕嫡派苗裔——指家族相傳的正支。苗裔：指後代子孫。屈原《離騷》：「帝高陽之苗裔兮。」

〔21〕廣城——即今廣州市。

〔22〕敕封——皇帝頒詔書封賜臣僚爵號。

〔23〕香火秀才——見第二齣注〔46〕。

〔24〕乞相——乞丐相，窮樣子。《古今小說·窮馬周遭際賣鎚媼》：「正是：分明乞相寒儒，忽作朝家貴客。」

〔25〕經史腹便便——意言滿肚子都是學問。經史，代指學問。腹便便，大肚子。《後漢書·邊韶傳》：「韶口辯，曾晝日假臥，弟子私嘲之曰：『邊孝先，腹便便，懶讀書，但欲眠。』韶潛聞之，應時對曰：『邊為姓，孝為字，腹便便，《五經》笥。但欲眠，思經事。寐與周公通夢，靜與孔子同意。師而可嘲，出何典記？』嘲者大慚。」李賢等注：「便音蒲堅反。」

〔26〕受用——享用，享受。無名氏《陳州糶米》二〔小梁州·么篇〕白：「論家財我也受用似你。」

〔27〕趙佗王——姓趙名佗。秦末曾任南海尉，故又稱尉佗。秦亡自立為南越武王。漢立國十一年，派陸賈封佗為南越王。高后時佗又自起尊號為南越武帝，發兵進擾，與漢相對峙。文帝時復派陸賈前去招安，從此稱臣入貢。詳見《史記·南越列傳》。

〔28〕祖龍飛，鹿走中原——秦始皇死後，政治動搖。祖龍，指秦始皇。《史記·秦始皇本紀》：「三十六年……秋，使者從關東夜過華陰平舒道，有人持璧遮使者曰：『為吾遺滈池君。』因言曰：『今年祖龍死。』」裴駰集解引蘇林曰：「祖，始也；龍，人君象；飛，指死。」《史記·秦始皇本紀》：「始皇惡言死，群臣莫敢言死事。」鹿走中原：指秦政權破敗。《漢書·蒯通傳》：「秦失其鹿，天

下共逐之。」顏師古注引張晏曰：「以鹿喻帝位。」舊時因以逐鹿比喻群雄並
起、爭奪天下的形勢。《全唐詩》卷31、魏徵《述懷》詩曰：「中原初逐鹿，
投筆事戎軒。」

〔29〕摩崖——山崖。這裏喻天險。

〔30〕半壁天——即指半壁江山，國土的一部或大部分。「倚定著摩崖半壁天」，比喻
憑藉天險，割據一方。

〔31〕吾儕——吾輩。

〔32〕半部——指半部《論語》。相傳趙普曾對宋太宗說：我以半部《論語》幫助宋
太祖打天下，以另外半部幫助你治理國家。元·羅貫中《風雲會》三折〔倘秀
才〕：「卿（趙普）道是用《論語》治朝廷有方，卻原來只半部山河在掌。」但
這類話，不見《宋史·趙普傳》。《傳》只云：「（普）晚年手不釋卷，每歸私第，
闔戶啓篋取書，讀之竟日，及次日臨政，處決如流。既薨，家人發篋視之，則
《論語》二十篇也。」又云：「家人見其斷國大議，閉門觀書，取決方冊，他
日竊視，乃《魯論》耳。」

〔33〕攀今弔古——意謂古往今來，東拉西扯、亂談一氣。古典戲曲小說多用之。

〔34〕氣象——意謂氣概（氣派、氣魄）。

〔35〕「不患有司之不明」四句——語本《進學解》：「諸生業患不能精，無患有司之
不明；行患不能成，無患有司之不公。」曲文和韓的原文，只是調整了句子的
次序和改動幾個字，以便描繪出書生的迂腐。

〔36〕王叔文——唐越州山陰（今浙江紹興）人。德宗時侍讀東宮。順宗即位，任翰
林學士，聯合王伾、柳宗元、劉禹錫等人，進行政治改革，貶斥貪官，並進一
步籌劃奪取宦官兵權。憲宗時被貶爲渝州（今重慶市）司戶，次年被殺。

〔37〕柳州司馬——柳州，今廣西柳州市。司馬，官名。歷代權限不同。唐時爲郡的
佐貳官，即副官。明清因稱府同知爲司馬。

〔38〕三六九比勢——謂旗鼓相當，勢均力敵。

〔39〕《王泥水傳》——即《圬者王承福傳》。圬者，泥水匠。

〔40〕《梓人傳》——柳宗元有《梓傳》。梓人，古代木工的一種。

〔41〕《毛中書傳》——即《毛穎傳》。

〔42〕《郭駝子傳》——即《種樹郭橐駝傳》。

〔43〕《平淮西碑》——一篇平亂的檄文。

〔44〕取奉——「趨奉」的諧音。意指向皇帝效勞、貢獻。以疊句出之，蓋極言之也。

〔45〕《平淮西的雅》——即《平淮夷碑》。

〔46〕煙方——指南方瘴氣彌漫地區。

〔47〕如常——猶言平常、照常。

〔48〕製買書田——即指買書。以耕田比喻讀書，故稱書田。宋·王邁《送族侄千里

歸漳浦》詩：「願子繼自今，書田勤種播。」

〔49〕明時——謂政治清明時代。

〔50〕陸賈——漢代初年著名辯士，在劉邦手下常使諸侯，曾說趙佗歸降。歸報，拜為太中大夫。懂治術，著有《新語》十二篇。詳見《史記‧酈生陸賈列傳》。

〔51〕多少——用作甚辭，「很」、「多麼」的意思。

〔52〕燕——此字下，文林、朱墨本俱有「喜」字。按：「燕喜」猶「宴喜」，歡樂之詞。

〔53〕黃金累千——指趙佗給陸賈的賞賜。《史記‧酈生陸賈列傳》：「（趙佗）賜陸生橐中裝，直千金。」「橐中裝」，裴駰集解：「謂以寶物入囊橐也。」索隱：「索音托。」

〔54〕儒巾——古時讀書人戴的一種頭巾。林景熙《元日得家書》詩：「爆竹聲殘事事新，獨憐臨鏡尚儒巾。」明代儒巾為舉人未第者之服。見《三才圖繪‧衣服》。

〔55〕四方巾——古時儒者戴的一種帽子。

〔56〕深衣——古代諸侯、大夫、士家居所穿之衣，上衣和下衣相連。也是士子的常禮服。《禮記‧玉藻》：「朝玄端，夕深衣。」

〔57〕尿鱉子——尿壺。

〔58〕喧天——形容聲音很大，響徹天空。

〔59〕園公——即園丁，管理花園的僕人。《說岳全轉》第十三回：「不多路，已到花園。園公出來跪接。」

〔60〕干謁——向有地位的人請見。《北史‧酈道元傳》：「道約字善禮，樸質遲鈍，頗愛琴書。性多造請，好以榮利干謁，乞丐不已，多為人所笑弄。」

〔61〕些須——猶云「少許」。

〔62〕香山奧（ào）——澳門的別稱，在廣東省中山縣境內、珠江口西側，是古時對外貿易港口，明代為外商聚居處。明‧沈德符《萬曆野獲編‧外國‧香山澳》：「丁未年廣東番禺舉人盧廷龍，請盡逐香山坳夷，仍歸濠鏡故地。」

〔63〕應念愁中恨索居——語見《全唐詩》卷584、段成式《送穆郎中赴闕》詩：「應念愁中恨索居，鸝歌聲裏且踟躕。」索居：獨居（過孤獨生活）。

〔64〕青雲器業俺全疏——語見《全唐詩》卷541、李商隱《和劉評事永樂閒居見寄》詩：「白社猶閒君暫居，青雲器業我全疏。」青雲器業，做官的才能、本事。青雲，比喻爬得高。器業，指才能、本事。湯氏把「我」字改成「俺」。

〔65〕越王自指高臺笑——語見《全唐詩》卷615、皮日休《館娃宮懷古五絕》詩之二：「越王定指高臺笑，卻見當時全鏤楣。」「定」改為「自」，一字之差。

〔66〕劉項原來不讀書——語見《全唐詩》卷669、章碣《焚書坑》詩：「坑灰未冷山東亂，劉項元來不讀書。」劉項，指劉邦項羽。「元」改為「原」，古通。

第七齣　閨　塾〔1〕

〔末上〕吟餘改抹前春〔2〕句，飯後尋思午晌茶。蟻上案頭沿硯水，蜂穿窗眼咂〔3〕瓶花。我陳最良杜衙設帳〔4〕，杜小姐家傳〔5〕《毛詩》〔6〕。極承老夫人管待〔7〕。今日早膳已過，我且把毛注潛玩〔8〕一遍。〔念介〕關關雎鳩〔9〕，在河之洲〔10〕。窈窕〔11〕淑女〔12〕，君子好逑〔13〕。好者好也，逑者逑也。〔看介〕這早晚〔14〕了，還不見女學生進館。卻也嬌養的凶。待我敲三聲雲板。〔敲雲板介〕春香，請小姐上書。

【遶地遊】〔旦引貼捧書上〕素妝纔罷，款步書堂下。封淨几明窗瀟灑。〔貼〕《昔氏賢文》〔15〕，把人禁殺〔16〕，恁時節〔17〕則好教鸚哥〔18〕喚茶。

〔見介、旦〕先生萬福，〔貼〕先生少怪。〔末〕凡爲女子，雞初鳴，咸盥漱櫛笄，問安於父母〔19〕。日出之後，各供其事。如今女學生以讀書爲事，須要早起。〔旦〕以後不敢了。〔貼〕知道了。今夜不睡，三更時分，請先生上書。〔末〕昨日上的《毛詩》，可溫習？〔旦〕溫習了。則待講解。〔末〕你念來。〔旦念書介〕關關雎鳩，在河之洲。窈窕淑女，君子好逑。〔末〕聽講。關關雎鳩，雎鳩是個鳥，關關，鳥聲也。〔貼〕怎樣聲兒？〔末作鳩聲、貼學鳩聲諢〔20〕介、末〕此鳥性喜幽靜，在河之洲。〔貼〕是了。不是昨日是前日，不是今年是去年，俺衙內關著個斑鳩兒，被小姐放去，一去去在何知州〔21〕家。〔末〕胡說，這是興〔22〕。〔貼〕興個甚的那？〔末〕興者起也。起那下頭，窈窕淑女，是幽閒女子，有那等君子好好的來逑他。〔貼〕爲甚好好的求他？〔末〕多嘴哩。〔旦〕師父，依註解書，學生自會。但把《詩經》大意，教演〔23〕一番。

【掉角兒】〔末〕論六經〔24〕，《詩經》最葩〔25〕，閨門內許多風雅〔26〕：有指證姜嫄產哇〔27〕；不嫉妒后妃賢達〔28〕。更有那詠雞鳴，傷燕羽，泣江皋，思漢廣〔29〕，洗淨鉛華〔30〕。有風有化〔31〕，宜室宜家〔32〕。〔旦〕這經文偌多？〔末〕《詩》三百，一言以蔽之〔33〕，沒多些，只「無邪」兩字，付與兒家〔34〕。

書講了。春香取文房四寶〔35〕來模字〔36〕。〔貼下取上〕紙筆墨硯在此。

〔末〕這什麼墨？〔旦〕丫頭錯拿了，這是螺子黛〔37〕，畫眉的。〔末〕這甚麼筆？〔旦作笑介〕這便是畫眉的細筆。〔末〕俺從不曾見。拿去拿去！這是甚麼紙？〔旦〕薛濤箋〔38〕。〔末〕拿去拿去！只拿那蔡倫〔39〕造的來。這是甚麼硯？是一個是兩個？〔旦〕鴛鴦硯。〔末〕許多眼〔40〕？〔旦〕淚眼〔41〕。〔末〕哭甚麼子？一發〔42〕換了來。〔貼背介〕〔43〕好個標老兒〔44〕！待換去。〔下換上〕這可好？〔末看介〕著。〔旦〕學生自會臨書。春香還勞把筆〔45〕。〔末〕看你臨。〔旦寫字介、末看驚介〕我從不曾見這樣好字。這甚麼格〔46〕？〔旦〕是衛夫人〔47〕傳下美女簪花〔48〕之格。〔貼〕待俺寫個奴婢學夫人〔49〕。〔旦〕還早哩。〔貼〕先生，學生領出恭牌〔50〕。〔下旦〕敢〔51〕問師母尊年？〔末〕目下平頭〔52〕六十。〔旦〕待學生繡對鞋兒上壽，請個樣兒。〔末〕生受了。依《孟子》上樣兒，做個不知足而爲屨〔53〕罷了。〔旦〕還不見春香來。〔末〕要喚他麼？〔末叫三度介〔54〕、貼上〕害淋的〔55〕。〔旦作惱介〕劣丫頭，那裏來？〔貼笑介〕溺尿去來。原來有座大花園。花明柳綠，好耍子哩。〔末〕哎也，不攻書，花園去。待俺取荊條〔56〕來。〔貼〕荊條做甚麼？

【前腔】女郎行〔57〕那裏應文科判衙〔58〕？止不過識字兒書塗嫩鴉〔59〕。〔起介、末〕古人讀書，有囊螢的，趁月亮〔60〕的。〔貼〕待映月耀蟾蜍眼花；待囊螢〔61〕把蟲蟻〔62〕兒活支煞〔63〕。〔末〕懸梁〔64〕刺股〔65〕呢？〔貼〕比似你懸了梁，損頭髮，刺了股，添疤納〔66〕。有甚光華〔67〕！〔內叫賣花介、貼〕小姐，你聽一聲聲賣花，把讀書聲差〔68〕。〔末〕又引逗小姐哩。待俺當真打一下。〔末做打介、貼閃〔69〕介〕你待打打這哇哇〔70〕，桃李門牆〔71〕，嶮把負荊人〔72〕唬煞。

〔貼搶荊條投地介、旦〕死丫頭，唐突〔73〕了師父，快跪下。〔貼跪介、旦〕師父恕他初犯，容學生責認一遭兒。

【前腔】手不許把鞦韆索拿，腳不許把花園路踏。〔貼〕則瞧罷。〔旦〕還嘴，這招風嘴〔74〕把香頭來綽〔75〕疤；招花眼把繡針兒簽〔76〕瞎。〔貼〕瞎了中甚用？〔旦〕則要你守硯臺，跟書案，伴「詩云」，陪「子曰」〔77〕，沒的爭差〔78〕。〔貼〕爭差些罷。〔旦搯〔79〕貼髮介〕則問你幾絲兒頭髮，

幾條背花〔80〕？敢也怕些些夫人堂上那些家法〔81〕。

〔貼〕再不敢了。〔旦〕可知道？〔末〕也罷，鬆這一遭兒，起來。〔貼起介〕

【尾聲】女弟子則爭箇不求聞達〔82〕，和男學生一般兒教法。你們工課完了方可回衙。咱和公相陪話去。〔合〕怎辜負的這一弄〔83〕明窗新絳紗。〔下〕

〔貼作從背後指末罵介〕村老牛〔84〕，癡老狗，一些趣也不知。〔旦作扯介〕死丫頭，一日爲師，終身爲父，他打不的你？我且問你，那花園在那裏？〔貼作不說、旦笑問介、貼指介〕兀那〔85〕不是！〔旦〕可有什麼景致？〔貼〕景致麼，有亭臺六七座，鞦韆一兩架。遠的流觴曲水〔86〕，面著太湖山石〔87〕。名花異草，委實〔88〕華麗。〔旦〕原來有這等一個所在，且〔89〕回衙去。

也曾飛絮謝家庭〔90〕，欲化西園蝶未成〔91〕。

無限春愁莫相問〔92〕，綠陰終借暫時行〔93〕。

校 注

〔1〕閨塾——大戶人家請教師到宅內教子女讀書的地方。

〔2〕「改抹前春」句——改抹、塗改、改動。前春句，前一年春天寫下的詩句。

〔3〕咂——吸吮。以上四句是陳最良念的上場詩。傳統戲曲常借獨白的上場詩，介紹劇中人物的身世、地位、遭遇、處境或個性特徵，使觀眾對這個人物先有個概況的瞭解。陳最良的上場詩，已反映出他才學平庸、思想貧乏、眼界狹小的特徵。

〔4〕杜衙設帳——在姓杜的官員（南安太守杜寶）家中教書。東漢·馬融講學時設絳紗帳，（見《後漢書·馬融傳》），後人因稱教書爲「設帳」。

〔5〕家傳——這裏是在家塾中傳授的意思。

〔6〕《毛詩》——戰國時毛亨解釋的《詩經》。後因魯人申培、齊人轅固、燕人韓嬰三家詩皆以亡佚，《毛詩》就用作《詩經》的代稱。

〔7〕管待——謂款待、照顧。多指宴以酒食而言。

〔8〕潛玩——玩味、琢磨。

〔9〕關關雎鳩——關關，鳥和鳴聲。雎鳩，形似野鴨的一種水鳥。

〔10〕洲——水中陸地。

〔11〕窈窕——美好貌。

〔12〕淑女——品德美好的少女。

〔13〕逑——匹配，配偶。以上是第一首《關雎》篇的頭四句，是表示愛情的。

〔14〕早晚——時候，重在「晚」字。

〔15〕《昔氏賢文》——用格言編成的一種初學讀本，內容充滿封建教條。

〔16〕禁殺——拘束死了。指《昔氏賢文》的禮教條文，對人的思想、行動的禁錮。

〔17〕恁時節——這時候，指讀《昔氏賢文》的時節。

〔18〕鸚哥——鸚鵡的俗稱，經反覆訓練，能模仿人說話。

〔19〕雞初鳴，咸盥、漱、櫛、笄，問安於父母——這是舊時代教育子女的生活守則。
《禮記‧內則》咸，都。盥（貫），洗手、洗臉。漱，漱口。櫛，梳頭。笄，
簪髮。

〔20〕諢——打諢，開玩笑。打諢的話，演出時可由演員隨機應變，以取得諷刺幽默
的效果。

〔21〕何知州——與「河之洲」諧音，藉以逗笑。知州，州的地方行政長官。

〔22〕興——《詩經》的一種表現手法，即物起興（獲得啓發），引出所要表達的內
容。民歌開頭常使用的方法。

〔23〕敷演——講解、解釋。

〔24〕《六經》——指《詩》、《書》、《易》、《禮》、《樂》、《春秋》六部儒家經典著作。

〔25〕葩（pā）——花也，這裏指《詩經》富有文采。韓愈《進學解》:「《易》奇而
法，《詩》正而葩。」

〔26〕風雅——舊指人們有文化修養和生活風度。

〔27〕姜嫄產哇——古代傳說，姜嫄是黃帝曾孫帝嚳的妃子，在郊外踏天帝的大腳趾
而懷孕，後來就生下后稷（古代傳說中的穀神）。見《詩‧大雅‧生民》。哇，
通「娃」。

〔28〕后妃賢達——《詩‧周南》中的《樛（jiū）木》，《螽斯》篇，均爲古代戀歌，
但詩序、朱熹注都附會說是后妃不嫉妒，是頌揚后妃的賢德的詩作。腐儒陳最
良自然完全以這種觀點，教育杜麗娘。

〔29〕詠雞鳴，傷燕羽，泣江皋，思廣漢——詠雞鳴，指《詩‧齊風‧雞鳴》。燕羽，
指《詩‧邶風‧燕燕》。江皋，指《詩‧召南‧江有汜（si）》。漢廣，指《詩‧
周南‧漢廣》。這幾首詩，都是寫男女戀情的。陳最良用來對杜麗娘進行封
建道德說教，都是表述思想感情的用詞。

〔30〕洗淨鉛華——意指上面各詩內容樸素，沒有脂粉氣。鉛華，擦臉的粉。唐‧權
德輿《玉臺體》詩:「鉛華不可棄，莫是槁砧歸？」

〔31〕有風有化——意言有教育意義，又影響好。

〔32〕宜室宜家——使夫妻和全家都很和睦，這是化用《詩‧周南‧桃夭》:「之子于

歸，宜其室家」的詩句。室、夫妻住房。家，全家。

〔33〕一言以蔽之——用一句話概括它。語見《論語·爲政》：「《詩》三百，一言以
蔽之，曰：思無邪。」

〔34〕付與兒家——傳授給你們，借指杜麗娘和春香。兒家，亦作「爾家」。

〔35〕文房四寶——指筆、墨、紙、硯。

〔36〕模字——照著字帖寫字。下文「臨書」，義同。

〔37〕螺子黛——婦女畫眉用的青黑色顏料。

〔38〕薛濤箋——指專供婦女用的精美箋紙。薛濤，唐代名妓，能詩善文，並會自製
彩箋。後來便以「薛濤箋」泛指婦女用的精美信紙。

〔39〕蔡倫——東漢時人，紙的發明者。《後漢書》有傳。

〔40〕眼——硯眼。硯石的天然石紋，圓渾爲眼，有白、紅、黃等不同顏色。硯之有
眼者，視爲名貴之硯。

〔41〕淚眼——硯眼不很清潤明朗的叫淚眼。這種硯石的質量不及活眼，卻比死眼
好，死眼又勝過沒眼。「淚眼」和上文「鴛鴦硯」呼應，語義雙關。

〔42〕一發——一起。

〔43〕背介——舞臺術語。角色背著別人說出內心話的表演方式。京劇等傳統戲裏謂
之打背躬。

〔44〕標老兒——固執、倔強、不知趣的老頭子。

〔45〕把筆——初學寫字者不會使用毛筆，別人用手幫扶著寫謂之把筆，也叫把字。
元·關漢卿《玉鏡臺》二〔牧羊關〕白：「（正末云）腕平著，筆直著。小姐，
不是這等。（正末起把筆撚旦手科。）」

〔46〕格——體式，式樣。

〔47〕衛夫人——名鑠，字茂漪，晉汝陰太守李矩之妻，善書法，著有《筆陣圖》，
世稱衛夫人。據說王羲之曾拜她爲師，書法得以長進。

〔48〕美女簪花——用來形容字體秀麗。見《金石萃編·楊震碑跋》。

〔49〕奴婢學夫人——意謂學不像的意思。宋·趙與時《賓退錄》卷二：「羊欣書，似
婢作夫人，不堪位置，而舉止羞澀，終不似眞。」

〔50〕出恭牌——科舉考試不准考生擅自離座出去大小便，要領一塊牌子上面寫著
「出恭入敬」。後來學堂上課時，學生出教室也要領這種牌子。因此「出恭」
便成爲大小便的代稱。《警世通言·大郎還金完骨肉》：「一日早晨，行至陳留
地方，偶然去坑廁出恭。」

〔51〕敢——謙詞，有冒昧的意思。

〔52〕平頭——六十歲。凡計算數目，逢十，叫齊頭數，「平」與「齊」同。唐·白
居易《除夜》詩：「病眼少眠非守歲，老心多感又臨春。火銷燈盡天明後，便
是平頭六十人。」

〔53〕不知足而爲屨（jù）——語見《孟子‧告子上》。屨，麻鞋。這是陳最良一句玩笑話，玩笑中寓呆氣。

〔54〕三度介——是表示重複三次。介，戲劇術語，表示人物動作、表情，傳奇中多用「介」，雜劇多用「科」。

〔55〕害淋的——罵人話。害淋，是指尿道紅腫的一種性病。

〔56〕荊條——打人的藤條。舊時教師常用以體罰學生。

〔57〕女郎行（háng）——猶言女兒家。行，用在人稱或自稱後面，表示複數，猶「輩」，猶「家」，猶「們」。

〔58〕應文科判衙——意指參加科舉考試，當官坐堂判案。

〔59〕書塗嫩鴉——形容寫不好字，只是胡亂塗抹。塗鴉，語本唐‧盧全《示添丁》詩：「忽來案上翻墨汁，塗抹詩書如老鴉。」

〔60〕趁月亮——南齊人江泌，家貧點不起燈，就借月光苦讀。《南齊書‧孝義傳‧江泌》：「泌少貧，晝日斫（zhuó）屧（xiè），夜讀書，隨月光握卷升屋。」

〔61〕囊螢——見第二齣注〔39〕。

〔62〕蟲蟻——泛指昆蟲。唐‧杜甫《縛雞行》詩：「家中厭雞食蟲蟻，不知雞賣還遭烹。」這裏指螢火蟲。

〔63〕活支煞——活活折磨死。這句回應上句「囊螢」，形容蟲蟻的難熬景象。支煞，劇曲詞尾的常用語。

〔64〕懸梁——見本劇第二齣注〔15〕。

〔65〕刺骨——戰國時蘇秦苦學的故事。《戰國策‧秦策一‧蘇秦始將連橫》：「乃夜發書，陳篋數十，得《太公陰符》之謀，伏而誦之，簡練以爲揣摩。讀書欲睡，引錐自刺其骨，血流至足。」

〔66〕疤疿（niè）——瘡痕。《正字通‧疒部》：「俗呼瘡痕曰疤。」又唐‧韓愈《征蜀聯句》：「念齒慰黴黧，視傷悼瘢疿。」疿，疤也。

〔67〕光華——光采。

〔68〕差——打岔、擾亂。

〔69〕閃——躲避。明‧梅鼎祚《玉合記》十七，白：「只見那輕蛾姐也走來了，我且閃在左廂，看他說甚。」

〔70〕哇哇——同「娃娃」，春香自稱。

〔71〕桃李門牆——培養學生的學塾。桃李，比喻所栽培的學生或後輩。《資治通鑒‧唐則天皇后久視元年》載：狄仁傑嘗薦姚元崇等數十人，率爲名臣。或謂仁傑曰：「天下桃李，悉在公門矣。」門牆，指師門。《論語‧子張》：「夫子之牆數仞，不得其門而入。」

〔72〕負荊人——身背荊條的人，意指請罪的人。這裏是春香自稱有過錯。

〔73〕唐突——冒犯。

〔74〕招風嘴——招惹是非的嘴。下文「招風眼」義相近。

〔75〕綽——同「戳」，這裏是燙的意思。「綽疤」，灼一個傷疤也。

〔76〕簽——刺也。

〔77〕伴「詩云」，陪「子曰」——都是陪伴讀書的意思。

〔78〕沒的爭差——不要出差錯。爭差，謂差錯。清·洪昇《長生殿》四十二〔亭前柳〕：「此奉欽尊，切休得有爭差。」

〔79〕捋——拔、扯。清·孔尚任《桃花扇》三〔千秋歲·前腔〕白：「掌他的嘴，捋他的毛。」

〔80〕背花——背上被鞭打的傷痕。

〔81〕家法——封建家長拷打奴僕或子女的用具。

〔82〕則爭個不求聞達——意言只差個不求揚名做官這一點（指與男生相比）。聞達謂揚名做官，三國·諸葛亮《出師表》：「臣本布衣，躬耕於南陽，苟全性命於亂世，不求聞達於諸侯。」

〔83〕一弄——一片，一帶。

〔84〕村老牛——罵人話。村，粗俗、蠢笨。罵陳最良粗俗蠢笨像老牛一樣。

〔85〕兀那——即「那」。兀，發語詞「那」前冠以「兀」，有加強語氣作用。

〔86〕流觴曲水——曲水，曲折的溪水。流觴，順水漂流的酒杯，遇到水灣停下來，就舉杯喝酒。這是原三月上已在水邊被除不祥的一種祭典。以後相沿成一種風俗。晉·王羲之《蘭亭集序》：「永和九年，歲在癸丑暮春之初，會於會稽山陰之蘭亭，修禊事也……又有清流激湍，映帶左右，引以爲流觴曲水。」

〔87〕太湖山石——園林中的假山，是用太湖石堆砌的。

〔88〕委實——實在，的確。

〔89〕且——姑且。下一「且」字，說明杜麗娘有意一賞花園美景。

〔90〕也曾飛絮謝家庭——語見《全唐詩》卷643、李山甫《柳十首》之七：「也曾飛絮謝家庭，從此風流別有名。」參見第三齣注〔69〕。

〔91〕欲化西園蝶不成——語見《全唐詩》卷742、張泌《春夕言懷》詩：「幽蘭謾結相思夢，欲化西園蝶未成。」湯氏改「未」爲「不」。

〔92〕無限春愁莫相問——語見《全唐詩》卷550、趙嘏《寄遠》詩：「無限春愁莫相問，落花流水洞房深。」

〔93〕綠陰終借暫時行——語見《全唐詩》卷511、張祜《揚州法雲寺雙檜》詩：「縱使百年爲上壽，綠陰終借暫時行。」。

第八齣　勸　農〔1〕

【夜遊朝】〔外同淨貼皁隸門子上〕何處行春〔2〕開五馬〔3〕？採邠

〔4〕風物候濃華。竹宇聞鳩〔5〕，朱幡引鹿〔6〕。且留憩甘棠〔7〕之下。

【古調笑】時節時節，過了春三二月。乍晴膏雨〔8〕烟濃，太守春深勸農。農重農重，緩理征徭詞訟。俺南安府，在江廣之間〔9〕，春事頗早。想俺為太守的，深居府堂，那遠鄉僻塢〔10〕，有拋荒〔11〕遊懶的，何由得知？昨已分付該縣置買花酒，待本府親自勸農。想已齊備。〔丑縣吏上〕承行無令史〔12〕，帶辦有農民。稟爺爺，勸農花酒，俱已齊備。〔外〕分付起行。近鄉之處，不許多人囉唕〔13〕。〔眾應、喝道〔14〕起行介、外〕正是：為乘陽氣行春令〔15〕，不是閒遊玩物華。〔下〕

【前腔】〔生末父老上〕白髮年來公事寡。聽兒童笑語喧嘩。太守巡遊，春風滿馬。敢借著這務農宣化〔16〕？

俺等是南安府清樂鄉中父老。恭喜本府杜太爺，管治三年，慈祥端正，弊絕風清。凡各村鄉約保甲〔17〕，義倉社學〔18〕。無不舉行。極是地方有福。現今親自各鄉勸農，不免官亭〔19〕伺候。那祗候〔20〕們扛擡花酒到來也。

【普賢歌】〔丑、老旦公人〔21〕、扛酒提花上〕俺天生的快手賊無過〔22〕。衙舍〔23〕裏消消〔24〕沒的睃〔25〕，扛酒去前坡。〔做跌介〕幾乎破了哥〔26〕，摔破了花花〔27〕你賴不的我。

〔生末〕列位祗候哥到來。〔老旦、丑〕便是這酒埕〔28〕子漏了，則怕酒少，煩老官兒遮蓋〔29〕些。〔生末〕不妨。且擡過一邊，村務裏〔30〕嗑〔31〕酒去。〔老旦、丑下，生、末〕地方〔32〕端正坐椅，太爺到來。〔虛下〔33〕〕

【排歌】〔外引眾上〕紅杏深花，菖蒲淺芽。春疇漸暖年華。竹籬茅舍酒旗兒叉〔34〕。雨過炊煙一縷斜。〔生、末接介、合〕提壺〔35〕叫，布穀〔36〕喳〔37〕。行看幾日免排衙〔38〕。休頭踏〔39〕，省誼譁，怕驚他林外野人〔40〕家。

〔皂隸〕稟爺爺，到官亭。〔生末見介、外〕眾父老，此為何鄉何都〔41〕？
〔生末〕南安縣第一都清樂鄉。〔外〕待我一觀。〔望介〕美哉此鄉，真個清而可樂也。【長相思】你看山也清，水也清；人在山陰道上行〔42〕。

春雲處處生。〔生末〕正是官也清，吏也清，村民無事到公庭。農歌三兩聲。〔外〕父老，知我春遊之意乎？

【八聲甘州】平原麥灩，翠波搖翦翦〔43〕，綠疇〔44〕如畫。如酥嫩雨〔45〕，繞隄〔46〕春色藞苴〔47〕。趁江南土疏田脈佳。怕人戶們拋荒力不加〔48〕。還怕，有那無頭官事誤了你好生涯。

〔父老〕以前晝有公差，夜有盜驚。老爺到後呵，

【前腔】千村轉歲華〔49〕。愚父老香盆〔50〕，兒童竹馬〔51〕。陽春有腳〔52〕，經過百姓人家。月明無犬吠黃花，雨過有人耕綠野〔53〕。真個，村村雨露桑麻。

〔內歌《泥滑喇》介、外〕前村田歌可聽。

【孝順歌】〔淨田夫上〕泥滑喇，腳支沙〔54〕，短耙長犁滑律〔55〕的拿。夜雨撒〔56〕菰〔57〕麻，天晴出糞渣〔58〕，香風餶鮓〔59〕。〔外〕歌的好。夜雨撒菰麻，天晴出糞渣，香風餶鮓〔60〕，是說那糞臭。父老呵，他卻不知這糞是香的。有詩為證：焚香列鼎〔61〕奉君王，饌玉炊金〔62〕飽即妨。直到饑時聞飯過，龍涎〔63〕不及糞渣香。與他插花，賞酒。〔淨插花飲酒笑介〕好老爺，好酒。〔合〕官裏醉流霞〔64〕，風前笑插花，把農夫們俊煞〔65〕。〔下〕

〔門子稟介〕一個小廝〔66〕唱的來也。

【前腔】〔丑牧童拿笛上〕春鞭打，笛兒吵〔67〕，倒牛背斜陽閃〔68〕暮鴉。〔笛指門子介〕他一樣小腰揸〔69〕，一般雙髻鬌〔70〕，能騎大馬。〔外〕歌的好。怎生指著門子，唱一樣小腰揸，一般雙髻鬌，能騎大馬？父老，他怎知騎牛的到穩。有詩為證：常羨人間萬戶侯，只知騎馬勝騎牛。今朝馬上看山色，爭似騎牛得自由〔71〕。賞他酒，插花去。〔丑插花飲酒介、合〕官裏醉流霞，風前笑插花，村童們俊煞。〔下〕

〔門子稟介〕一對婦人歌的來也。

【前腔】〔旦、老旦採桑上〕那桑陰下，柳簍兒搓〔72〕，順手腰身翦

一丫〔73〕。呀，什麼官員在此？**俺羅敷自有家**〔74〕，**便秋胡怎認他，提金下馬**？〔外〕歌的好。說與他，不是魯國秋胡，不是秦家使君，是本府太爺勸農。見此勤劬〔75〕採桑，可敬也。有詩爲證：一般桃李聽笙歌，此地桑陰十畝多。不比世間閒草木，絲絲葉葉是綾羅。領酒插花去。〔二旦背插花、飲酒介、合〕**官裏醉流霞，風前笑插花，採桑人俊煞。**〔下〕

〔門子稟介〕又一對婦人唱的來也。

【前腔】〔老旦丑持筐採茶上〕**乘穀雨**〔76〕，**採新茶，一旗半槍金縷芽**〔77〕。呀，什麼官員在此？**學士雪炊他**〔78〕，**書生困想**〔79〕**他，竹煙新瓦**〔80〕。〔外〕歌的好。說與他，不是郵亭學士〔81〕，不是陽羨書生〔82〕，是本府太爺勸農。看你們婦女採桑採茶，勝如採花。有詩爲證：只因天上少茶星，地下先開百草精〔83〕。閒煞女郎貪鬥草，風光不似鬥茶〔84〕清。領了酒，插花去。〔淨丑插花飲酒介合〕**官裏醉流霞，風前笑插花，採茶人俊煞。**〔下〕

〔生末跪介〕稟老爺，眾父老茶飯伺候。〔外〕不消。餘花餘酒，父老們領去，給散小鄉村，也見官府勸農之意。叫祗候們起馬〔85〕。〔生末做扳留不許介、起叫介〕村中男婦領了花賞了酒的，都來送太爺。

【清江引】〔眾插花上〕**黃堂春遊韻瀟灑，身騎五花馬**〔86〕。**村務裏有光華，花酒藏風雅。男女們請了，你德政碑**〔87〕**隨路打。**

閭閻繚繞接山巔〔88〕，**春草青青萬頃田**〔89〕。

日暮不辭停五馬〔90〕，**桃花紅近竹林邊**〔91〕。

校 注

〔1〕勸農——地方官春天下鄉動員農民耕作。《史記·文帝本紀》：「其於勸農之道未備。」

〔2〕行春——舊謂官吏春日出巡。《後漢書·鄭弘傳》「弘少爲鄉嗇夫，太守第五倫行春，見而深奇之，召署督郵，舉孝廉。」李賢注：「太守常以春往所主縣，勸人農桑，振救乏絕。」

〔3〕開五馬——「五馬開」的倒文，意言太守出發到郊外勸農。開，謂出發、啓程。

五馬，代指太守。漢樂府《陌上桑》：「使君從南來，五馬立踟躕。」按：古代諸侯駕車用五匹馬，漢太守出行也用五匹馬。後來便以「五馬」作爲「太守」的代稱。杜寶時任太守，故云。

〔4〕採邠（bīn）風物候穠華——邠，指「邠風」，即《詩經》國風中的《豳風》，內容以描寫農業生產爲主。採《豳風》，意即收集有關農事的民歌。物候，意謂景物、風物。因其隨節侯而變化，故亦代指季節。唐・杜審言《和晉陵陸丞早春遊望》詩：「獨有宦遊人，偏驚物候新。」穠華，花木繁盛貌。唐・羅隱《牡丹花》詩：「可憐韓令成功後，辜負穠華（花）過此身。」全句是說：在百花盛開季節出去動員農民耕作。

〔5〕鳩（jiū）——鳥名。鳩，鴿科部分種類的通稱。我國有綠鳩、南鳩、鵑鳩和斑鳩等。

〔6〕朱幡引鹿——《後漢書・鄭弘傳》：「（弘）拜爲騶令，政有仁惠，民稱蘇息。遷淮（陰）〔陽〕太守。」李賢等注引《謝承書》曰：「弘消息繇賦，政不煩苛。行春天旱，隨車致雨。白鹿方道，俠轂而行。弘怪問主簿黃國曰：『鹿爲吉爲凶？』國拜賀曰：『聞三公車幡畫作鹿，明府必爲『宰相。』」這裏是稱譽杜寶太守勸農。朱幡，車廂兩面塗的紅色旗子，指太守所乘之車。《後漢書・輿服志上》：「中二千石、二千石，皆皂蓋，朱兩幡。」

〔7〕甘棠——木名，即棠梨。

〔8〕膏雨——滋潤土壤的雨水。語本《詩・曹風・下泉》：「芃芃黍苗，陰雨膏之。」芃，讀 péng，茂盛貌。

〔9〕江廣之間——長江至兩廣地帶。

〔10〕塢（wù）——構築在村邊作屏障用的小土塢。

〔11〕抛荒——荒廢，指農田廢置而不耕種。宋・無名氏《一翦梅》詞：「山東、湖北又抛荒，好去經量！胡不經量？」按：抛，原作「執」，據朱墨、朱校本改。

〔12〕承行無令史，帶辦有農民——這兩句是縣吏自誇，言親奉太守旨意辦事，並不通過令史，自有農民來幫辦。承行，謂奉旨執行任務。令史，掌管府、縣、文書的吏目。帶辦、兼辦。

〔13〕囉唪——吵鬧。《紅樓夢》第105回：「不許囉唪，待本爵自行查看。」

〔14〕喝道——舊時達官貴人出行，儀衛前列呵唱，以禁止行人曰「喝道」。

〔15〕爲乘陽氣行春令——古代哲學家以陰陽解釋季節的變換。《禮記・月令》：「是月也，天氣下降，地氣上騰，天地和同，草木萌動。」這意思是說：春天陰氣下降，陽氣上陞，天地之氣，互相混合，草木便要開始抽芽生長，正是耕作季節。行春令，意即「行春」之時令。時令者，謂隨時之政令也。李賢注《後漢書・明帝紀》云：「時令謂月令也。四時各有令。」王維《奉和聖製從蓬萊向

興慶閣道中留春雨中春望之作應制》詩：「爲乘陽氣行時令，不是宸遊玩物華。」
句意與此正同。

〔16〕宣化──宣佈命令，教化百姓。

〔17〕鄉約保甲──鄉約，猶言鄉規民約。適用於本鄉本地的規約。保甲，古代地方
　　　的基層組織。鄉約保甲，簡稱「鄉保」。

〔18〕義倉社學──義倉，救災用的地方儲備的糧倉。社學，古代地方學校通稱社
　　　學。明代以後專指鄉村設立的學校。

〔19〕官亭──迎送官員的亭子。

〔20〕祇候──本是宋代武官名。《宋史・職志六》：「東上閣門，西上閣門使各三
　　　人……祇候十有二人。」後來通指衙役或貴族、官僚、家庭的僕役頭子。

〔21〕公人──舊時衙役、皁隸的統稱。

〔22〕俺天生的快手賊無過──意言竊賊趕不上做公的天生的動作敏捷。快手，本指
　　　衙門緝捕盜賊的差役。《六部成語・刑部成語》：「快手擒賊之官役也。」這裏
　　　指「快手」動作敏捷。

〔23〕舍──此字原無，據文林、竹林、朱墨、清暉、獨深各本補。

〔24〕消消──這裏意猶「悄悄」，寂靜貌。

〔25〕沒的睃──看不到。

〔26〕哥──語尾助詞，相當現代漢語的「啊」、「呵」。

〔27〕花花──即「花」，猶「天天」即「天」，蓋重言之也。

〔28〕埕（chéng）──酒甕名。元・高文秀《諕范叔》二〔牧羊關〕：「院公也，我
　　　幾吃那開埕十里香？」（十里香，酒名）

〔29〕遮蓋──掩飾，隱瞞。

〔30〕村務──鄉村酒店。務，酒務簡稱。原是宋代造酒、賣酒、收酒稅的機關，
　　　一般用作酒店代稱。

〔31〕嗑（hé）──用同「喝」。湯顯祖《南柯記》二十五，白：「再不遇缺官看印，
　　　教我錄事衙門嗑風。」《儒林外史》第三回：「我一天殺一個豬還賺不得錢把銀
　　　子，都把與你丟在水裏，叫我一家老小嗑西北風！」

〔32〕地方──地保（保正）的俗稱，舊社會基層小首腦，相當於後來的保甲長。

〔33〕虛下──戲劇術語。意指某演員暫時無戲退到左邊入口，旋即上來，表示已離
　　　開剛才演出的現場，又到了另一場合，故不是眞的下場，因稱「虛下」。

〔34〕叉──用同「插」。《負曝閒談》第一回：「另外有一個人叉嘴道……」叉嘴，
　　　猶「插嘴」。

〔35〕提壺──鳥名。鳴聲有如「提壺」，故云。亦稱提壺蘆。宋・歐陽修《啼鳥》
　　　詩：「獨有花上提壺蘆，勸我沽酒花前醉。」

〔36〕布穀──一種候鳥，秋去春來。以鳴聲似「布穀」而名之。又以其鳴在播種

之時，故相傳又稱勸耕之鳥。唐・杜甫《洗兵行》：「田家望望惜雨乾，布穀處處催春種。」宋・陸游《聞蟋蟀》詩：「布穀布穀解勸耕，蟋蟀蟋蟀能促織。」

〔37〕喳（chā）——鳥噪聲。

〔38〕排衙——封建時代，陳設儀仗，吏役們站班、排列整齊，依次參見，舉行一定的儀式，稱爲排衙。唐・白居易《雨雪放朝因懷微之》詩：「不知雨雪江陵府，今日排衙得奐無。」

〔39〕頭踏——古代官員出行時，走在前面的儀仗（如：旗、鑼、傘、扇），謂之頭踏。

〔40〕野人——鄉野之人。即指農民。《孟子・滕文公上》：「無君子莫治野人，無野人莫養君子。」

〔41〕都——古代行政區劃名。在宋元明清是縣級以下的行政區劃。《宋史・袁燮傳》：「合保爲都，合都爲鄉，合鄉爲縣。」元・王禎《農書》卷四：「又何必命駕鄉都，移文期會，欺上誣下，而自繳功利，然後爲定典哉？」

〔42〕人在山陰道上行——《世說新語・言語》卷上之上：晉人王子敬（獻之）云：「人在山陰道上行，山川自相映發，使人應接不暇。」劉孝標注曰：「《會稽郡》記曰：『會稽境特多名山水，峰崿隆峻，吐納雲霧，松栝楓柏，擢竦竦條，潭壑鏡徹，清流瀉注。』王子敬見之曰：『山水之美，使人應接不暇。』」後來，人們便用「山陰道上」指風景豐饒秀美的地方。「山陰」《世說新語》注曰：「《會稽土地志》曰：『邑在山陰，故以名焉。』」在今浙江省紹興縣境內。

〔43〕翦翦——用同「剪剪」，形容風輕微而略帶寒意。唐・韓偓《夜深》詩：「惻惻輕寒剪剪風，小梅飄雪杏花紅。」宋・王安石《春夜》詩：「金爐香盡漏聲殘，剪剪輕風陣陣寒。」

〔44〕疇（chóu）——田地。

〔45〕如酥嫩雨——唐・韓愈《初春小雨》詩：「天街小雨潤如酥，草色遙看近卻無。」此言小雨潤澤萬物，爲酥之甘滑也。「嫩雨」，指小雨。

〔46〕塍（chéng）——田畦，田間的界路。漢・班固《西都賦》：「溝塍刻鏤，原隰龍鱗。」李善注引韋昭曰：「積土爲封限也。」

〔47〕蘿苴（luǒ jū）——用同「蘿苴」，意猶闌珊，形容暮春景色，衰敗情狀。宋・楊萬里《野薔薇》詩：「磊且餘春還子細，燕脂濃抹野薔薇。」清・曹寅《題柳村墨杏花》詩：「勾吳春色自蘿苴，多少清霜上鬢華。」

〔48〕拋荒力不加——荒了田地，不出力耕種。拋荒，見本齣前注〔11〕。

〔49〕歲華——時光，年華。後蜀・毛熙震《何滿子》詞：「寂寞芳菲暗度，歲華如箭堪驚。」「千村封歲華」，意言百姓生活普遍改善，過上好日子了。

〔50〕香盆——焚香之盆。封建時代奉迎官吏的儀式，焚香插在盆裏，盆頂在頭上，跪著迎送以表尊敬。《宋史・岳飛傳》：「我等戴盆運糧草，以迎官軍。」指迎

接王師。本劇是指對有政績的地方官的愛戴。

〔51〕兒童竹馬——對太守的歌頌。本於《後漢書·郭伋傳》：建武十一年，調伋並
　　　為州牧，「始至行部，到河西美稷，有童數百，各騎竹馬，道次迎拜，伋問『兒
　　　曹何自遠來』。對曰：『聞使君到，喜，故來奉迎。』」後來便以「兒童竹馬」
　　　成為歌頌地方官德政的成語。

〔52〕陽春有腳——也是對太守的歌頌語。《開元天寶遺事·天寶下·有腳陽春》：
　　　「宋璟愛民恤物，朝野歸美，時人咸謂璟為有腳陽春，言所至之處，為陽春
　　　煦物也。」「陽春」，意即溫暖的春天。李白《春夜宴桃李園序》：「陽春召我
　　　以煙景，大塊假我以文章。」

〔53〕月明無犬吠黃花，雨過有人耕綠野——這兩句脫胎於元雜劇的上場詩。石君寶
　　　《曲江池》楔子鄭府尹的上場詩：「雨後有人耕綠野，月明無犬吠黃昏。」王
　　　實甫《麗春堂》三折濟南府尹的上場詩：「雨後有人耕綠野，月明無犬吠荒村。」
　　　三者相比：「雨過」與「雨後」字異義同。「黃花」、「黃昏」、「荒村」意境就不
　　　一致了。

〔54〕泥滑喇，腳支沙——形容泥路滑出溜，立腳不穩。

〔55〕滑律——光出溜。

〔56〕撒（sǎ）——散佈、灑落。引申為「澆」。元·王冕《趙千里夜潮圖》詩：「冰
　　　花著人如撒霰，過耳斜風快如箭。」

〔57〕菰（gū）——一種多年生水生宿根草本植物，花芽名茭白，果實狹圓柱形，名
　　　菰米，均可食用。杜甫《秋興》詩之七：「波漂菰米沈雲黑，露冷蓮房墜粉紅。」

〔58〕出糞渣——謂施肥。

〔59〕饐——當作「醃（腌）」，用鹽浸漬食物也。

〔60〕鮓（zhǎ）——經過加工的魚類食品，醃魚、糟魚之類。「醃鮓」連起來是說臭
　　　糞隨風吹來，有如臭魚氣味。

〔61〕鼎——古代炊器用具。

〔62〕饌玉炊金——形容食品珍貴。《全唐詩》卷 77、駱賓王《帝京篇》：「平臺戚里
　　　帶紫埃，炊金饌玉待鳴鐘。」

〔63〕龍涎（xián）——香名，因其名貴，故曰「龍涎」。宋·蘇軾《過子以山芋作
　　　玉糝羹》詩：「香似龍涎仍釅白，味如牛乳更全清。」

〔64〕流霞——本神話傳說中的仙酒名。晉·葛洪《抱朴子·袪惑》：「河東蒲?有項
　　　曼都者，與一子入山學仙，十年而歸家。家人問其故，曼曰：『僊人但以流霞
　　　一杯，與我飲之，輒不饑渴。』」一般作酒的美稱。唐·李商隱《武夷山》詩：
　　　「只得流霞酒一杯，空中蕭鼓幾時回？」

〔65〕俊煞——美極了，美死了。煞，用作甚詞。形容農民高興的程度。

〔66〕小廝——男孩子。

〔67〕吵——吹。

〔68〕閃——躲閃。元·王伯成散套《端正好·唐明皇幸蜀》:「惡風光斗馳騁,鴉閃
殘陽背日明。」

〔69〕腰揿(jiā)——腰肢,腰身。

〔70〕髻鬌(jī zhā)——髻鬟,孩童的一種髮式。

〔71〕「常羨人間萬戶侯」四句——源於明·楊儀的《明良記》中曾提到「江東籤」,
其第四十六籤云:「君是人間萬戶侯,信中騎馬勝騎牛,今朝馬上看山色,爭
似得牛得自由。」萬戶侯,泛指高官。《史記·李將軍列傳》:「惜乎,子不遇
時,如今子當高帝時,萬戶侯豈足道哉。」

〔72〕搓(cuō)——《集韻》:此我切,上苛清,邪貌。邪,古通「斜」。「柳蔓兒搓」
意即把柳蔓兒斜揹在背上。

〔73〕丫——丫杈,此指桑枝,蓋桑枝分杈,而不整齊也。

〔74〕俺羅敷自有家,便秋胡怎認他——這是把兩個故事牽合在一起了。女羅敷被
太守調戲事,見漢樂府《陌上桑》。秋胡戲妻子事,見唐《秋胡變文》、元雜
劇《秋胡戲妻》。但南宋朱熹《語類》指出這篇歌辭《陌上桑》的詼諧性,並
認爲羅敷的夫婿就是使君(太守)。近人余冠英,認爲這意見是值得注意的。
羅敷故事似從秋胡故事演變,從悲劇轉爲喜劇。(梁)王筠《陌上桑》云:「秋
胡始停步,羅敷未滿箱。」已把兩事牽合在一起。(見余冠英《樂府詩選》注)
本劇下文有句云「秦家使君」,把兩事牽合在一起,也是有根據的。

〔75〕勤劬(qú)——辛勤勞苦。倒作「劬勤」,義同。《後漢書·袁紹傳》:「故冒踐
霜雪,不憚劬勤。」

〔76〕穀雨——中國農曆二十四節氣之一。時在陽曆四月十九、二十或二十一日。穀
雨前後,我國大部分地區降雨量比前增加,有利農作物生長。

〔77〕一旗半槍金縷牙——旗槍,茶葉名。茶的葉叫旗,其嫩莖叫槍。元·馬致遠
《陳搏高臥》四〔沉醉東風〕:「這茶啊,採的一旗半槍,來從五嶺三湘。」
金縷芽,上品茶。

〔78〕學士雪炊他——宋代「陶穀學士,嘗買得黨大尉家故妓,過定陶,取雪水烹團
茶,謂妓曰:『黨太尉家應不識此。』妓曰:被粗人也,安有此景?但能銷金
暖帳下,淺斟低唱,飲羊羔美酒耳。」谷愧其言。(宋·皇都風月人《綠窗新
話》卷下《黨家婢不識雪景》)雪炊他,即拐取雪烹茶之雅,他,指茶。下句
「他」義同。

〔79〕困想——極想、很想。《廣雅·釋想》:「困,極也。」

〔80〕竹煙新瓦——竹煙,指燃竹燒茶發出的煙。新瓦,指陶製茶壺。

〔81〕郵亭學士——郵亭,古代供旅客住宿的館舍。學士,這裏指陶穀。據說他出使
南唐,在郵亭愛上了江南名姬秦弱蘭。事見宋·文瑩《玉壺清話》卷四。

〔82〕陽羨書生——是指陽羨地方一個玩弄幻術的書生。據說在路上遇見許彥，聲稱腳痛不能走路，請寄在許彥的鵝籠裏帶著他走，走了一程，書生從嘴裏吐出個美女，和他一起喝酒。詳見宛委山堂本《說郛》卷 115《續齊諧記》或《太平廣記》卷 284《陽羨書生》。陽羨，今江蘇宜興，古以產茶著稱。

〔83〕百草精——指茶。《全唐詩》卷 843、齊已《詠茶十二韻》：「百草讓爲靈，功先百草成。」

〔84〕鬥茶——一種比賽茶好壞的遊戲。宋·江休復《江鄰幾雜誌》：「蘇才翁嘗與蔡君鏌鬥茶，蔡茶水用惠山泉，蘇茶小劣，改用竹瀝水煎，遂能取勝。」

〔85〕起馬——啓程，動身。《儒林外史》第三回：「次日起馬，范進獨自送在三十里之外，轎前打恭。」

〔86〕五花馬——毛色呈五色花紋之馬，良馬也。唐·李白《將進酒》：「五花馬，千金裘，呼兒將出換美酒。」又《相逢行》：「朝騎五花馬，謁帝出銀臺。」

〔87〕德政碑——歌頌地方官僚德政之碑。德政碑隨路打，意言地方官所到之處都有百姓歌頌。

〔88〕閭閻繚繞接山巓——語見《全唐詩》卷 229、杜甫《夔州歌絕句》之四：「赤甲白鹽俱刺天，閭閻繚繞接山巓。」閭閻，里巷之門。巓，山頂。

〔89〕春草青青萬頃田——語見《全唐詩》卷 242、張繼《閶門即事》：「耕夫召募逐樓船，春草青青萬頃田。」

〔90〕日暮不辭停五馬——語見《全唐詩》卷 332、羊士諤《野望二首》之一：「日暮不辭停五馬，鴛鴦飛去綠江空。」

〔91〕桃花紅近竹林邊——語見《全唐詩》卷 561、薛能《宋氏林亭》：「地濕莎青雨後天，桃花紅近竹林邊。」

第九齣　肅　苑〔1〕

【一江風】〔貼上〕小春香，一種〔2〕在人奴上，畫閣裏從嬌養。侍娘行，弄粉調朱，貼翠拈花，慣向妝臺傍。陪他理繡牀，陪他燒夜香。小苗條〔3〕喫的是夫人杖。

花面丫頭十三四，春來綽約省人事。終須等著個助情花，處處相隨步步覷〔4〕。俺春香日夜跟隨小姐。看他名爲國色〔5〕，實守家聲〔6〕。嫩臉嬌羞，老成尊重。只因老爺延師教授，讀到《毛詩》第一章：「窈窕淑女，君子好逑。」悄然廢書而歎曰：「聖人之情，盡見於此矣。今古同懷，豈不然乎？」春香因而進言：「小姐讀書困悶，怎生消遣則個〔7〕？」小姐一會沉吟〔8〕，逡巡〔9〕而起。便問道：「春香，你教我怎生消遣那

〔10〕？」俺便應道：「小姐，也沒個甚法兒，後花園走走罷。」小姐說：「死丫頭，老爺聞知怎好？」春香應說：「老爺下鄉，有幾日了。」小姐低頭不語者久之，方纔取過曆書選看，說明日不佳，後日欠好，除大後日，是個小遊神〔11〕，吉期。預喚花郎，掃清花徑。我一時應了，則怕老夫人知道。卻也由他〔12〕。且自叫那小花郎分付去。呀！迴廊那廂，陳師父來了。正是：年光〔13〕到處皆堪賞，說與癡翁總不知。

【前腔】〔末上〕老書堂，暫借扶風帳〔14〕。日暖鉤簾蕩〔15〕。呀，那迴廊，小立雙鬟〔16〕，似語無言，近看如何相〔17〕？是春香，問你恩官在那廂？夫人在那廂？女書生怎不把書來上？

　　〔貼〕原來是陳師父。俺小姐這幾日沒工夫上書。〔末〕為甚？〔貼〕聽呵，

【前腔】甚年光！忒煞通明相〔18〕，所事〔19〕關情況〔20〕。〔末〕有甚麼情得〔21〕？〔貼〕老師父，還不知老爺怪你哩。〔末〕何事？〔貼〕說你講《毛詩》，毛的忒精〔22〕了。俺小姐呵，為詩章，講動情腸。〔末〕則講了個「關關雎鳩」。〔貼〕故此俺小姐說，關了的雎鳩，尚然有洲渚之興，可以人兒不如鳥乎！書要埋頭，那景致則擡頭望。如今分付，明後日遊後花園。〔末〕為甚去遊？〔貼〕他平白地為春傷。因春去的忙，後花園要把春愁漾〔23〕。

　　〔末〕一發不該了。

【前腔】論娘行，出入人觀望，步起須屏障〔24〕。春香，你師父靠天，也六十來歲，從不曉得傷個春，從不曾遊個花院。〔貼〕為甚？〔末〕你不知。孟夫子說得好，聖人〔25〕千言萬語，則要人「收其放心〔26〕」。但如常〔27〕，著甚春傷？要甚春遊？你遊春歸，怎把心兒放？小姐既不上書，我且告歸幾日來。春香呵，你尋常到講堂，時常向瑣窗〔28〕，怕燕泥香點涴〔29〕在琴書上。

　　我去了。繡戶〔30〕女郎閒鬬草，下帷老子不窺園〔31〕。〔下、貼弔場〔32〕〕且喜陳師父去了。叫花郎在麼？〔叫介〕花郎！

【普賢歌】〔丑小花郎醉上〕一生花裏小隨衙〔33〕，偷去街頭學賣花。令史們將我擡〔34〕，袛候們將我搭〔35〕，狠燒刀〔36〕、險把我嫩盤腸生灌殺。

〔見介〕春姐在此。〔貼〕好打。私出衙前騙酒，這幾日菜也不送。〔丑〕有菜夫。〔貼〕水也不挑〔37〕。〔丑〕有水夫。〔貼〕花也不送。〔丑〕每早送花，夫人一分，小姐一分。〔貼〕還有一分哩？〔丑〕這該打。〔貼〕你叫什麼名字？〔丑〕花郎。〔貼〕你把花郎的意思，搊〔38〕個曲兒俺聽，搊的好，饒打。〔丑〕使得。

【梨花兒】小花郎看盡了花成浪，則春姐花沁〔39〕的水洸浪〔40〕。和你這日高頭偷眼睛〔41〕，嗏，好花枝干繁了作麼朗〔42〕！

〔貼〕待俺還你也哥。

【前腔】小花郎做盡花兒浪，小郎當夾細的大郎當〔43〕？〔丑〕哎喲，〔貼〕俺待到老爺回時說一浪〔44〕，〔揪丑髮介〕嗏，敢幾個小榔頭把你分的朗〔45〕。

〔丑倒介〕罷了，姐姐，爲甚事光降小園？〔貼〕小姐大後日來瞧花園，好些掃除花徑。〔丑〕知道了。

東郊風物正薰馨〔46〕，應喜家山接女星〔47〕。

莫遣兒童觸紅粉〔48〕，便教鶯語太丁寧〔49〕。

校 注

〔1〕肅苑（yuàn）——打掃園林。肅，整肅，引申爲打掃。苑，蓄養禽獸並種植林木的地方，這裏即指園林。

〔2〕一種——同樣、一樣。《敦煌變文集·佛說阿彌陀經講經文》：「僧家和合爲門，到處悉皆一種。」

〔3〕小苗條——小小苗條的身體。苗條，細長柔美，多用來形容女子的身材。《聊齋誌異·董生》：「十年不見，遂苗條爲此。」

〔4〕「花面丫頭十三四」四句——脫胎於唐·劉禹錫《寄贈小樊》詩：「花面丫頭十三四，春來綽約向人時。終須買取名花香，處處將行步步隨。」花面，清·褚人穫《堅瓠集》六集卷四「丫頭」條引《留青日劄》云：「花面者，未開臉

也。」未開臉，即不整容，不修飾也。或釋爲「古代婦女用花片貼在臉上作爲妝飾，非是。」綽約，姿態柔美貌。唐・白居易《長恨歌》：「樓閣玲瓏五雲起，其中綽約多仙子。」助情花，五代・王仁裕《開元天寶遺事・天寶上》：「安祿山初承聖睠（juàn）因進助情花百粒，大小如粳米而色紅。每夜寢處之際，則含香一粒，助情發興，筋力不倦。」此乃寫安祿山進春藥之事，這裏疑指情人。

〔5〕國色——舊時形容美貌冠群的女子。《公羊傳・昭公三十一年》：「顏夫人者，嫗盈女也，國色也。」

〔6〕家聲——一家有的聲譽。

〔7〕則個——語尾助詞，用法略同「著」、「者」、「咱」和現代漢語「呢」「罷」「了」相類似，用以表示商量、希望等。

〔8〕沉吟——考慮、思量。漢《古詩十九首》之十二：「馳情整束帶，沉吟聊躑躅（zhízhú）。」三國・曹操《短歌行》：「青青子衿，悠悠我心。但爲君故，沉吟至今。」

〔9〕逡巡（qūn xún）——欲進不進，遲疑不決的樣子。元・無名氏《馮玉蘭》一〔油葫蘆〕：「我巴不得兩三朝飛到泉州郡，可甚的沿途只梭巡？」

〔10〕那——語尾助詞。讀如諾，不讀納。《後漢書・韓康傳》「公是韓伯休那？」李賢注：「那，語餘聲也，音乃賀反。」按「乃賀反」亦讀「諾」也。

〔11〕小遊神——傳說中的吉利神。宋・葉夢得《石林燕語》卷三：「太平興國中，司天言太一式有五福、大遊、小遊、四神、天一、地一、君蟇、臣蟇、民蟇、眞符、凡十種，皆天之貴神。」據說小遊神值班那天，是個吉日，遇不到兇神惡煞。

〔12〕卻也由他——言杜麗娘有豁出去的意思。

〔13〕年光——春光。

〔14〕扶風帳——指教書。參見第七齣注〔4〕。

〔15〕蕩——搖動、擺動。

〔16〕雙鬟——古代少女所梳髮鬟的一種樣式。這裏代指春香。

〔17〕近看如何相——走近看看究竟是誰。相，貌相、狀貌。

〔18〕忒煞通明相（xiàng）——很聰明的樣子。忒煞：猶云「太」、「很」、「甚」。下加一「煞」字，表加強語氣。金・董解元《西廂記諸宮調》卷四〔黃鐘宮・出對子〕：「相國夫人端的左，酷毒害的心腸忒煞過。」通明，通曉明瞭。相，貌相，引申爲樣子。

〔19〕所事——謂事事，凡事，爲包舉一切之詞。

〔20〕情況——心情、情緒。元・喬吉《兩世姻緣》二〔逍遙樂〕白：「姐姐，你這等情況無聊，我將管絃來，你略吹彈一回消遣咱。」

〔21〕得——朱校本作「況」，意較妥。

〔22〕忒精——本義為很深透，這裏是指太袒露，意含諷刺。

〔23〕漾——拋散，排遣。

〔24〕屏（bǐng）障——意謂遮蔽，蓋指用袖遮面，免使人瞧見也。封建禮教典籍《禮記·內則》：「女子出門，必擁其面。」

〔25〕聖人——此特指戰國時哲學家孟軻。

〔26〕收其放心——指戰國時哲學家孟軻。語見《孟子·告子上》：「學問之道無他，求其放心而已矣。」朱熹注引程子曰：「聖賢千言萬語，只是欲人將已放之心約之使反，復入身來，自能尋向前去，下學而上達也。」孟子曾反覆論證性善說，故認為做學問就是找回喪失掉了的本性。

〔27〕如常——謂尋常、平常。

〔28〕瑣窗——鏤刻有連鎖圖案的窗櫺，代指窗子。此指書齋。湯顯祖《南柯記》二十七〔好事近前〕：「簾外呢喃歸燕，怪瑣窗人臥。」

〔29〕點涴（wò）——弄髒，泥沾在器物。唐·杜甫《漫興九首》之三：「江上燕子故來頻，銜泥點涴琴書內。」（見《全唐詩》卷 227）

〔30〕繡戶——閨房。

〔31〕「窺園」句——《漢書·董仲舒傳》：「（董仲舒）下帷講誦，弟子傳以久次相授業，或莫見其面。蓋三年不窺園，其精如此。」此言董仲舒治學專心。

〔32〕弔場——戲劇術語。戲劇分場的標準，是以全部演員進入後臺，前臺念下場詩或說白沒有演員為斷。如前臺還留有一兩個演員，就不能當作兩場看待。這一兩個演員起的就是弔場作用。本出這場戲是由春香說幾句話，起弔場作用。

〔33〕隨衙——隨班，就是跟隨伺候。亦作「隨牙」。《隋書·刑法志》：「大理寺丞楊遠、劉子通等，性愛深文，每隨牙奏獄，能承順帝旨。」

〔34〕攂（zhā）——抓也。

〔35〕搭——與上文「攂」字互文為義，亦「抓」的意思。

〔36〕燒刀——即燒酒。用高粱製成者曰高粱酒，用麥米糟製者曰麥米糟燒，皆性烈味香。唐代已有此酒。

〔37〕挑——清暉本、竹林本作「梘（jiǎn）」。梘，通水器，俗稱水管。這裏用作動詞，接通水管的意思。

〔38〕搊（chōu）——用手指彈撥樂器。《新唐書·禮樂志十一》：「舊以木彈撥，樂工裴神符初以手彈……後人習為搊琵琶。」

〔39〕沁（qìn）——方言，謂頭向下垂，如說「沁著頭」。

〔40〕洸浪——形容水多的樣子。洸，通「滉」。

〔41〕晾（làng）——晾曬。《集韻·四·十二宕》：「晾，暴（曝）也」。晾晾，意即晾一晾，曬一曬。

〔42〕作麼朗——猶云「怎麼辦」。

〔43〕「小花郎做盡花兒浪」二句──和上曲曲文都是雙關褻穢語。

〔44〕說一浪──說一回，說一遍。浪，這裏用作量詞。

〔45〕敢幾個小榔頭把你分的朗──意言「怕只要幾棒槌就把你打成兩截。」敢，謂恐怕，爲推想或之辭，語氣不肯定。榔頭，錘子、棒槌之類。《紅樓夢》第三十九回：「還要拿榔頭砸他呢。」分的朗，即「分朗」。原意爲分明、清楚，這裏引申爲兩截。把你分的朗，即把你打成兩截。

〔46〕東郊風物正薰馨──語見《全唐詩》卷 46、崔日用《奉和聖製春日幸望春宮應制》詩。風，《全唐詩》一作「草」。薰馨，氣候溫和，香氣四溢。

〔47〕應喜家山接女星──語見《全唐詩》卷 746、陳陶《投贈福建路羅中丞》詩。女星，二十八宿之一，主揚州。

〔48〕莫遣兒童觸紅粉──語見《全唐詩》卷 187、韋應物《將往滁城戀新竹簡崔都水示端》詩。詩意是說不要叫兒童懂得男女之事。「紅」，《全唐詩》作「瓊」。

〔49〕便教鶯語太丁寧──語見《全唐詩》卷 227、杜甫《絕句漫興九首》之一。詩意是說兒童懂了男女之事，情話就多起來了。「教」，《全唐詩》作「覺」。

第十齣　驚　夢〔1〕

【遶地遊】〔旦上〕夢回鶯囀〔2〕，亂煞年光遍〔3〕。人立小庭深院。〔貼〕炷盡沈煙，拋殘繡線，恁今春關情似去年〔4〕？

【烏夜啼】〔旦〕曉來望斷梅關〔5〕，宿妝殘〔6〕。〔貼〕你側著〔7〕宜春髻子〔8〕恰憑欄。〔旦〕翦不斷，理還亂〔9〕，悶無端。〔貼〕已分付催花鶯燕借春看。〔旦〕春香，可曾叫人掃除花逕？〔貼〕分付了。〔旦〕取鏡臺衣服來。〔貼取鏡臺衣服上〕雲髻罷梳還對鏡，羅衣欲換更添香〔10〕。鏡臺衣服在此。

【步步嬌】〔旦〕嫋晴絲〔11〕吹來〔12〕閒庭院，搖漾〔13〕春如線。停半晌〔14〕、整花鈿〔15〕。沒揣菱花〔16〕，偷人半面〔17〕，迤逗的彩雲偏〔18〕。〔行介〕步香閨〔19〕怎便把全身現！

〔貼〕今日穿插〔20〕的好。

【醉扶歸】〔旦〕你道翠生生〔21〕出落的〔22〕裙衫兒茜〔23〕，豔晶晶〔24〕花簪八寶填〔25〕，可知我常〔26〕一生兒愛好是天然〔27〕。恰三春好處〔28〕無人見。不提防沉魚落雁〔29〕鳥驚諠〔30〕，則怕的羞花閉月花愁

顫。

〔貼〕早茶時了，請行。〔行介〕你看：畫廊金粉半零星〔31〕，池館蒼苔一片青。踏草怕泥〔32〕新繡襪，惜花疼煞小金鈴〔33〕。〔旦〕不到園林，怎知春色如許〔34〕！

【皂羅袍】原來姹紫嫣紅〔35〕開遍，似這般都付與斷井頹垣。良辰美景奈何天，賞心樂事誰家院〔36〕！恁般景致，我老爺和奶奶再不提起。〔合〕朝飛暮卷，雲霞翠軒〔37〕；雨絲風片，煙波畫船〔38〕：錦屏人〔39〕忒看的這韶光〔40〕賤！

〔貼〕是〔41〕花都放了，那牡丹還早。

【好姐姐】〔旦〕遍青山，啼紅了杜鵑〔42〕，荼蘼〔43〕外煙絲〔44〕醉軟。春香呵，牡丹雖好，他春歸怎占的先〔45〕！〔貼〕成對兒鶯燕呵。〔合〕閒凝眄〔46〕，生生〔47〕燕語明如翦〔48〕，嚦嚦〔49〕鶯歌溜的圓〔50〕。

〔旦〕去罷。〔貼〕這園子委是觀之不足也〔51〕。〔旦〕提他怎的！〔行介〕

【隔尾】觀之不由他繾〔52〕，便賞遍了十二亭臺〔53〕是枉然。到不如興盡回家閒過遣〔54〕。

〔做到介、貼〕開我西閣門，展我東閣床〔55〕。瓶插映山紫〔56〕，爐添沈水香〔57〕。小姐，你歇息片時，俺瞧老夫人去也。〔下、旦歎介〕默地遊春轉，小試宜春面〔58〕。春呵，得和你兩留連〔59〕，春去如何遣〔60〕？咳，恁般天氣好困人也。春香那裏？〔左右瞧介、又低首沈吟介〕天呵，春色惱人，信有之乎！常觀詩詞樂府，古之女子，因春感情，遇秋成恨，誠不謬矣。吾今年已二八，未逢折桂〔62〕之夫；忽慕春情，怎得蟾宮〔63〕之客？昔日韓夫人得遇于郎，張生偶逢崔氏〔64〕，曾有《題紅記》、《崔徽傳》二書。此佳人才子，前以密約偷期〔65〕，後皆得成秦晉〔66〕。〔長歎介〕吾生於宦族，長在名門。年已及笄〔67〕，不得早成佳配，誠為虛度青春，光陰如過隙耳。〔淚介〕可惜妾身顏色如花，豈料命如一葉〔68〕乎！

【山坡羊】〔旦〕沒亂裏〔69〕春情難遣，驀地裏〔70〕懷人幽怨。則爲我生小嬋娟〔71〕，揀名門一例〔72〕、一例裏神仙眷。甚良緣，把青春拋的遠！俺的睡情誰見？則索〔73〕因循〔74〕靦腆〔75〕。想幽夢誰邊，和春光暗流轉？遷延〔76〕，這衷懷那處言！淹煎〔77〕，潑殘生〔78〕除問天！

身子困乏了，且自隱几〔79〕而眠。〔睡介、夢生介、生持柳枝上〕鶯逢日暖歌聲滑，人遇風情笑口開。一徑落花隨水入，今朝阮肇到天台〔80〕。小生順路而來，跟著杜小姐回來，怎生不見？〔回看介〕呀，小姐，小姐！〔旦作驚起、相見介、生〕小生那一處不尋訪小姐來，卻在這裏！〔旦作斜視不語介、生〕恰好花園內，折取垂柳半枝。姐姐，你既淹通〔81〕書史，可作詩以賞此柳枝乎？〔旦作驚喜欲言又止介、背云〕這生素昧〔82〕平生，何因到此？〔生笑介〕小姐，咱愛殺你哩！

【山桃紅】則爲你如花美眷〔83〕，似水流年，是答兒〔84〕閒尋遍。在幽閨自憐。小姐，和你那答兒講話去。〔旦作含羞不行、生作牽衣介、旦低問介〕那邊去〔85〕？〔生〕轉過這芍藥欄前，緊靠著湖山石邊〔86〕。〔旦低問〕秀才，去怎的？〔生低答〕和你把領扣鬆，衣帶寬，袖梢兒搵著牙兒苫〔87〕也，則待你忍耐溫存一晌〔88〕眠。〔旦作羞、生前抱、旦推介、合〕是那處曾相見，相看儼然〔89〕，早難道〔90〕這好處相逢無一言？〔生強抱旦下〕

〔末花神束髮冠紅衣插花上〕催花御史〔91〕惜花天，檢點春工又一年。蘸〔92〕客傷心紅雨〔93〕下，勾人懸夢綵雲邊。吾乃掌管南安府後花園花神是也。因杜知府小姐麗娘，與柳夢梅秀才，後日有姻緣之分。杜小姐遊春感傷，致使柳秀才入夢。咱花神專掌惜玉憐香，竟來保護他，要他雲雨十分歡幸也。

【鮑老催】單則是混陽烝變，看他似蟲兒般蠢動把風情搧。一般兒嬌凝翠綻魂兒顫〔94〕。這是景上緣，想內成，因中見〔95〕。呀，淫邪展污〔96〕了花臺殿。咱待拈片落花兒驚醒他。〔向鬼門〔97〕丟花介〕他夢酣春透了怎留連？拈花閃碎的紅如片。

秀才，纏到的半夢兒，夢畢之時，好送杜小姐仍歸香閣。吾神去也。
〔下〕

【山桃紅】〔生旦攜手上〕這一霎天留人便，草藉花眠。小姐可好？
〔旦低頭介、生〕則把雲鬟點〔98〕，紅鬆翠偏。小姐，休忘了呵，見了你
緊相偎〔99〕，慢廝連〔100〕，恨不得肉兒般團成片也，逗的個日下胭脂雨
上鮮。

〔旦〕你可去呵？〔合前、生〕姐姐，你身子乏了將息〔101〕，將息。
〔送旦依前作睡介、輕拍旦介〕姐姐，俺去了。〔作回顧介〕姐姐，
你可十分將息，我再來瞧你。那行來春色三分雨，睡去巫山一片雲。
〔下、旦作驚醒低叫介〕秀才，秀才，你去了也？〔又作癡睡介、老
上〕夫壻坐黃堂〔102〕，嬌娃立繡窗。怪〔103〕他裙袂〔104〕上，花鳥
繡雙雙。孩兒，孩兒，你為甚瞌睡在此？〔旦作醒叫秀才介〕咳也。
〔老〕孩兒怎的來？〔旦作驚起介〕奶奶到此！〔老〕我兒何不做些
鍼指，或觀玩書史，舒展情懷？因何晝寢於此？〔旦〕兒適花園中閒
玩，忽值春暄惱人，故此回房。無可消遣，不覺困倦少息。有失迎接，
望母親恕兒之罪。〔老〕孩兒，這後花園中冷靜，少去閒行。〔旦〕領
母親嚴命。〔老〕孩兒，書堂看書去。〔旦〕先生不在，且自消停〔105〕。
〔老歎介〕女孩家長成，自有許多情態，且自由他。正是：宛轉〔106〕
隨兒女，辛勤做老娘。〔下、旦長歎、看老旦下介〕哎也，天那，今
日杜麗娘有些僥倖也。偶到後花園中，百花開遍，觀景傷情。沒興而
回，晝眠香閣。忽遇一生，年可弱冠〔107〕，豐姿俊妍。於園中折得柳
絲一枝，笑對奴家說：「姐姐既淹通書史，何不將柳枝題賞一篇？」
那時待要應他一聲，心中自忖，素昧平生，不知名姓，何得輕與交言。
正如此想間，只見那生向前，說了幾句傷心話兒，將奴摟抱去牡丹亭
畔、芍藥欄邊，共成雲雨之歡。兩情和合，真個是千般愛惜，萬種溫
存。歡畢之時，又送我睡眠，幾聲將息。正待自送那生出門，忽值母
親來到，喚醒將來。我一身冷汗，乃是南柯一夢〔108〕。欠身參禮母親，
又被母親絮了許多閒話。奴家口雖無言答應，心內思想夢中之事，何
曾放懷。行坐不寧，自覺如有所失。娘呵，你教我學堂看書，知他看
那一種書消悶也。〔作掩淚介〕

【綿搭絮】雨香雲片〔109〕，**纔到夢兒邊**。無奈高堂〔110〕，**喚醒**，紗窗睡不便。潑新鮮，冷汗黏煎〔111〕，閃的俺〔112〕心悠〔113〕步嚲〔114〕，意軟鬟偏。不爭多〔115〕費盡神情，坐起誰忺〔116〕？則待去眠。

〔貼上〕晚妝銷粉印，春潤費香篝〔117〕。小姐，薰了被窩睡罷。

【尾聲】〔旦〕困春心遊賞倦，也不索香薰繡被眠。天呵，有心情那夢兒還去不遠。

春望逍遙出畫堂〔118〕，間梅遮柳不勝芳〔119〕。

可知劉阮逢人處〔120〕？回首東風一斷腸〔121〕。

校　注

〔1〕驚夢——本齣戲，是由遊園和驚夢兩部分組成。

〔2〕夢回鶯囀——鶯婉轉歌唱，把麗娘從夢中喚醒。囀，指鳥兒婉轉地鳴叫。

〔3〕亂煞年光遍——令人眼花繚亂的春光，到處都是。

〔4〕「炷盡沉煙」三句——是寫春香從旁看出杜麗娘胸懷愁悶，已經不止一天了。炷（zhù），燒；炷，本作「注」，據三婦本改。沉煙，沉水香，一種薰用香料。夜間放入薰爐中的香料已經燒完，說明已到了早晨。拋殘繡線，丟下刺繡的絲線，比喻麗娘春天慵懶。恁，怎麼，為什麼。關情，牽動人心的情懷，即春情。似，勝過的意思。

〔5〕望斷梅關——遠望梅關。梅關，即大庾嶺，在今廣東、江西交界處，亦即本劇故事發生的地方。

〔6〕宿妝殘——晚妝凌亂。說明清晨尚未梳洗。

〔7〕側著——形容（髮鬢）歪在一邊的樣子。

〔8〕宜春髻子——傳說古代婦女在立春那天，剪綵作燕子狀，上貼「宜春」二字，戴在髮髻上。南朝梁·宗懍《荊楚歲時記》六：「立春之日，悉剪綵為燕戴之，帖『宜春』二字。」這裏是指女子在春天常梳妝的一種髮式。見《全唐詩》卷735、和凝《宮詞百首》之八十一：「金釵斜戴宜春勝，萬歲千秋繞鬢紅。」

〔9〕剪不斷，理還亂——這是借用南唐後主李煜《相見歡》詞中的兩句話，來形容杜麗娘「悶無端」的「悶」字情狀。「無端」，無故也，說不清也。

〔10〕「雲髻罷梳還對鏡，羅衣欲換更添香」二句——見《全唐詩》卷548、薛逢《宮詞》。借用這兩句話，形容杜麗娘著意打扮。雲髻，形容杜麗娘髮髻濃密。更添香，衣服上再薰薰香氣。

〔11〕嫋（niǎo）晴絲——嫋，輕柔飄蕩的樣子。晴絲，即遊絲、飛絲，亦即後文

所說的煙絲，是春天蟲類所吐的思縷。這種思縷，在晴朗的春天，最容易見到，故稱「晴絲」。《紅樓夢》第三六回，曾以「嫋晴絲」三字代指《驚夢》一齣的曲子，寶玉叫齡官唱給他聽，其影響於此可見。李漁《曲話》評云：「以遊絲一縷，逗起情絲髮端一語，則費如許深心，可謂慘淡經營矣。」

〔12〕吹來——文林、朱墨本，「來」俱作「到」。用「來」字比用「到」字更動人。

〔13〕搖漾——混漾動蕩的樣子。緊逼前句的「情絲」，追寫春景。

〔14〕晌——原誤作「餉」，據朱墨本改。

〔15〕花鈿（dian）——麗娘髮鬢上戴的首飾。唐·白居易《長恨歌》：「花鈿委地無人收，翠翹金雀玉搔頭。」

〔16〕沒揣菱花——沒揣，沒料想。菱花，鏡子的代稱。以鏡的背面有菱花花紋故也。隋·楊達《明妃怨》詩：「匣中縱有菱花鏡，羞對單于照舊顏。」

〔17〕偷人半面——偷偷地映照出自己半個面龐。

〔18〕迤逗的彩雲偏——這句寫少女的嬌羞狀態。言杜麗娘無意中在鏡子裏看到自己的身影，也有些不好意思。迤逗，引惹。王實甫《西廂記》一本二折〔醉春風〕：「迤逗得腸慌，斷送得眼亂，引惹得心忙。」意言羞答答的連髮鬢也弄歪了。

〔19〕步香閨——在香閨中走動。香閨，少女閨房的美稱。

〔20〕穿插——意猶穿戴。

〔21〕翠生生——形容杜麗娘的穿戴鮮豔漂亮。宋·陸游《老學庵筆記》卷八：「鮮翠，猶言鮮明也。」

〔22〕出落的——顯得，顯露出，襯托出。

〔23〕茜（qiàn）——紅色。

〔24〕豔晶晶——光彩奪目的樣子。

〔25〕花簪八寶瑱——用各種寶石鑲嵌起來的簪子。瑱，鑲嵌的意思。八寶，喻指寶石多種多樣。

〔26〕常——朱墨本無「常」字。

〔27〕愛好（hǎo）是天然——愛美是出於天性。湯顯祖《紫簫記》十一〔懶畫眉〕：「道你綠鬢烏紗映畫羅。（十郎：）小生從來帶一種愛好的性子。」語意與此正同。漢·楊雄《方言》卷二：「自關而西，秦晉之間，凡美色或謂之好。」是知「好」作「美」講，上古已然。今浙江仍有此方言。

〔28〕恰三春好處——語涉雙關，明指三春美好景致，暗喻杜麗娘自己的青春美貌。恰，正也。好處，兼指美景、美貌。

〔29〕沉魚落雁——極言婦女的青春美貌，下文「羞花閉月」，義同。意謂魚見到她的美色，自愧不如而下沉；雁為貪看她的美色而停落不飛；花見到她的美色而感到羞慚，月亮見到她的美色不敢相比而用雲彩遮起臉來。

〔30〕驚諠——吃驚諠叫。

〔31〕零星——不完好的樣子。

〔32〕泥——沾污。這裏用作動詞。

〔33〕惜花疼煞小金鈴——五代·王仁裕《開元天寶遺事·天寶上·花上金鈴》:「天寶初,寧王……於後花園中,紉紅絲爲繩,密綴金鈴,繫於花哨之上。每有鳥鵲翔集,則令園吏掣鈴索以驚之,蓋惜花之故也。「疼」爲惜花常常拉鈴,小金鈴被拉得多了,心疼的很,故曰「疼煞」。」

〔34〕如許——如此,宋·范成大《盤龍驛》詩:「行路如許難,誰能不華髮?」

〔35〕姹紫嫣紅——花色鮮美貌。

〔36〕「良辰美景奈何天」二句——意言良辰美景,賞心樂事,原是非常美好的事物,可是當杜麗娘看到盛開的花朵和衰敗的院落的景致,不禁感到無限的悵惘。按良辰、美景,賞心、樂事,是借用南朝宋·謝靈運《擬魏太子鄴中集詩序》:「天下良辰、美景、賞心、樂事,四者難並」的句意。奈何天,無可奈何也,形容心境的無聊。誰家,謂什麼也。誰家院,意言還成什麼院落,即上句所云「似這般都付與斷井頹垣」下文所云「便賞遍十二亭臺是惘然。」(見張相《詩詞曲語辭彙釋》卷三)

〔37〕「朝飛暮卷」二句——借用唐·王勃《滕王閣》詩:「畫棟朝飛南浦雲,珠簾暮卷西山雨」的詩意,形容杜宅樓閣的壯麗。

〔38〕「雨絲風片」二句——是描繪眼前更廣闊的春景。清·李調元《雨村詩話》評曰:「雨絲風片,煙波畫船,」皆酷肖元人。

〔39〕錦屏人——深閨中人(杜麗娘自指)。

〔40〕韶光——春光。唐·溫庭筠《春洲曲》:「韶光染色如蛾翠,綠濕紅鮮水容媚。」宋·范成大《初夏》詩:「晴絲千尺挽韶光,百舌無聲燕子忙。」

〔41〕是——凡是,所有的。總舉之詞。

〔42〕遍青山啼紅了杜鵑——開遍了紅色的杜鵑花。這是從傳說的杜鵑啼血聯想起來的。啼,張口哭泣,引申爲開放意。啼,本作「題」,茲據文林、朱墨本改。杜鵑,指晚春的杜鵑花。

〔43〕荼蘼(tú mí)——一種落葉灌木,屬薔薇科,晚春時開花。

〔44〕煙絲——柳絲、柳條。唐·皇甫松《楊柳枝》詩:「春入行宮入翠微,玄宗侍女舞煙絲。」清·納蘭性德《蝶戀花》詞之二:「欲倩煙絲遮別路,重陽那是相思樹。」

〔45〕牡丹雖好,他春歸怎占的先——是說牡丹花雖美,但在春將歸去才開放,怎能在春景中名列百花之前呢?句意暗含杜麗娘自比牡丹花而遲遲不被人知的感慨。

〔46〕凝眄(miǎn)——注目凝視的意思。眄,原作「盼」,據三婦本改。

〔47〕生生——象聲詞,「脆生生」之省文。形容鳥鳴聲清脆悅耳。

〔48〕明如剪——是說鳥的叫聲明快,就像剪刀剪東西一樣。

〔49〕嚦嚦——黃鶯的鳴叫聲。

〔50〕溜的圓——形容鶯聲宛轉圓潤。

〔51〕委實觀之不足也——確實看不夠呵!

〔52〕繾(qiǎn)——留戀。

〔53〕十二亭臺——泛指園中一切景物,並非確指十二亭臺。

〔54〕過遣——消磨時光,打發日子。

〔55〕「開我西閣門」二句——化用《木蘭辭》:「開我東閣門,坐我西閣床。」

〔56〕映山紫——即映山紅,杜鵑花的一種。《詩話總龜》卷二一引宋·李頎《古今詩話》:「映山紅生於坡歊(歊,同「敧」)側之地,高不過五七尺,花繁而紅,輝映,開始杜鵑始啼,又名杜鵑花。」

〔57〕沈水香——即用沉香製作的香。清·納蘭性德《遐方怨》詞:「歊(qī)角枕,掩紅窗,夢到江南,伊家博山沈水香。」

〔58〕宜春面——指新妝。參見「宜春髻子」注。

〔59〕留連——留戀不願離開。《易林·復之離》:「行旅遲遲,留連齊魯。」

〔60〕遣——發送、打發、驅之使去也。

〔61〕折桂——《晉書·郤詵傳》:「武帝於東堂會送,問詵曰:『卿自以爲何如?』詵對曰『臣舉賢良對策,爲天下第一,猶桂林之一枝,崑山之片玉。』」後因以「折桂」比喻科舉中第。

〔62〕蟾宮——即月宮。傳說月中有蟾蜍,故稱。南唐·李中《送黃秀才》詩:「蟾宮須展志,漁艇莫牽心。」後亦以「蟾宮」指應試中第。見第二齣注〔17〕。

〔63〕韓夫人得遇於郎——據唐人傳奇故事,唐僖宗時,宮女韓翠屏,曾以紅葉題詩。詩云:「流水何太急?深宮盡日休。殷勤謝紅葉,好去到人間。」題畢浮之御溝流出宮外,被於祐拾到。於祐自此思念,精力俱耗。復題二句,書於紅葉上云:「曾聞葉上題紅怨,葉上題詩寄阿誰?」投入御溝上游,回應韓氏。後二人果結良緣。見唐·張實《流紅記》。《題紅記》係明人王驥德根據張實《流紅記》和白樸《韓翠屏御水流紅葉》雜劇改編而成。

〔64〕張生偶逢崔氏——即張珙與崔鶯鶯愛情故事,即唐·元稹《鶯鶯傳》,後來的董解元的《西廂記諸宮調》和王實甫的《西廂記》演的就是這個故事,而非出於元稹的《崔徽傳》。湯顯祖此誤,似因《鶯鶯傳》和《崔徽傳》,均因出自元稹手;又女主人公,均姓崔;故事發生地點,又均爲蒲郡(即河中府,今山西永濟縣)也。

〔65〕偷期——指男女幽會。元·鄭光祖《㑳梅香》二〔初問好〕:「只想夜偷期,不記朝聞道。」

〔66〕得成秦晉——謂得以結婚。春秋時秦晉兩國世爲婚姻，後因以指兩姓聯姻。唐・杜甫《送大理封主簿五郎親事不合遂停》詩：「頗爲秦晉匹，從來王謝郎。」元・王實甫《西廂記》二本一折〔青歌兒〕：「倒陪家門，情願與英雄結婚姻，成秦晉。」

〔67〕及笄（jī）——意指女子到了婚配年齡。笄，古代盤頭髮用的簪子。古代女子十五歲開始以笄束髮。《禮記・內則》：「女子十有五年而笄。」鄭玄注：「謂應年許嫁者。女子許嫁，笄而字之。其未許嫁，二十而笄。」

〔68〕命如一葉——極言命運不好。金・元好問《鷓鴣天・薄命妾》詞：「顏色如花畫不成，命如葉薄可憐生。」

〔69〕沒亂裏——形容心緒很亂。「沒」字是以反語見義。

〔70〕驀地裏——意爲突然、忽然。用爲動作副詞。

〔71〕嬋娟——美好貌。《文選・張衡〈西京賦〉》：「嚼清高而卻轉，增嬋娟以此豸」薛綜注：「嬋娟此豸，姿態妖蠱也。」

〔72〕一例——猶言同等，一般、一樣的意思。宋・陳郁《念奴嬌》詞：「不論高低並上下，平白都教一例。」

〔43〕則索——只須、只得、只好。

〔74〕因循——遲延、拖沓。元・關漢卿《緋衣夢》一〔賺煞〕：「你可莫因循，早些兒休遲慢。」

〔75〕靦腆——害羞。元・王實甫《西廂記》一本一折〔勝葫蘆〕：「未語人前先靦腆，櫻桃紅綻，玉粳白露，半晌恰方言。」

〔76〕遷延——拖延。《農政全書・營治下》「遷延過時，秋苗亦誤鋤治。」

〔77〕淹煎——受煎熬，遭磨折。

〔78〕潑殘生——將死未死之人曰「殘生」。「潑」爲詈詞，表示厭惡。對自己說，則「潑殘生」，猶言苦命，含自憐自惜意。

〔79〕隱几——憑靠著几案。《莊子・徐无鬼》：「南伯子綦隱几而坐。」又《秋水》：「公子牟隱几太息。」

〔80〕阮肇到天台——見到愛人的意思。用劉晨阮肇在天台山遇到仙女的故事，詳見《太平廣記》卷六十一「天台二女」條。

〔81〕淹通——淹博通曉。南朝梁・劉勰《文心雕龍・體性》：「平子淹通，故慮周而藻密。」元・吳昌齡《張天師》一、白：「辛勤十載，淹通諸史，貫串百家。」

〔82〕素昧（mèi）平生——謂彼此一向不瞭解。素，向來，往常。昧，不瞭解。《鏡花緣》第五十六回：「原來姐姐同他也是素昧平生。」

〔83〕美眷——美麗的妻子。眷，親屬、眷屬。《醒世恒言・白玉娘忍苦成夫》：「侯隨老爺到邊上去有些功績回來，尋個名門美眷，也與老爺爭氣。」

〔84〕是答兒——猶云「是處」，即到處，處處之意。

〔85〕那答兒——那裏、那邊。

〔86〕轉過這芍藥欄前，緊靠著湖山石邊——此二句脫胎於元雜劇《金錢記》三〔白鶴子〕：「我見他恰行過這牡丹亭，又轉過芍藥圃薔薇後。」但更見精鍊。

〔87〕袖梢兒搵（wen）著牙兒苫——言用袖口擦抹著牙藉以遮蓋。搵，擦。苫，遮蓋。

〔88〕溫存一晌——相親相愛一會兒。一晌，不多幾時、片刻、片時。南唐·李煜《浪淘沙》詞：「夢裏不知身是客，一晌貪歡。」

〔89〕儼然——猶「宛然」，好像真的。唐·李群玉《黃陵廟》詩：「小姑洲北浦雲邊，二女容華自儼然。」

〔90〕早難道——即「難道」，語氣較重，「早」為發語詞，無義。

〔91〕催花御史——商務本《說郛》卷二十七「雲仙散錄」引《玉塵集》云：「唐穆宗每宮中花開，則以重頂帳蒙蔽欄檻置惜春御史掌之。」按：惜春御史，即指催花御史。

〔92〕蘸（zhàn）——同「沾」因接觸而附著於上。此處是指紅雨（落花）沾在人的身上。

〔93〕紅雨——喻落花。唐·李賀《將進酒》詩：「況是青春日將暮，桃花亂落如紅雨。」元·王實甫《西廂記》五本楔子〔仙呂賞花時〕：「相見時紅雨紛紛點綠苔。」

〔94〕「單則是混陽烝變」三句——確解不詳。徐朔方注曰：「形容幽會。」姑從之，有待進一步推敲。

〔95〕「景上緣」三句——景，古「影」字，即「影子」、「陰影」之「影」，與「想」、「因」，在這裏都是佛家的說法。「景上緣」、「想內成」，比喻姻緣短暫，是不真實的夢幻。「因中見（現）」佛家認為一切事物都是由因緣造成的。（探徐朔方說）

〔96〕展污——玷污、弄髒。元·關漢卿《謝天香》三〔倘秀才〕：「想是我出身處本低微，則怕展污相公貴體。」

〔97〕鬼門——戲臺上演員的上下門。元·柯九思《論曲》云：「構肆中戲房出入之所，謂之『鬼門道』。言其所扮者皆以往昔人，出入於此，故云『鬼門』。」

〔98〕點——《廣雅·釋詁三》：「點，污也。」《晉書·袁宏傳》：「如彼白圭，質無塵點。」唐·陳子昂《宴胡楚真禁所》：「青蠅一相點，白璧遂成冤。」

〔99〕偎（wēi）——緊靠著，緊挨著。唐·溫庭筠《南湖》詩：「野船著岸偎春草，水鳥帶波飛夕陽。」

〔100〕廝連——相連，相貼近。上二句「緊相偎，慢廝連」即相摟相抱親昵之意。

〔101〕將息——休息。

〔102〕黃堂——漢代太守的廳堂，塗以雌黃，以除災殃，稱為黃堂。宋·范成大《吳

郡治》卷六據《郡國志》云：「黃堂在雞陂之側（今蘇州市東），春申君子假
君之殿也，後太守居之。以救失火，塗以雌黃，遂名黃堂，即今太守之正廳
是也。」

〔103〕怪——驚異、驚奇。唐・杜甫《羌村三首》之一：「妻孥怪我在，驚定還拭淚。」

〔104〕裙衩——古代婦女的服飾。亦作婦女的代稱，如清・吳熾昌《客窗閒話・雙
縊廟》：「渺渺丈夫，反襲裙衩之飾。」

〔105〕消停——休息。

〔106〕宛轉——亦作「婉轉」，婉曲隨順的意思。明・徐畹《殺狗記》四〔集賢賓・
前腔〕：「是則是官人沒宛轉，我娘行自當相勸。」

〔107〕弱冠——古時男子到二十歲，爲弱冠之年，行冠禮，表示已經成年。《禮記・
曲禮》上：「人生十年曰幼，學；二十曰弱，冠；三十曰壯，有室；四十曰
強，而仕……」

〔108〕南柯一夢——唐代李公佐作《南柯太守傳》，歷述淳于芬夢至槐安國，國王
以女妻之，任南柯太守，榮華富貴，顯赫一時。後與敵戰失敗，公主亦死，
被遣而回。醒後見槐樹南枝下有蟻穴，即夢中所歷。後人因稱夢境爲「南柯」。

〔109〕雨香雲片——雲雨，指夢境中的性愛。

〔110〕高堂—— 指父母。唐・李白《送張秀才從軍》詩：「抱劍辭高堂，將投霍冠
軍。」這裏單指母親。

〔111〕黏（nián）煎——黏，形容汗液，漏著身體不舒服。

〔112〕閃的俺——弄得我，害得我。明・梅孝己《灑雪堂》十二〔紅衲襖〕：「好事
兒應已休，閃的人難措手。」

〔113〕心悠——內心思念、憂慮。悠，《詩・周南・關雎》：「悠哉悠哉，輾轉反側。」
毛傳：「悠，思也。」南朝梁・江淹《雜體詩・效湯惠休〈怨別〉》詩：「西北
秋風至，楚客心悠哉。」

〔114〕步躱（duǒ）——舉步艱難。躱，偏斜不正貌。

〔115〕不爭多——差不多，幾乎。宋・辛棄疾《江神子・博山道中書王氏壁》：「比
著桃源溪上路，風景好，不多爭。」元・關漢卿《玉鏡臺》二〔紅芍藥〕：「年
紀和溫嶠不多爭。」

〔116〕忺（xiān）——意謂高興、喜悅、適意。唐・韋應物《寄二嚴》詩：「絲竹久
已懶，今日遇君忺。」宋・林逋《雜興》詩：「散帙揮毫總不忺。」

〔117〕香篝（gòu）——即香籠，薰香用。宋・周邦彥《花犯・梅花》：「更可惜，
雪中高樹，香篝薰素被。」清・納蘭性德《訴衷情》詞：「冷落繡衾誰與伴，
倚香篝。」

〔118〕春望逍遙出畫堂——語見《全唐詩》卷 87、張說《奉和聖製春日出苑應制》
詩。

〔119〕間梅遮柳不勝芳——語見《全唐詩》卷 657、羅隱《桃花》（一作杏花）詩。

〔120〕可知劉阮逢人處——語見《全唐詩》卷 533、許渾《早發天台中岩寺度關嶺次天姥岑》詩。

〔121〕回首東風一斷腸——語見《全唐詩》卷 696、韋莊《思歸》詩：原句作「牽引東風斷客腸」，湯顯祖改動了三個字。

第十一齣　慈　戒

〔老旦上〕昨日勝今日，今年老去年〔1〕。可憐小兒女〔2〕，長自繡窗前。幾日不到女孩兒房中，午晌〔3〕去瞧他，只見情思無聊，獨眠香閣。問知他在後花園回，身子困倦。他年幼不知：凡少年女子，最不宜豔妝，戲遊空冷無人之處。這都是春香賤材逗引他。春香那裏？〔貼上〕閨中圖一睡，堂上有千呼。奶奶，怎夜分時節，還未安寢？〔老〕小姐在那裏？〔貼〕陪過夫人，到香閣中，自言自語，淹淹〔4〕春睡去了。敢在做夢也。〔老〕你這賤才，引逗小姐後花園去。儻若有疏虞〔5〕，怎生是了！〔貼〕以後再不敢了。〔老〕聽俺分付：

【征胡兵】女孩兒只合香閨坐，拈花翦朵。問繡窗鍼指如何？逗工夫一線多〔6〕。更晝長閒不過，琴書外自有好騰那〔7〕。去花園怎麼？

〔貼〕花園好景。〔老〕丫頭，不說你不知：

【前腔】後花園窣靜〔8〕無邊闊，亭臺半倒落。便我中年人要去時節，尚兀自裏〔9〕打個磨陀〔10〕。女兒家甚做作〔11〕？星辰高〔12〕猶自可。〔貼〕不高怎的？〔老〕廝撞著〔13〕有甚不著科〔14〕，教娘怎麼〔15〕？小姐不曾晚餐，早飯要早。你說與他知道。

風雨林中有鬼神〔16〕，寂寥未是採花人〔17〕。

素娥畢竟難防備〔18〕，似有微詞動絳唇〔19〕。

校　注

〔1〕「昨日勝今日」二句——見唐‧范攄《雲溪友議》卷下《豔陽詞》所引劉採春唱詞。

〔2〕可憐小兒女——語本《全唐詩》卷 224、杜甫《月夜》詩：「遙憐小兒女，未解

憶長安。」湯氏改「遙」字爲「可」字。

〔3〕午晌──即晌午。北語謂午日晌。上午日頭晌、上半晌或前半晌。下午日過晌、過半晌或後半晌。晚日晚晌。

〔4〕淹淹──昏昏沉沉。

〔5〕疏虞──疏忽，失誤。宋・無名氏《小孫屠》二十一〔七娘子〕白：「恐有疏虞，不當穩便。」

〔6〕逗工夫一線多──意言天長了，比平日多做針指活有一線之多。逗，見張相《詩詞曲語辭彙釋》卷二：「猶趁也；趕也。」一線，俗謂刺繡時用完一根線的工夫。《全唐詩》卷 731、和凝《宮詞百首》之七十三：「才經冬至陽生後，今日工夫一線多。」

〔7〕騰那──猶「消遣」，意即用自己感覺愉快的事來消磨時光。那，同「挪」。明・周朝俊《紅梅記》七〔上小樓〕：「早見這綠楊堤上好騰那，撲香塵寶馬去如梭。」

〔8〕窣（sū）靜──幽靜、寂靜。

〔9〕尚兀自裏──同「猶自」，還的意思。

〔10〕打個磨陀──打轉轉，徘徊、思量、猶豫的意思。

〔11〕做作──謂行徑、勾當。含貶義。

〔12〕星辰高──星辰，星的通稱。迷信說法：星辰高，即流年大運好。《醒世恒言・吳衙內鄰舟赴約》：「求神占卦，有的說星辰不利，又觸犯了喪神，須請僧道禳解。」

〔13〕廝撞著──意指碰到妖魔鬼怪。廝撞，相撞也。

〔14〕不著科──猶「著科」。意指衝撞凶煞，發生禍事。「不」字是以反意見意，以強調之也。「廝撞著有甚不著科」，意言必定要碰到災禍。

〔15〕怎麼──怎麼辦，如何是好。

〔16〕風雨林中有鬼神──語見《全唐詩》卷 809、蘇廣文《題黃公陶翰別業》詩（一作靈一詩）《全唐詩》「中」作「間」。

〔17〕寂寞未是採花人──語見《全唐詩》卷 676、鄭谷《蜀中春日（一作雨）》。《全唐詩》「採」作「探」。

〔18〕素娥畢竟難防備──語見《全唐詩》卷 584、段成式《朝元中丞》詩。素娥，即嫦娥，此指杜麗娘。

〔19〕似有微詞動絳唇──語見《全唐詩》卷 672、唐彥謙《緋桃》詩。微詞，隱晦的批評、諷喻、責備。《公羊傳・定公元年》：「定哀多微辭。」孔廣森通義：「微辭者，意有所託而辭不顯，唯察其微者，乃能知之。」微辭，即「微詞」。絳，深紅色。絳唇，朱唇。

第十二齣 尋 夢

【夜遊宮】〔貼上〕膩臉朝雲〔1〕罷盥〔2〕，倒犀簪斜插雙鬟〔3〕。侍香閨起早，睡意闌珊〔4〕：衣桁〔5〕前，妝閣畔，畫屏間。

丫鬟一位春香，伏侍千金小姐〔6〕。請過貓兒師父〔7〕，不許老鼠放光。僥倖〔8〕《毛詩》感動，小姐吉日時良。拖帶〔9〕春香遣悶，後花園裏遊芳。誰知小姐瞌睡，恰遇著夫人問當〔10〕。絮〔11〕了小姐一會，要與春香一場〔12〕。春香無言知罪，以後勸止娘行〔13〕。夫人還是不放〔14〕，少不得發咒禁當〔15〕。〔內介〔16〕〕春香姐，發個甚咒來？〔貼〕敢再跟娘胡撞〔17〕，教春香即世裏不見兒郎〔18〕。雖然一時抵對，烏鴉管的鳳凰？一夜小姐憔躁，起來促水朝妝〔19〕。由他自言自語，日高花影紗窗。〔內介〕快請小姐早膳。〔貼〕報道官廚飯熟，且去傳遞茶湯。〔下〕

【月兒高】〔旦上〕幾曲屏山〔20〕展〔21〕，殘眉黛深淺〔22〕。為甚衾兒〔23〕裏，不住的柔腸轉？這憔悴非關愛月眠遲倦〔24〕，可為惜花，朝起庭院？

忽忽花間起夢情，女兒心性未分明。無眠一夜燈明滅，分〔25〕煞梅香喚不醒。昨日偶爾春遊，何人見夢〔26〕。綢繆〔27〕顧盼，如遇平生。獨坐思量，情殊悵悒〔28〕。真個可憐〔29〕人也。〔悶介、貼捧茶食上〕香飯盛來鸚鵡粒〔30〕，清茶擎出鷓鴣斑〔31〕。小姐早膳哩。〔旦〕咱有甚心情也！

【前腔】梳洗了纔勻面〔32〕，照臺兒〔33〕未收展。睡起無滋味，茶飯怎生咽？〔貼〕夫人分付，早飯要早。〔旦〕你猛說夫人，則待把饑人勸。你説為人在世，怎生叫做喫飯？〔貼〕一日三餐。〔旦〕咳，甚甌兒氣力與擎拳！生生的了前件〔34〕。你自拿去喫便了。

〔貼〕受用〔35〕餘杯冷炙〔36〕，勝如臙粉殘膏。〔下、旦〕春香已去，天呵，昨日所夢，池亭儼然〔37〕。只圖舊夢重來，其奈〔38〕新愁一段。尋思展轉，竟夜〔39〕無眠。咱待乘此空閒，背卻〔40〕春香，悄向花園尋看。〔悲介〕哎也，似咱這般，正是：夢無綵鳳雙飛翼，心有靈犀一點通〔41〕。〔行介〕一徑〔42〕行來，喜的園門洞開，守花的都不在。則這殘紅〔43〕滿地呵！

【懶畫眉】最撩人〔44〕春色是今年。少甚麼〔45〕低就高來粉畫垣，原來春心無處不飛懸〔46〕。〔絆介〕哎，睡荼蘼〔47〕抓住裙衩〔48〕線，恰便是花似人心好處牽〔49〕。

這一灣流水呵！

【前腔】為甚呵，玉真重遡武陵源〔50〕？也則為水點花飛在眼前。是天公不費買花錢，則咱人心上有題紅怨〔51〕。咳，辜負了春三二月天〔52〕。

〔貼上〕喫飯去不見了小姐，則得一逕尋來。呀，小姐，你在這裏！

【不是路】何意嬋娟〔53〕，小立在垂垂花樹〔54〕邊。纔朝膳，個人無伴怎遊園？〔旦〕畫廊前，深深驀見啣泥燕，隨步名園是偶然。〔貼〕娘回轉，幽閨窨地教人見〔55〕，那些兒閒串〔56〕？

【前腔】〔旦作惱介〕唗〔57〕，偶爾來前，道的咱偷閒學少年〔58〕。〔貼〕咳，不偷閒偷淡〔59〕。〔旦〕欺奴善，把護春臺〔60〕都猜做謊桃源。〔貼〕敢胡言，這是夫人命，道春多刺繡宜添線，潤逼鑪香好膩箋〔61〕。〔旦〕還說甚來？〔貼〕這花園塹〔62〕，怕花妖木客〔63〕尋常見〔64〕。去小庭深院！

〔旦〕知道了。你好生答應〔65〕夫人去，俺隨後便來。〔貼〕閒花傍砌如依主〔66〕，嬌鳥嫌籠會罵人〔67〕。〔下、旦〕丫頭去了，正好尋夢。

【忒忒令】那一答〔68〕可是湖山石邊，這一答似牡丹亭畔。嵌雕闌芍藥芽兒淺〔69〕，一絲絲〔70〕垂楊線，一丟丟〔71〕榆莢錢〔72〕。線兒春甚金錢弔轉〔73〕！

呀，昨日那書生，將柳枝要我題詠，強我歡會之時。好不話長〔74〕！

【嘉慶子】是誰家少俊來近遠，敢迤逗這香閨〔75〕去沁園〔76〕？話到其間靦腆。他捏這眼，奈煩也天〔77〕；咱嚥〔78〕這口，待酬言〔79〕。

【尹令】那書生可意〔80〕呵，咱不是前生愛眷〔81〕，又素乏平生半面。

則道來生出現，乍便今生夢見。生就〔82〕個書生，恰恰生生〔83〕抱咱去眠。

那些好不動人春意也。

【品令】他倚太湖石，立著咱玉嬋娟。待把俺玉山〔84〕推倒，便日暖玉生煙〔85〕。捱〔86〕過雕欄，轉過秋韆，揹〔87〕著裙花展。敢〔88〕席著地怕天瞧見。好一會分明，美滿幽香不可言。

夢到正好時節，甚花片兒掉下來也！

【豆葉黃】他興心兒緊嚇嚇〔89〕，嗚著〔90〕咱香肩。俺可也慢據據做意兒周旋〔91〕。又等閒間把一個照人兒昏善〔92〕，那般形現，那般軟綿〔93〕。忑一片撒花心的紅葉兒掉將來半天〔94〕。敢是咱夢魂兒廝纏？

咳，尋來尋去，都不見了。牡丹亭、芍藥欄，怎生〔95〕這般淒涼冷落，杳〔96〕無人跡？好不傷心也！〔淚介〕

【玉交枝】是這等荒涼地面，沒多半〔97〕亭臺靠邊，好是〔98〕咱瞇睞〔99〕色眼尋難見。明放著白日青天，猛教人抓不到魂夢前。霎時間有如活現，打方旋〔100〕再得俄延〔101〕，呀，是這答兒壓黃金釧匾〔102〕。

要再見那書生呵，

【月上海棠】怎賺騙〔103〕，依稀〔104〕想像人兒見。那來時荏苒〔105〕，去也遷延。非遠，那雨跡雲蹤〔106〕纏一轉，敢〔107〕依花傍柳還重現。昨日今朝，眼下心前，陽臺〔108〕一座登時變。

再消停〔109〕一番。〔望介〕呀，無人之處，忽然大梅樹一株，梅子磊磊〔110〕可愛。

【二犯么令】偏則他〔111〕暗香清遠，傘兒般蓋的周全。他趁這、他趁這春三月紅綻雨肥天〔112〕，葉兒青偏。逬著苦仁兒裏撒圓〔113〕。愛殺這畫陰便〔114〕，再得到羅浮夢邊〔115〕。

罷了，這梅樹依依可人，我杜麗娘若死後，得葬於此幸矣。

【江兒水】偶然間心似繾〔116〕，梅樹邊。這般花花草草由人戀，生生死死隨人願，便酸酸楚楚無人怨〔117〕。待打并〔118〕香魂一片〔119〕，陰雨梅天，守的個梅根相見。〔倦坐介〕

〔貼上〕佳人拾翠〔120〕春亭遠，侍女添香午院清。咳，小姐走乏了，梅樹下盹。

【川撥棹】你遊花院，怎靠著梅樹偃〔121〕？〔旦〕一時間〔122〕望、一時間望眼連天，忽忽地傷心自憐。〔泣介、合〕知怎生情悵然，知怎生淚暗懸？

〔貼〕小姐甚意兒？

【前腔】〔旦〕春歸人面〔123〕，整相看無一言。我待要折、我待要折的那柳枝兒問天，我如今悔、我如今悔不與題箋〔124〕。〔貼〕這一句猜頭兒〔125〕是怎言？〔合前〔126〕〕

〔貼〕去罷。〔旦作行又住介〕

【前腔】為我慢歸休，款留連。〔內鳥啼介〕聽、聽這不如歸〔127〕春暮天。難道我再、難道我再到這亭園，則掙的個長眠和短眠〔128〕！〔合前〕

〔貼〕到了，和小姐瞧奶奶去。〔旦〕罷了。

【意不盡】軟咍咍〔129〕剛扶到畫欄偏，報堂上夫人穩便〔130〕。咱杜麗娘呵，少不得樓上花枝也則是照獨眠〔131〕。

武陵何處訪仙郎〔132〕？只怪遊人思易忘〔133〕。

從此時時春夢裏〔134〕，一生遺恨繫心腸〔135〕。

校 注

〔1〕膩臉朝雲——意謂用脂粉把臉捺的像早晨的雲霞一般紅豔。
〔2〕罷盥（guàn）——謂洗完了手。「盥罷」的倒文。
〔3〕倒（dǎo）犀（xī）簪斜插雙鬟——移動著牛角簪斜插在髮鬟上。倒，移也。犀，

即犀牛。

〔4〕闌珊——衰歇，將盡。南唐‧李煜《浪淘沙》詞：「簾外雨潺潺，春意闌珊。」宋‧辛棄疾《畫夜樂‧憶別》詞：「驀然回首，那人卻在燈火闌珊處。」

〔5〕衣桁（hàng）——衣架。漢樂府《東門行》：「盎中無斗米儲，還視桁上無懸衣。」

〔6〕「丫鬟一位春香」二句——爲叶韻兩句宜倒置之。

〔7〕貓而師父——「貓師」諧音「毛詩」這是諢語。與下句「不許老鼠放光」都是諢語。

〔8〕僥倖——偶然的意思。

〔9〕拖帶——順便攜帶。宋‧無名氏《張協狀元》八〔生查子〕白：「慚愧，拖帶一道行。」

〔10〕問當——即「問」，訊問也。「當」爲語助詞，無義。敦煌變文《維摩詰經講經文》：「維摩臥疾於方丈，佛敕文殊專問當。」宋‧楊萬里《和張器先》詩：「他日君來相問當，南溪溪北北山前。」

〔11〕絮——絮叨，令人厭煩地訓斥。

〔12〕要與春香場——意言要打罵春香一頓

〔13〕娘行（háng）——姑娘那邊，即指杜麗娘，「行」用在人稱詞後面，表示方位，即「這邊」或「那邊」的意思。

〔14〕不放——不放過，不饒的意思。

〔15〕少不得發咒禁當——免不了發誓賭咒來對付。禁當：抵對，對付。禁，也是「當」的意思。

〔16〕內介——幕後白的意思。

〔17〕胡撞——胡行亂走。

〔18〕即世裏不見兒郎——這輩子嫁不到丈夫。即世裏，意即現世、這輩子。元‧馬致遠《青衫淚》二〔呆骨朵〕：「我覷著眼前人，即世裏休相見。」

〔19〕促水朝妝——催著要水，以便清晨梳洗打扮。

〔20〕屏山——繪著青山的畫屏，用作擋風或障蔽室內傢具。

〔21〕展——打開。

〔22〕殘眉黛深淺——殘存的畫眉黛色已濃淡不一。黛，婦女描眉的青黑色顏料。

〔23〕衾（qín）兒——被子。

〔24〕非關愛月眠遲倦——謂與喜愛月色而晚睡以致疲倦無關。

〔25〕分（fèn）——同「忿」，氣忿。

〔26〕見夢——出現在夢。見，同「現」。

〔27〕綢繆（chóu móu）——猶「纏綿」謂情誼深厚。晉‧盧諶《贈劉琨一詩並書》：「綢繆之旨，有同骨肉。」

〔28〕悵怳（huǎng）——惆悵，恍惚。晉‧潘岳《悼亡詩》：「悵怳如或存，周遑忡

驚惕。」

〔29〕可憐——可愛，《世說新語·言語》：「松樹子非不楚楚可憐，但永無棟樑用耳。」

〔30〕香飯盛來鸚鵡粒——語見《全唐詩》卷230、杜甫《秋興八首》之八，《全唐詩》句作「香稻（一作紅稻，一作紅飯）啄餘（一作殘）鸚鵡粒」，湯氏稍稍更易之。鸚鵡粒，飯。

〔31〕清茶擎出鷓鴣斑——語見《全宋詞》黃庭堅《滿庭芳》詞：「纖纖捧，冰甆瓷瑩玉，金縷鷓鴣斑。」鷓鴣斑，一種有鷓鴣斑點花紋的茶碗。清·朱琰《陶說》：「閩中造茶盞，花紋鷓鴣斑點，試茶家多珍之。」

〔32〕勻面——臉上捈脂粉。

〔33〕照頭兒——鏡臺，鏡子。宋·劉過《沁園春》詞：「坡謂西湖正如西子，濃抹淡妝臨照臺。」金·董解元《西廂記諸宮調》卷四〔仙臺調·繡帶兒〕：「紙窗兒前，照臺兒後，一封兒小簡，掉在纖纖手。」

〔34〕「甚甌（ōu）兒氣力與擎拳」二句——意謂：哪有力氣擡手捧碗吃飯，勉強地了卻前面想的那件事。甌兒，飯碗。擎拳，舉手。生生的，意爲勉強。了前件，意指了卻前面回憶的夢中情景。

〔35〕受用——享用，享受。

〔36〕冷炙（zhì）——泛指吃剩下的食品。

〔37〕儼然——極像眞的。見第十齣注〔89〕。

〔38〕其奈——無奈，無可如何也。

〔39〕竟夜——整夜，徹夜。竟，《玉篇·音部》：「終也。」《漢書·韓信傳》：「公，小人，爲德不竟。」

〔40〕背卻——謂背著，即避人之面，使不見知。元·無名氏《抱妝盒》四〔上小樓·么篇〕：「敢可便抱定妝盒，背卻宮娥，疾行前去，不防他劉太后劈頭相遇。」

〔41〕「夢無彩鳳雙飛翼」二句——語見《全唐詩》卷539、李商隱《無題二首》之一，這兩句大意是說，夢中人雖然不能相會，心卻可以相通。夢，《全唐詩》作「身」。靈犀：通靈的犀牛角。古人把犀牛角視作有靈性的東西。

〔42〕一徑——一直。

〔43〕殘紅——落花。

〔44〕撩人——挑動人心。撩，《字彙·手部》：「挑弄也。」唐·韓愈《次同冠峽》詩：「無心思嶺北，猿鳥莫相撩。」宋·陸游《閉戶》詩：「三日不作詩，幽禽語撩人。」

〔45〕少什麼——多的是，盡多著。見《元曲釋詞》三。

〔46〕元來春心無處不飛懸——意謂春意盎然，滿園春色。元來，猶「原來」。元、

原古通假。

〔47〕荼蘼——見第十齣注〔43〕。

〔48〕裙衩（chà）——裙子開叉處。

〔49〕好處牽——往好的地方牽引。

〔50〕玉眞重溯（sù）武陵源——這句是杜麗娘比喻自己重到花園裏尋找前次發生的美夢。玉眞，僊人，原指劉晨、阮肇在天台山桃源洞遇見仙女同居一段，又回到人間。後來又回到天台山尋找仙女。溯，逆流而行。武陵源，是晉人陶潛所寫《桃花源記》中提到的通向桃花源的一條溪水。這本是兩回事，曲家誤把武陵源、武陵溪用作天台遇仙之意，故宋人眞西山《蝶戀花》詞云：「盡道武陵溪上路，不知迷入江南去。」後來，天台、武陵就都被用作戀愛的典故。

〔51〕啼紅怨——相傳杜鵑啼血，聲音淒厲，故常用啼紅來形容感情悲傷。

〔52〕春三二月天——春季二、三月天氣。

〔53〕嬋娟——美女的代稱。此指杜麗娘。

〔54〕垂垂花樹——指梅花。此句是化用唐·杜甫《和裴迪登蜀州東亭送客，逢早梅相憶見寄》詩：「江邊一樹垂垂發」的詩句。垂垂，形容花朵下垂的樣子。

〔55〕幽閨窣（sū）地教人見——小姐猛然間教人看見。幽閨，代指深閨中的小姐，即杜麗娘。窣，這裏用同「猝」，猛然，猝然意。

〔56〕那些兒閒串——那裏去閒逛。這是春香仿學杜麗娘母親責問的口吻。

〔57〕唗（dōu）——怒斥聲。

〔58〕偷閒學少年——像年輕人那樣出來閒遊。語出宋·程顥《春日偶成》詩：「時人不識余心樂，將謂偷閒學少年。」

〔59〕偷淡——諢語。由「偷閒（諧音鹹）」而轉爲「偷淡」。

〔60〕護春臺——這裏指花園。

〔61〕潤逼爐香好膩箋——意即用爐香把紙薰過（古人有用爐香薰紙的習慣，使紙張更平整滑潤），正好準備用功寫字。膩箋，使紙張更加滑潤平整。語本《全唐詩》卷332、羊士諤《都城從事蕭員外寄海梨花詩盡綺麗至惠然遠及》詩：「擲地好詞淩彩筆，浣花春水膩魚箋。」

〔62〕塹（qiàn）——壕溝，這裏是指溝溝坑坑。《史記·高祖本紀》：「郎中鄭忠乃說止漢王，使高壘深塹，勿與戰。」

〔63〕花妖木客——迷信說法，謂花木變成的妖怪。

〔64〕尋常見——經常出現。見，同「現」。

〔65〕答應——伺候、服事。元·無名氏《神奴兒》四〔雙調新水令〕白：「廳上喚哩，我答應去。」

〔66〕閒花傍砌如依主——謂花靠著臺階生長就像依偎著主人一樣。傍（bàng）砌：

靠著臺階。

〔67〕嬌鳥嫌籠會罵人——化用《全唐詩》卷 643、李山甫《公子家二首》之二：「鸚鵡嫌籠解罵人。」嬌鳥，影射杜麗娘。

〔68〕一答——一處。

〔69〕嵌雕闌芍藥芽兒淺——意言芍藥剛從土中發芽緊貼欄杆生長著，遠遠望去就像嵌在欄杆上。嵌，謂填鑲。《紅樓夢》第三回：「頭上戴著束髮嵌寶紫金冠。」

〔70〕一絲絲——一條條。

〔71〕一丟丟——一串串。

〔72〕榆莢錢——即榆錢，榆樹的果實，形狀如錢，故云。

〔73〕線兒春甚金錢弔轉——緊承上句，意言垂楊線（柳絲）帶來的撩人春色是多少金錢（由榆錢聯想）能買得到的。

〔74〕話長——言所敘說的事很多。元‧石子章《竹塢聽琴》三〔滾繡球〕白：「嬤嬤說起來呵，也話長哩。」

〔75〕香閨——以住所代指麗娘，參見前注〔55〕。

〔76〕沁（qìn）園——原是東漢明帝沁園公主的園林，後泛指花園。這是以特指代泛稱的修辭學一例。

〔77〕他捏這眼，奈煩也天——他眯著眼含情地看著我，對我耐著性子百般溫存撫愛。這是麗娘回憶夢中和男子幽會的情景。也天，語助詞，無義。

〔78〕噷（yīn）——動也，開也。

〔79〕酬言——答話。酬，報答，對答。漢‧張衡《思玄賦》：「有無言而不酬兮，又何往而不復。」北齊‧顏之推《顏氏家訓‧勉學》：「問一言則酬數百。」

〔80〕可意——可人意、可愛。

〔81〕愛眷——愛妻。

〔82〕生就——勉強湊近，半推半就。

〔83〕恰恰生生——猶「怯怯生生」，意言羞羞答答也。

〔84〕玉山——身軀的美稱。唐‧李白《襄陽歌》：「清風明月不用一錢買，玉山自倒非人推。」宋‧辛棄疾《江神子》詞：「花底夜深寒氣重，須拼卻，玉山頹。」

〔85〕日暖玉生煙——這是借用李商隱《錦瑟》詩：「藍田日暖玉生煙」（見《全唐詩》卷 539）句，暗指兩性結合的歡洽。

〔86〕挨（āi）——靠近，靠攏。

〔87〕掯（kèn）——把持，勒住。

〔88〕敢——猶「可」，「可以」的意思。詳《元曲釋詞》「敢」字條（六）。

〔89〕興心兒緊咽咽——興心，存心，打定主意。緊咽咽：緊緊地。

〔90〕嗚著——吻著，吮噆著。

〔91〕慢據據做意而周旋——慢吞吞地著意回應著。

〔92〕等閒間把一個照人兒昏善——一會兒把一個明白如鏡的人弄得昏迷柔順了。等閒間，一會兒。照人兒，杜麗娘自指。

〔93〕那般形現，那般軟綿——極言性交時那般活靈活現、癱軟如綿的情狀。

〔94〕忑（tè）一片撒花心的紅葉兒弔將來半天——句寫杜麗娘在與少年男子歡會達高潮時，忽被花神用花片驚醒的情狀。忑，受驚。紅葉兒，指花片。「弔將來半天」，謂從半天空掉下來。

〔95〕怎生——意猶「怎麼」，表疑問。宋·李清照《聲聲慢》詞：「守著窗兒，獨自怎生得黑？梧桐更兼細雨，到黃昏點點滴滴，這次第，怎一個愁字了得。」

〔96〕杳——深遠貌。

〔97〕沒多半——推測詞，大概是這亭臺一帶的地方。

〔98〕好是——正是。唐·白居易《寄庾侍郎》詩：「懷哉庾順之，好是今宵客。」

〔99〕眯睎（mī xī）——眼睛半開半閉，看不清的樣子。

〔100〕打方旋——盤旋，徘徊。

〔101〕俄延——拖延。白樸《梧桐雨》三〔沽美酒〕：「把死限俄延了多半霎。」

〔102〕是這答兒壓黃金釧（chuàn）匾——意言就在這地方（幽會處）把金鐲壓扁了。釧，手鐲。匾，同「扁」。

〔103〕怎賺騙——怎能瞞哄得了呢？

〔104〕依稀——猶「彷彿」，謂所見、所聞或所憶不甚清晰的樣子。

〔105〕荏苒（rěn rán）——時光慢慢過去，下句「遷延」義同。

〔106〕雨跡雲蹤——指男女歡會事。古代作家形容男女之事，多用「雲雨」二字，蓋皆根據宋玉《高唐賦》這篇神話而來。唐·李白《襄陽歌》：「襄王雲雨今安在？江水東流猿夜多。」金·董解元《西廂記諸宮調》卷五〔中呂調·木蘭花〕白：「高唐休詠賦，今夜雨雲來。」雨雲，雲雨，義同。

〔107〕敢——莫非，難道；為表疑問之詞。

〔108〕陽臺——男女歡會處所。典出宋玉《高唐賦序》

〔109〕消停——停歇，休息。

〔110〕磊磊——同「累累」，累積貌，形容果實很多。

〔111〕他——指梅樹。以下都是杜麗娘借梅樹抒發對柳夢梅的戀情。

〔112〕紅綻雨肥天——梅子成熟，雨水很多的季節。紅綻指梅子成熟變成紅色。這是化用杜甫《陪鄭廣文遊何將軍山林十首》之五「紅綻雨肥梅」的詩句（見《全唐詩》卷224）。

〔113〕偏逆著苦仁兒裏撒圓——意言杜麗娘埋怨梅子偏偏在這苦命人的面前結成圓圓的果實。偏，謂偏偏，表示出乎尋常或意外之副詞。逆著苦仁兒，語涉雙關，明指梅子果仁味苦，暗指命苦的人（「人」與「仁」諧音，這是杜麗娘自稱）。撒圓，指果子滾圓，反襯杜麗娘的不能團圓。撒，這裏用作甚詞。

〔114〕畫陰便——白天梅樹的樹蔭。便，無義，只起帶引下句的作用。

〔115〕再得到羅浮夢邊——意指希望能和柳夢梅再在夢中相會。羅浮夢邊，傳說隋代趙師雄在羅浮山遇見美人，一起飲酒，大醉睡去，等天亮醒來才發現自己是在一棵大梅花樹下。見《柳河東集·龍城錄》卷上《趙師雄醉憩梅花下》。

〔116〕繾——留戀；牽纏。

〔117〕「這般花花草草由人戀」三句——意言如能像這樣想愛什麼就愛什麼，生或死都能由自己決定，那就不會有人哭哭啼啼、怨天尤命了。這三句話，是杜麗娘要求生活自由、自己主宰自己的強烈願望，也是她的行動口號。

〔118〕打并——拚著。

〔119〕香魂一片——一縷魂靈，杜麗娘自指。

〔120〕拾翠——拾取翠鳥的羽毛，這裏喻指遊園欣賞春景。三國魏·曹植《洛神賦》：「或採明珠，或拾翠羽。」南朝陳·江總《爲陳六宮謝表》：「洛川拾翠，仙處無雙。」唐·杜甫《秋興八首》之八：「佳人拾翠春相問，仙侶同舟晚更移。」（《全唐詩》卷230）宋·無名氏《小孫屠》三〔水底魚兒〕：「尋芳拾翠，拚傾杯沉醉呵。」

〔121〕偃（yǎn）——仰臥，休息。《北史·竇熾傳》：「周明帝以熾前朝舊臣，勳望兼重，欲獨爲造第。熾辭以天下未平，干戈未偃。」

〔122〕一時間——謂「一時」，言時之短暫也。元·鄭光祖《老君堂》一〔尾聲〕：「也是我一時間性情上疏散，倒做了機謀中破綻。」

〔123〕春歸人面——人面對著春末的景象。

〔124〕不與題箋——沒和他互相題字贈詩。在《驚夢》一齣中，柳夢梅要求麗娘說：「姐姐，你既淹通經史，可作詩以賞此柳枝乎？」倉促間，她沒有答應。

〔125〕猜頭兒——謎語。

〔126〕合前——意指唱詞同前，不錄出，即再一次合唱（合頭往往同唱）〔川撥棹〕末兩句「知怎生情悵然，知怎生淚暗懸。」

〔127〕不如歸——即「不如歸去」，古代詞曲常用來模擬杜鵑鳥的鳴聲，以抒發春愁。

〔128〕「難道我再」三句——意言難道除了死後（長眠）和短眠（夢中），我就不能再到這亭園裏來嗎？掙（zheng），出力取得報酬曰「掙」。

〔129〕軟咍（hai）咍——軟綿綿。

〔130〕穩便——安適便利。

〔131〕樓上花枝照獨眠——意言只有樓上的花枝面對著我這孤單的人。襲用《全唐詩》卷151、劉長卿《賦得》詩：「機中錦字論長恨，樓上花枝笑獨眠。」湯氏改「笑」爲「照」。

〔132〕武陵何處訪仙郎——語見《全唐詩》卷 817、釋皎然《晚春尋桃園觀》詩。《全唐詩》「郎」作「鄉」。

〔133〕只怪遊人思易忘——語見《全唐詩》卷 700、韋莊《和人春暮書事寄崔秀才》詩。《全唐詩》「忘」作「傷」。

〔134〕從此時時春夢裏——語見《全唐詩》卷 454、白居易《題令狐家木蘭花》詩。

〔135〕一生遺恨繫心腸——語見《全唐詩》卷 511、張祜《太眞香囊子》詩。

第十三齣　訣　謁

【杏花天】〔生上〕雖然是飽學名儒，腹中饑，崢嶸脹氣〔1〕。夢魂中紫閣丹墀〔2〕，猛擡頭、破屋半間而已〔3〕。

蛟龍失水硯池枯，狡兔騰天筆勢孤。百事不成眞畫虎，一枝難穩又驚烏〔4〕。我柳夢梅在廣州學裏，也是個數一數二〔5〕的秀才，捱〔6〕了些數伏數九〔7〕的日子。於今藏身荒圃，寄口髯奴〔8〕。思之，思之，惶愧，惶愧。想起韓友之談，不如外縣傍州，尋覓活計〔9〕。正是：家徒四壁求楊意〔10〕，樹少千頭愧木奴〔11〕。老園公那裏？

【字字雙】〔淨郭駝上〕前山低甌後山堆〔12〕，駝背；牽弓射弩做人兒，把勢〔13〕；一連十個偌來回〔14〕，漏地；有時趺做繡球兒，滾氣〔15〕。

自家種園的郭駝子是也。祖公公郭橐駝，從唐朝柳員外來柳州。我因兵亂，跟隨他二十八代玄孫〔16〕柳夢梅秀才的父親，流轉到廣，又是若干年矣。賣果子回來，看秀才去。〔見介〕秀才，讀書辛苦。〔生〕園公，正待商量一事。我讀書過了廿歲，並無發跡〔17〕之期。思想起來，前路多長，豈能鬱鬱〔18〕居此。搬柴運水，多有勞累。園中果樹，都判〔19〕與伊。聽我道來：

【桂花鎖南枝】俺有身如寄，無人似你。俺喫盡了黃〔20〕淡酸甜，費你老人家澆培接植。你道俺像甚的來？鎮日裏〔21〕似醉漢扶頭〔22〕。甚日的和老駝伸背？自株守〔23〕，教怨誰？讓荒園，你存濟〔24〕。

【前腔】〔淨〕俺橐駝風味，種園家世。〔揖介〕不能彀展腳伸腰〔25〕，也和你鞠躬盡力〔26〕。秀才，你貼〔27〕了俺果園，那裏去？〔生〕坐食三

餐，不如走空一棍。〔淨〕怎生叫做一棍？〔生〕混名打秋風〔28〕呢！〔淨〕咳，**你費工夫去撞府穿州**〔29〕，**不如依本分登科及第**。〔生〕你說打秋風不好？茂陵劉郎秋風客〔30〕，到大來〔31〕做了皇帝。〔淨〕秀才，不要攀今弔古〔32〕的。你待秋風他？**道你滕王閣，風順隨**〔33〕；**則怕魯顏碑，響雷碎**〔34〕。

〔生〕俺干謁〔35〕之興甚濃，休的〔36〕阻擋。〔淨〕也整理些衣服去。

【尾聲】把破衫衿〔37〕**徹骨搥挑洗。**〔生〕**學干謁龔門**〔38〕**一布衣。**〔淨〕秀才，則要你衣錦還鄉俺還見的你。

此身飄泊苦西東〔39〕，**笑指生涯樹樹紅**〔40〕。

欲盡出遊那可得〔41〕，**秋風還不及春風**〔42〕。

校 注

〔1〕崢嶸脹氣——意言一肚皮悶氣。崢嶸，本形容山勢高峻之詞，這裏用爲充塞滿腹撐胃刺腸使人不適之物，故而覺得又脹又悶。清·東軒主人《述異記·食鰻斃命》：「沈腹脹悶不能言而死。」

〔2〕紫閣丹墀——紫閣，金碧輝煌的殿閣。丹墀，古代宮殿前用紅色塗飾的石階。指宮殿。這裏借指在朝廷做官。

〔3〕破屋半間而已——襲用韓愈《寄盧仝》詩：「玉川先生洛城裏，破屋數間而已矣。」（見《全唐詩》卷 340）

〔4〕「蛟龍失水硯池枯」四句——是柳夢梅的上場詩，抒發他懷才不遇的苦悶心情。蛟龍，柳夢梅自比。狡兔騰毫筆勢枯，句意是說製毛筆要用兔毛，狡兔騰飛昇天，沒有兔毛可用，故云「筆勢孤」，寓有才難展之意。此與元·胡天遊《無筆歎》「山中老穎（筆頭）飛上天」（見《元詩選》初編庚集）句，語意正同。畫虎，語出東漢馬援《誡兄子嚴敦書》：「效季良不得，陷爲天下輕薄子，所謂畫虎不成反類狗者也。」一枝難穩又驚鳥，是以鳥自喻，謂找不到棲身之所也。

〔5〕數一數二——形容突出。元·戴善夫《風光好》三〔倘秀才〕白：「學士，此乃金陵數一數的歌者，與學士遞一杯。」《儒林外史》第二十九回：「這人是有子建之才，潘安之貌，江南數一數二的才子。」

〔6〕挨——遭受。

〔7〕數伏數九——最熱和最冷的天。夏至後第三個庚日爲初伏，第四個庚日爲中伏，立秋後第一個庚日爲末伏，稱爲三伏，是一年即進入最熱的日子。數伏，

即進入伏天。數九，俗以冬至後爲數九，每九日爲一九，至九九八十一日爲出九，這是冬天最冷的日子。俗語所謂「熱在三伏冷在三九」是也。

〔8〕寄口髯奴——倚靠奴僕爲生。髯奴，多鬚的奴僕。漢·王褒《僮約》：「資中男子王子淵從成都安志裏女子楊惠，買亡夫時戶下髯奴便了，決價高五千。」元·陳琛《唐圉人調馬圖》詩：「櫪下髯奴眞廝養，眼中元不識驊騮。」

〔9〕活計——生計，謀生的手段。宋·蘇軾《與蒲傳正傳書》：「千乘侄屢言大舅全不作活計，多買書畫奇物，常典錢使。」

〔10〕求楊意——意指求人引薦。楊意，即楊得意，漢代辭賦大家司馬相如，由於楊得意的舉薦，才得到漢武帝的賞識。《史記·司馬相如列傳》：「蜀人楊得意爲狗監，侍上。上讀《子虛賦》而善之，曰：『朕獨不得與此人同時哉！』得意曰：『臣邑人司馬相如自言爲此賦。』上驚，乃召問相如。」

〔11〕樹少千頭愧木奴——意言果樹少，不能維持生活。宛委山堂本《說郛》卷五十八引《襄陽耆舊傳》「李衡」條曰：「漢末丹陽太守李衡種橘千株，臨死，敕兒曰：『汝母每怒吾治家事，故窮如是，吾州畢有千頭木奴，不責汝食，歲上匹絹，亦當足用爾。』」

〔12〕前山低坬（guà）後山堆——意指駝背。形容前腹部凹下，後背隆起像個「駝背」的郭橐駝的形象。這是句歇後語，指柳夢梅家裏老園公的樣子。坬，低凹、深陷貌。《玉篇·土部》：「坬，土堆也。」

〔13〕牽弓射弩做人兒，把勢——裝樣子的意思。把勢，這裏是樣子的意思。《古今小說·汪信之一死救全家》：「自小學得些槍棒拳法在身，那時抓縛衣袖，做個把勢模樣。」

〔14〕一連十個偌來回，漏地——此言這樣一連若干次來回給樹澆水。偌，這樣，漏地，意即放水澆地。後文有「費你老人家澆培接植」語，可證。

〔15〕有時跌做繡球兒，滾氣——此言勞累跌倒在地，像繡球兒打滾似的。

〔16〕玄孫——自身以下的第五代。《爾雅·釋親》：「孫之子爲曾孫，曾孫之子爲玄孫。」郭璞注：「玄者，言親屬微昧也。」

〔17〕發跡——意謂由貧賤而至富貴顯達也。漢·司馬相如《封禪文》：「后稷創業於唐，公劉發跡於西戎。」漢·揚雄《劇秦美新》：「創業蜀漢，發跡三秦。」

〔18〕鬱鬱——憂傷、沉悶貌。《楚辭·九章·抽思》：「心鬱鬱之憂思兮，獨永歎乎增傷。」

〔19〕判——贈送。張相《詩詞曲語辭彙釋》卷五：「判，割捨之辭，亦甘願之辭。自宋以後多用拚字或抝字，而唐人則多用判字。……然其本字實作拚。……作拚，從本字也。」

〔20〕黃——指黃虀，鹹醃菜。

〔21〕鎮日裏——猶俗云「成天價」，言時之久也。《爾雅·釋詁下》：「塵，久也。」

郝懿行義疏：「今登萊間人謂時之久者，或曰丞日，或曰鎮日，或曰塵日。」章太炎《新方言·釋言》：「長日不休為鎮日。」「裏」為語助詞，無義。

〔22〕扶頭——狀醉態。元·喬吉《揚州夢》四、白：「想昨宵沉醉，今日又索扶頭也。」元·無名氏《村樂堂》一〔混江龍〕：「覺來時一壺濁酒再扶頭。」

〔23〕株守——語出《韓非子·五蠹》「守株待兔」的故事比喻安守故常，不求進取。《儒林外史》第四十六回：「余大先生道：『愚兄老拙株守。』」

〔24〕存濟——生活，過活。元·馬致遠《青衫淚》三〔七弟兄〕：「咱是甚夫妻，撇得我孤孤另另難存濟。」元·鄭廷玉《冤家債主》二〔商調集賢賓〕：「閃的個老業人不存不濟。」

〔25〕展腳伸腰——下拜的意思。元·喬吉《兩世姻緣》四〔太平令〕：「不索你插釵，下財、納采，有甚消不的你展腳伸腰兩拜。」

〔26〕鞠躬盡力——語本三國蜀·諸葛亮《前出師表》：「臣鞠躬盡瘁，死而後已。」劇中借鞠躬指作揖。兩句連起來，老園公的意思是說：不能行下拜禮，就作個揖吧。

〔27〕貼——謂補貼、津貼，即前文「判」的意思。

〔28〕打秋風——指利用各種關係、藉口，向富有者取得財物，作為贈與。即抽分人之有餘以補己之不足，故也叫打抽豐。明·郎瑛《七修類稿》：「米芾箚中有『抽豐』二字，即世云『秋風』之意。蓋彼世豐稔，往抽分之耳。」科舉時代，新中式書生以拜客為名，要人送賀禮或路費，亦屬此類勾當，人多厭之。《儒林外史》第四回：「張世兄屢次來打秋風，甚是可厭。」

〔29〕撞府穿州——漫遊各處的意思。曲中多寫作「撞府衝州」。

〔30〕茂陵劉郎秋風客——語見《全唐詩》卷391、李賀《金銅僊人辭漢歌》。武陵，漢武帝的陵墓。劉郎，即指漢武帝，句言漢武帝雖是了不起的皇帝，但生命短促，亦如秋風中的過客。語涉雙關。

〔31〕到大來——用作轉折詞猶「倒」、「卻」、「反而」。

〔32〕攀今弔古——猶云「談今說古」，東拉西扯。《古今小說·金玉奴棒打無情郎》：「你休得攀今弔古，那釣魚牧豕的，胸中都有才學；你如今讀這幾句死書……有甚出息？」亦作「攀今掉古」、「攀今攬古」。

〔33〕滕王閣，風順隨——指運氣好。滕王閣，指《滕王閣序》，唐初詩人王勃作。據傳說王勃去參加洪州牧閻伯嶼在滕王閣舉行的宴會，從馬當（江西彭澤縣東北）到南昌六、七里之遠，乘順風一夜就到，趕上了為滕王閣作序的機會，因而顯名，故有「時來風送滕王閣」之語。參見《太平廣記》卷175引《摭言》記「王勃」條、小說《醒世恒言·馬當神風送滕王閣》。

〔34〕魯顏碑，響雷碎——指運氣壞。宋代窮秀才張鎬屢次向人求助而難脫困境，後

流落在饒州薦福寺，寺僧想拓印顏魯公（眞卿）碑帖一千張出售，資助他上京趕考，不料當天晚上，轟雷閃電，碑被擊碎，未能如願。故有「運去雷轟薦福碑」之語。見馬致遠雜劇《薦福碑》。

〔35〕干謁——向有地位的人求見。唐·杜甫《自京赴奉先縣詠懷五百字》詩：「以茲悟生理，獨恥事干謁。」

〔36〕休的——休得、不要。的，得，語助詞。

〔37〕衿（jīn）——同「襟」，古代衣服的交領。《爾雅·釋器》：「衣皆謂之襟。」郭璞注：「交領也。」後指衣服的前幅。

〔38〕黌門——古時學校曰黌。考中秀才，謂之入黌門。

〔39〕此身漂泊苦西東——語見《全唐詩》卷 233、杜甫《清明二首》之二。

〔40〕笑指生涯樹樹紅——語見《全唐詩》卷 624、陸龜蒙《闔閭城北有賣花翁討春之士往往造焉，因招襲美》詩。

〔41〕欲盡出遊那可得——語見《全唐詩》卷 317、武元衡《春題龍門香山寺》詩。《全唐詩》「出遊」作「山尋」。

〔42〕秋風還不及春風——語見《全唐詩》卷 301、王建《未央風》詩，意思是說，打秋風不如考試中第。春風，指進士及第；進士試一般在春季舉行，故云。唐·孟郊《登科後》詩：「春風得意馬蹄疾，一日看盡長安花。」

第十四齣　寫　眞

【破齊陣】〔旦上〕徑曲夢迴人杳〔1〕，閨深珮〔2〕冷魂銷。似霧濛花，如雲漏月，一點幽情動早。〔貼上〕怕待尋芳〔3〕迷翠蝶，倦起臨妝聽伯勞〔4〕。春歸紅袖〔5〕招。

【醉桃源】〔旦〕不經人事〔6〕意相關，牡丹亭夢殘。〔貼〕斷腸春色在眉彎〔7〕，倩誰臨遠山〔8〕？〔旦〕排恨疊，怯衣單，花枝紅淚彈〔9〕。〔合〕蜀妝〔10〕晴雨畫來難，高唐〔11〕雲影間。〔貼〕小姐，你自花園遊後，寢食悠悠〔12〕，敢〔13〕爲春傷，頓成消瘦？春香愚不諫賢，那花園以後再不可行走了。〔旦〕你怎知就裏〔14〕？這是：春夢暗隨三月景，曉寒瘦減一分花。

【刷子序犯】〔旦低〕春歸恁寒峭〔15〕，都來〔16〕幾日，意懶心喬〔17〕，竟妝成熏香，獨坐無聊。逍遙，怎剗〔18〕盡助愁芳草〔19〕，甚法兒點活心苗〔20〕！眞情強笑爲誰嬌？淚花兒打迸〔21〕著夢魂飄。

【朱奴兒犯】〔貼〕小姐，你熱性兒怎不冰著，冷淚兒幾曾乾燥？這兩度春遊忒分曉〔22〕，是禁不的燕抄〔23〕鶯鬧。你自窅約〔24〕，敢夫人見焦〔25〕。再愁煩，十分容貌怕不上九分瞧〔26〕。

〔旦作驚介〕咳，聽春香言話，俺麗娘瘦到九分九了。俺且鏡前一照，委是〔27〕如何？〔照介、悲介〕哎也，俺往日豔冶〔28〕輕盈，奈何一瘦至此！若不趁此時自行描畫，流在人間，一旦無常〔29〕，誰知西蜀杜麗娘有如此之美貌乎！春香，取素絹丹青，看我描畫。〔貼下取絹筆上〕三分春色描來易，一段傷心畫出難〔30〕。絹幅丹青，俱已齊備。〔旦泣介〕杜麗娘二八春容〔31〕，怎生便是杜麗娘自手生描也呵！

【普天樂】這些時把少年人如花貌，不多時憔悴了。不因他福分難銷，可甚的〔32〕紅顏易老？論人間絕色〔33〕偏不少，等把風光丟抹早〔34〕。打滅〔35〕起離魂舍〔36〕欲火三焦〔37〕，擺列著昭容閣〔38〕文房四寶，待畫出西子湖眉月〔39〕雙高。〔照鏡欷介〕

【雁過聲】輕綃，把鏡兒擘掠〔40〕。筆花尖淡掃輕描。影兒呵，和你細評度〔41〕：你腮斗兒〔42〕恁喜謔，則待注櫻桃〔43〕染柳條〔44〕，渲雲鬟煙靄飄蕭〔45〕；眉梢青未了，個中人〔46〕全在秋波妙〔47〕，可可的〔48〕淡春山鈿翠〔49〕小。

【傾杯序】〔貼〕宜笑，淡〔50〕東風立細腰，又似被春愁攪〔51〕。〔旦〕謝半點江山，三分門戶〔52〕，一種人才〔53〕，小小行樂〔54〕，撚青梅〔55〕閒廝調〔56〕。倚湖山〔57〕夢曉，對垂楊風嫋〔58〕。忒苗條〔59〕，斜添他幾葉翠芭蕉。

春香，幀〔60〕起來，可廝像〔61〕也？

【玉芙蓉】〔貼〕丹青〔62〕女易描，真色〔63〕人難學。似空花水月〔64〕，影兒相照〔65〕。〔旦喜介〕畫的來可愛人也。咳，情知〔66〕畫到中間好，再有似生成別樣嬌。〔貼〕只少個姐夫在身傍。若是姻緣早，把風流壻招，少什麼美夫妻圖畫在碧雲高！

〔旦〕春香，咱不瞞你，花園遊玩之時，咱也有個人兒。〔貼驚介〕小

姐，怎的有這等方便〔67〕呵？〔旦〕夢哩！

【山桃犯】有一個曾同笑，待想像生描著，再消詳邈入其中妙，則女孩家怕漏泄風情稿〔68〕。這春容呵，似孤秋片月離雲嶠〔69〕，甚蟾宮貴客傍的雲霄〔70〕？

春香，記起來了。那夢裏書生，曾折柳一枝贈我。此莫非他日所適〔71〕之夫姓柳乎？故有此警報〔72〕耳。偶成一詩，暗藏春色〔73〕，題於幀首之上何如？〔貼〕卻好。〔旦題吟介〕「近觀分明似儼然，遠觀自在若飛仙。他年得傍蟾宮客，不在梅邊在柳邊。」〔放筆歎介〕春香，也有古今美女，早嫁了丈夫相愛，替他描模畫樣；也有美人自家寫照，寄與情人。似我杜麗娘寄誰呵！

【尾犯序】心喜轉心焦。喜的明妝儼雅〔74〕，仙珮飄飖〔75〕。則怕呵，把俺年深色淺，當了個金屋藏嬌〔76〕。虛勞，寄春容教誰淚落，做真真〔77〕無人喚叫。〔淚介〕堪愁夭，精神出現留與後人標〔78〕。

春香，悄悄喚那花郎分付他。〔貼叫介、丑扮花郎上〕秦宮〔79〕一生花裏活，崔徽不似卷中人〔80〕。小姐有何分付？〔旦〕這一幅行樂圖，向行家〔81〕裱去。叫人家收拾好些。

【鮑老催】這本色人兒妙，助美的誰家裱？要練〔82〕花綃，簾兒〔83〕瑩、邊闌〔84〕小，教他有人問著休胡嘹〔85〕。日炙風吹懸襯的好，怕好物不堅牢〔86〕。把咱巧丹青休浣〔87〕了。

〔丑〕小姐，裱完了，安奉〔88〕在那裏？

【尾聲】〔旦〕儘香閨賞玩無人到，〔貼〕這形模〔89〕則合掛巫山廟〔90〕。〔合〕又怕爲雨爲雲飛去了。

眼前珠翠與心違〔91〕，卻向花前痛哭歸〔92〕。

好寫妖嬈與教看〔93〕，令人評泊畫楊妃〔94〕。

校 注

〔1〕杳（yǎo）——深遠，見不到蹤影。《管子·內業》：「是故民氣杳乎如登於天，

杳乎如入於淵。」「夢回人杳」，意言杜麗娘從夢中醒來，而情人已不見蹤影。

〔2〕珮（pèi）——古代衣帶上佩帶的玉飾。《玉篇・玉部》：「珮，玉珮也。本作佩，或從玉。」「珮冷魂銷」，意言杜麗娘魂不守舍，仍長時迷戀在夢境中。

〔3〕尋芳——遊賞美景。唐・姚合《遊陽河岸》詩：「尋芳愁路盡，逢景畏人多。」宋・朱熹《春日》詩：「勝日尋芳泗水濱，無邊光景一時新。」

〔4〕伯勞——鳴禽類，又名鵙（jú）。《詩・豳風・七月》：「七月鳴鵙，八月載績。」毛傳：「鵙，伯勞也。」《玉臺新詠》卷九《歌詞二首》之一：「東飛伯勞西飛燕，黃姑織女時相見。」

〔5〕紅袖——以服飾代指婦女。北周・庾信《詠畫屏風詩二十四首》：「誰能惜紅袖，寧用捧金杯。」

〔6〕人事——指男女情慾。《紅樓夢》第六回：「（襲人）近來也漸省人事。」

〔7〕斷腸春色在眉彎——意本於宋・周邦彥《訴衷情》詞：「不言不語，一段傷春，都在眉間。」眉彎，彎彎的眉毛。清・龔自珍《太常行》詞：「似他身世，似他心性，無恨到眉彎。」

〔8〕臨遠山——謂畫眉毛也。金・元好問《論詩》詩：「畫圖臨出秦川景，親到長安有幾人？」臨出，即畫出也。遠山，形容女子眉毛之秀美。晉・葛洪《西京雜記》卷二：「文君姣好，眉毛如望遠山。」後世遂用作眉的代稱。

〔9〕花枝紅淚彈——花枝上的露水，像血淚一樣揮灑。這裏杜麗娘是以花枝自比，自傷自憐。

〔10〕蜀妝——指巫山神女，也是杜麗娘自指。因杜是蜀人，故以爲喻。

〔11〕高唐——戰國楚・宋玉《高唐賦》，述說楚襄王夢中與巫山神女歡會於高唐。這裏即借指杜麗娘與柳夢梅夢中的相昵情景。

〔12〕悠悠——憂思貌。《詩・邶風・終風》：「莫往莫來，悠悠我思。」高亨注：「悠悠，憂也。」（見《詩經今注》）

〔13〕敢——疑問詞，意爲莫非、難道。元・關漢卿《竇娥冤》一、白：「你敢是不肯，故意將錢鈔哄我？」

〔14〕就裏——內中、內情、內幕。《京本通俗小說・錯斬崔寧》：「劉官人一一說知就裏。」

〔15〕寒悄——「春寒料悄」之省文，微寒的意思。悄，用同「峭」。

〔16〕都來——總括之詞，有總之、總算，算來等義。唐・寒山《詩》三〇三首之一：「五言五百篇，七字七十九，三字二十一，都來六百首。」宋・葉紹翁《謁半山祠》詩：「都來二百年間事，燕麥戎葵幾度風。」

〔17〕心喬——心緒不好。乃矯飾、做作之引申義。

〔18〕剗（chǎn）——即「鏟」，用鍬或鏟子削平或取上來。宋・邵伯溫《邵氏聞見錄》卷十八：「一日大雪，子發念樂道與其母寒饑，自荷一鍤，剗雪以行。」

〔19〕助愁芳草——言草能助長愁思也。唐‧杜甫《愁》詩：「江草日日喚愁生，巫峽泠泠非世情。」（《全唐詩》卷 231）宋‧秦觀《八六子》詞：「恨如芳草，萋萋剗盡還生。」

〔20〕點活心苗——喚醒了心靈。點，謂點燃。聞一多《紅燭》：「是誰點的火，點著靈魂。」心苗，即指心（靈魂）。元‧楊景賢《西遊記》三本九齣〔青哥兒〕：「每日逐朝，記在心苗。」

〔21〕打迸——促使。

〔22〕忒（tuī）分曉——很明白清楚。忒，甚辭，如云：「風忒大」、「路忒滑」。

〔23〕抄——同「吵」。元‧李行道《灰闌記》二〔醋葫蘆‧么篇〕：「怎禁這桑新婦當面鬧抄抄。」

〔24〕窨約——考慮，思忖。元‧張國賓《羅李郎》二〔隔尾〕：「窨約想度，把我半世兒清名誤賺了。」「窨約」與「想度」連文，可證。

〔25〕敢夫人見焦——恐怕夫人見了心焦。焦，煩躁，憂急。三國魏‧阮籍《詠懷》詩：「誰知我心焦，終身履薄冰。」

〔26〕瞧——焦也。見《一切經音義》及《廣韻》。

〔27〕委是——確實是，實在是，當真是。

〔28〕豔冶——豔麗妖冶，形容女子容態。南朝梁‧庾肩吾《長安有狹斜行》詩：「少婦多豔冶，花鈿繫石榴。」冶，亦豔麗、嫵媚之意。

〔29〕無常——本佛家語。佛家謂世間一切事物，都在發展、變化，不能久住，故稱「無常」。世俗傅會其說，傳播迷信，謂為無常鬼，能拘攝人的靈魂到陰間去，因又稱「死」為「無常」。

〔30〕一段傷心畫出難——化用《全金詩》卷124、元好問《俳體雪香亭雜詠十五首》之十四：「賦家正有蕪城筆，一段傷心畫不成。」

〔31〕春容——青春的容貌。《樂府詩集‧清商曲辭一‧子夜歌之三十二》：「郎懷幽閨性，儂亦恃春容。」

〔32〕可甚的——疑問詞，意為為什麼。元‧無名氏《馮玉蘭》一〔油葫蘆〕：「我巴不得兩三朝飛到泉州郡，可甚的沿路只逡巡？」清‧洪昇《長生殿》十九〔醉花陰〕：「今日呵，可甚的鳳枕急忙拋，單則為那籌兒撇不掉。」那籌兒，那一件事，指明皇和梅妃親昵事。

〔33〕絕色——極美的女子。晉‧王嘉《拾遺記‧吳》：「（孫亮）愛姬四人，皆振古絕色。」

〔34〕等把風光丟抹早——都是早早把青春美貌憔悴了。等，承上句「人間絕色偏不少」，意謂很多。風光，比喻青春貌美。丟抹，這裏意謂衰老，與上句「不多時憔悴了」相照應。

〔35〕打滅——拋棄，消滅。

〔36〕離魂舍——佛教語，指軀殼。參見唐・陳玄祐《離魂記》傳奇故事。元・鄭光祖有《倩女離魂》雜劇。

〔37〕欲火三焦——欲火，佛教語，謂塵世間熾盛如火的欲念。多指淫欲。《楞嚴經》卷八：「是故十方一切如來，色目行婬，同名欲火。」三焦，中醫學名詞，上焦、中焦、下焦的合稱。戰國・扁鵲《難經・三十一難》：「三焦者，水谷之道路，氣之所終始也。上焦在胃上口，主內（nà）而不出；中焦在胃中腕，不上不下，主腐熱水谷；下焦當膀胱上口，主分別清濁，主出而不內。」「欲火三焦」連起來是說：（杜麗娘）淫欲之火，充斥於三焦。

〔38〕昭容閣——內宮。昭容，妃嬪之類的女官。漢始置。《宋書・后妃傳序》：「昭儀，漢文帝所制。昭容，世祖所制。」《新唐書・百官志二》：「昭儀、昭容……各一人，爲九嬪，正二品。」

〔39〕西子湖眉月——西子湖，比擬麗人。宋・蘇軾《湖上初雨》詩：「欲把西湖比西子，淡妝濃抹也相宜。」眉月，形容眉毛曲如新月。唐・褚亮《詠花燭》：「靨星臨夜燭，眉月隱輕紗。」

〔40〕擘（bò）掠——揩拭，拂拭。

〔41〕評度（duó）——評論、評說。清・龔自珍《己亥雜詩》之一五五：「文章風誼細評度，嶺南何減江之南。」

〔42〕腮斗兒——腮。詳見《宋金元明清曲辭通釋・腮斗兒》。

〔43〕注櫻桃——塗朱唇。注，塗抹。《釋名・釋首飾》：「以丹注面曰旳」。旳，同「的」。《樂府詩集・清商曲辭一・子夜四時歌春歌十一》：「畫眉忘注口，遊步散春情。」唐・白居易《時世妝》詩：「烏膏注唇唇似泥，雙眉畫作八字低（低）。」櫻桃，古人習以它形容美女的小嘴紅唇，唐・李商隱《贈歌妓》詩：「紅綻櫻桃含白雪。」金・董解元《西廂記諸宮調》卷一〔仙呂調・繡帶兒〕：「櫻桃小口嬌聲顫。」按：自此句以下，都是寫杜麗娘自畫像中的姿態、背景。

〔44〕染柳條——畫眉毛。染，凡用筆書寫或描繪皆曰染。柳條，美女眉毛比喻詞。

〔45〕煙靄飄蕭——形容婦女頭髮蓬鬆稀疏有如雲霧一般。

〔46〕個中人——此中人，即指畫中人（杜麗娘自指）

〔47〕秋波妙——比喻美女眼睛清澈明亮。南唐・李煜《菩薩蠻》詞：「眼色暗相鉤，秋波橫欲流。」

〔48〕可可的——恰恰的，恰好的。

〔49〕鈿（dian）翠——螺鈿和翡翠。引申爲鑲嵌金銀、玉、貝等物首飾。宋・梅堯臣《依韻和禁煙近事之什》詩：「鞦韆竟打遺鈿翠，芍藥將開剪纈羅。」纈（xiè）羅，染有彩紋的絲織品。

〔50〕淡——微弱、輕微。唐・杜牧《夜雨》詩：「點滴侵寒夢，蕭騷著淡愁。」

〔51〕攬——纏惹。

〔52〕半點江山，三分門戶——指畫中背景。三分，謂一分爲三。門戶，指家庭、戶口。

〔53〕一種人才——謂畫中人，杜麗娘自指。

〔54〕小小行樂——文林、朱墨本俱作「的的豐標」。指畫像。

〔55〕撚青梅——語出唐・李白《長干行》二首之一：「郎騎竹馬來，繞床弄青梅，同居長干里，兩小無嫌猜。」（見《全唐詩》卷163）。劇寫杜麗娘在畫中擺弄著青梅，表達對夢中人柳夢梅的懷念。

〔56〕厮調——互相挑逗、逗引。調，《廣雅・釋詁四》「啁，調也。」王念孫疏證：「調戲之調。」漢・辛延年《羽林郎》：「依倚將軍勢，調笑酒家胡。」清・沈復《浮生六記・閨房記樂》：「芸初緘嘿，喜聽余議論，余調其言，如蟋蟀之用纖草，漸能發議。」

〔57〕湖山——指太湖山石。見第七齣注〔87〕。

〔58〕嫋（niǎo）——隨風擺動。

〔59〕苗條——形容女子細長柔美的身材。《聊齋誌異・董生》：「十年不見，遂苗條如此！」

〔60〕幀（zhèng）——用作動詞。謂張開畫幅。《廣韻》引《文字指歸》曰：「幀，開張書繪也。」

〔61〕厮像——相似。

〔62〕丹青——指畫像。《晉書・文苑傳・顧愷之》：「尤善丹青，圖寫特妙。」唐・杜甫《過郭代公故宅》詩：「迴（jiǒng）出名臣上，丹青照臺閣。」楊倫箋注：「丹青，謂畫像也。」

〔63〕眞色——猶云「本色」，本來面目，不加矯飾也。宋・張先《少年遊・井桃》詞：「銀瓶索綆，玉泉金甃，眞色浸朝紅。」

〔64〕空花水月——形容眞色爲空中之花，水中之月難以捉摸。

〔65〕影兒相照——文林、朱墨本俱作「影子下撩」。

〔66〕情知——謂明知。疑爲「據情而知」之省語。宋・晁沖之《臨江仙》詞：「情知春去後，管得落花無？」清・李調元《方言藻》引張旭詩云：「情知海上三年別，不寄雲中一雁書。」

〔67〕「怎的有這等方便？」——春香追問的妙。

〔68〕「待想像生描著」三句——想要把夢中的青年畫在上面，慢慢把他的眼神描畫出來，又恐怕泄露了女孩兒懷春的秘密。消詳，慢慢的意思。本劇第二齣〔集賢賓・前腔〕：「會消詳、直恁匆匆。」與此意同，可互參。邈，《說文新附》、《玉篇・辵部》，並注「遠也。」這裏以同音假借爲「描」。敦煌變文《漢將王陵變》：「邈其夫人靈在金牌之上。」又《捉季布傳文》：「丹青畫影更邈眞。」皆其證。妙，指眼神。漏泄，泄露。

〔69〕雲嶠（jiào）——謂高而尖的山。唐・杜甫《憶鄭南玭（pín）》詩：「風杉曾曙倚，雲嶠憶春臨。」（見《全唐詩》卷231）。宋・汪藻《書寧川驛壁》詩：「盡日野田行耀稏，有時雲嶠聽鈎輈。」

〔70〕甚蟾宮貴客傍的雲霄——意謂有哪個新中第的秀才能陪伴美女呢？蟾宮貴客，指新考中的進士。見第十齣注〔62〕。雲霄，高空，此以所在代指畫中美女（杜麗娘）。

〔71〕適——古代稱女子嫁人曰適。《儀禮・喪服》「子嫁反在父之室」鄭玄注：「凡女行於大夫以上曰嫁，行於士庶人曰適人。」《玉臺新詠・古詩〈為焦仲妻作〉》：「貧賤有此女，始適還家門。」余冠英注：「適，嫁。始適，言出嫁未久。」

〔72〕警報——預兆，提醒人的消息。

〔73〕春色——比喻嬌豔的容顏。宋・柳永《梁州令》詞：「一生惆悵情多少，月不長圓，春色易為老。」

〔74〕明妝儼雅——明麗的妝飾，恭敬莊重的風度。

〔75〕仙珮飄颻（yáo）——仙珮隨風飄揚。三國魏・曹植《雜詩》：「轉蓬離本根，飄颻隨長風。」

〔76〕金屋藏嬌——《漢武故事》：「（膠東王）數歲，長公主嫖抱置膝上，問曰：『兒欲得婦不？』膠東王曰：『欲得婦。』長公主指左右長御百餘人，皆云不用。末指其女問曰：『阿嬌好不？』於是乃笑對曰：『好，若得阿嬌作婦，當作金屋儲之也。』」這裏藉此典故反用其義。「則怕呵，把年深色淺，當了個金屋藏嬌」，意言我杜麗娘這張自畫像只恐怕年深日久，褪了顏色，無人過問，落個「金屋藏嬌」的命運。

〔77〕做真真無人喚叫——《太平廣記》卷二八六「畫工」條引《聞奇錄》云：「唐進士趙顏，於畫工處得一軟障，圖一婦人甚麗。顏謂畫工曰：『世無其人也。如何令生，某願納為妻。』畫工曰：『余神畫也。此亦有名，曰真真。呼其名百日，晝夜不歇，即必應之。應，則以百家綵灰酒灌之，必活。顏如其言，遂呼之百日，晝夜不止。乃應曰『諾』。急以百家綵灰酒灌，遂活。下步言笑，飲食如常。曰：『謝君召妾。妾願侍箕帚。』終歲，生一兒。兒年兩歲，友人曰：『此妖也，必與君為患。余有神劍可斬之。』其夕乃遺顏劍。劍纔及顏室，真真乃泣曰：『妾南嶽地仙也。無何為人畫妾之形，君又呼妾名。即不奪君願，君今疑妾，妾不可住。』言訖，攜其子，卻上軟障。嘔出先所飲百家綵灰酒。覩其障，唯添一孩子，皆是畫焉。」本劇杜麗娘把自己比作畫中真真，卻無人喚叫。後來柳夢梅在第二十四齣拾畫叫畫，可能受此啓發。

〔78〕標——品題、鑒賞。

〔79〕秦宮——東漢大將梁冀寵幸的監奴名。《後漢書‧梁冀傳》：「冀愛監奴秦宮，官至太倉令，得出入壽所。壽見宮，輒屏御者，託以言事，因與私焉。」唐‧李賀《秦宮》詩：「秦宮一生花底活，鸞篦奪得不還人。」這都是以秦宮代指花郎。

〔80〕崔徽不似卷中人——崔徽，唐時河中倡女。裴敬中以興元幕使河中，與徽相從數月。敬中使還，徽不能從。情懷怨抑。後數月，東川幕白知退將自河中歸，徽乃託人寫真，因捧書謂知退曰：「為妾為敬中，崔徽一旦不及卷中人，徽且為卿死矣。」《全唐詩》卷 422 元稹作有《崔徽歌》詠其事。恐也是以崔徽比花郎，但終覺此典用在這裏不夠確切。

〔81〕行家——凡對某種技藝或學識擅長或突出者，皆謂之行家或內行。這裏專指裱褙。

〔82〕練——把絲麻或布帛煮得潔白曰「練」。《玉篇‧系部》：「練，煮漚也。」宋‧蘇軾《宥老楮》：「黃繒練成素，黝面頳作玉。」

〔83〕簾兒——裱好的畫幅上方的空白處。（採徐朔方注）

〔84〕邊闌——同「邊欄」，謂邊框。元‧孔齊《至正直記‧書留邊欄》：「抄書當多留邊欄，則免鼠齧之患。」

〔85〕胡嘌——亂說。嘌（piāo），說也。

〔86〕好物不堅牢——常語俗談。《全唐詩》卷 435、白居易《簡簡吟》詩：「大都好物不堅牢，彩雲易散琉璃碎。」對事情說，則曰「好事不堅牢」。如元‧鄭光祖《倩女離魂》一〔勝葫蘆〕：「常言道：『好事不堅牢。』你身去休教心去了。」

〔87〕浣（wò）——用作動詞，謂弄髒。《全唐詩》卷 337、韓愈《合江亭》詩：「願書岩上石，勿使泥塵浣。」

〔88〕安奉——安放，安置。

〔89〕形模——形狀，樣子。宋‧范成大《西瓜園》詩：「形模濩落淡如水，未可蒲萄苜蓿詩。」

〔90〕巫山廟——見第一齣注〔16〕。

〔91〕眼前珠翠與心違——語見《全唐詩》卷 714、崔道融《馬嵬》詩。

〔92〕卻向花前痛哭歸——語見《全唐詩》卷 700、韋莊《殘花》詩。湯氏改「慟」為「痛」，慟、痛，字異而音義並同。

〔93〕好寫妖嬈與教看——語見《全唐詩》卷 666、羅虬《比紅兒詩》八十三。

〔94〕令人評泊畫楊妃——語見《全唐詩》卷 683、韓偓《遙見》詩。評泊，評說，評論。《全唐詩》作「斗（一作抖）薄」。這句意言杜麗娘自畫像，畫得很美，連楊貴妃的畫像也比不上。

第十五齣　虜　諒〔1〕

【一枝花】〔淨〔2〕番王引眾上〕天心起滅了遼，世界平分了趙〔3〕。靜鞭〔4〕兒替了胡笳〔5〕哨。擂鼓鳴鐘，看文武班齊到。骨磷磷南人笑，則個鼻凹兒蹻〔6〕，臉皮黗〔7〕，毛梢兒魖〔8〕。

萬里江山萬里塵。一朝天子一朝臣。俺北地怎禁沙日月〔9〕，南人偏占錦乾坤。自家大金皇帝完顏亮〔10〕是也。身為夷虜〔11〕，性愛風騷〔12〕。俺祖公阿骨都〔13〕，搶了南朝天下，趙康王〔14〕走去杭州，今又二十餘年矣。聽得他妝點〔15〕杭州，勝似汴梁〔16〕風景。一座西湖，朝歡暮樂。有個曲兒〔17〕，說他三秋桂子，十里荷花。便待起兵百萬，吞取何難？兵法虛虛實實，俺待用個南人，為我嚮導。喜他淮安賊漢李全〔18〕，有萬夫不當之勇。他心順溜〔19〕於俺，俺先封他為溜金王之職〔20〕。限他三年內招兵買馬，騷擾淮揚地方。相機而行，以開征進之路。哎喲，俺巴不到西湖上散悶兒也！

【北二犯江兒水】平分天道〔21〕，雖則是平分天道，高頭〔22〕偏俺照〔23〕。俺司天臺〔24〕標〔25〕著那南朝，標著他那答兒好。〔眾〕那答裏好？〔淨笑介〕你說西子怎嬌嬈〔26〕，向西湖上笑倚著蘭橈〔27〕。〔眾〕西湖有俺這南海子〔28〕、北海子大麼？〔淨〕周圍三百里，波上花搖，雲外香飄〔29〕。無明夜〔30〕、錦笙歌圍醉繞。〔眾〕萬歲爺，借他來耍耍。〔淨〕已潛遣畫工，偷將他全景來了。那湖上有吳山〔31〕第一峰，畫俺立馬其上。俺好不狠也！吳山最高，俺立馬在吳山最高。江南低小，也看見了江南低小。〔舞介〕俺怕不占場兒〔32〕砌一個《錦西湖上馬嬌》〔33〕。

〔眾〕奏萬歲爺，怕急不能彀到西湖，何方駐駕？

【北尾】〔淨〕呀，急切要畫圖中匹馬把西湖哨〔34〕，且迤邐〔35〕的看花向洛陽道。我呵，少不的把趙康王剩水殘山都佔了。

線大長江扇大天〔36〕，旌旗遙拂雁行偏〔37〕。

可勝飲盡江南酒〔38〕？交割山川直到燕〔39〕。

校 注

〔1〕諜——間諜。偵探也。《左傳·宣公八年》:「晉人獲秦諜。」

〔2〕淨——戲曲腳色行當,俗稱花臉、花面,大多扮演性格、品質或相貌上有特異之點的男性人物。化妝用臉譜,根據所扮人物性格、身份的不同又劃分為正淨、副淨、二淨、武淨等專行,如張飛、魯智深、曹操、嚴嵩等。淨亦可扮女角,如下文第十七齣之女道姑。

〔3〕天心起滅了遼,世界平分了趙——意指金滅遼,南宋偏安江左,長江以北大片土地被金佔領。天心,天意。《宋史·刑法志三》:「京師雨彌月不止,仁宗謂輔臣曰:『豈政事未當天心耶?』」趙,指宋朝,因宋是趙氏建立的國家。為區別於南朝宋、齊、梁、陳之「宋」,史家稱它為「趙宋」。

〔4〕靜鞭——古代皇帝儀仗之一種,其形如鞭。上朝時,侍衛鳴鞭振響,使人肅靜,因稱靜鞭。或曰「鳴鞭」。《宋史·儀衛志二》:「上皇日常朝殿,差御龍直四十三人,執仗排立,並設傘扇鳴鞭。」金國建立朝廷,採用漢人朝儀。

〔5〕胡笳——我國古代少數民族的木製管樂器,流行於塞北、西域。(傳說由漢代張騫傳入中原)。

〔6〕鼻凹兒蹺(qiāo)——意指高鼻梁子。蹺,「蹺」的異體字。《玉篇·足部》:「蹺,舉足也。」引申凡蹺起,高出者皆可曰蹺。

〔7〕皰(pào)——皮膚上長的小疙瘩,或斑點。

〔8〕魈(jiāo)——錐狀的髮髻。以上「鼻凹兒蹺」三句,皆狀北人貌醜之詞,故為南人所笑。

〔9〕怎禁(jīn)沙日月——怎麼受得住在風沙裏過日子。禁,禁受、熬得過,忍耐得了。日月,猶言日子、生活。元·關漢卿《竇娥冤》楔子,白:「俺娘兒兩個,過其日月。」

〔10〕完顏亮——即金廢帝海陵王。「為人慓急,多猜忌,殘忍任數」,是歷史上有名的暴君。詳見《金史》本紀第五最後的「贊」語。

〔11〕夷虜——舊時對少數民族的蔑稱。

〔12〕風騷——舊謂姿容俏麗,代指美女。

〔13〕祖公阿骨都——祖公,泛指祖上。阿骨都,原譯為「阿骨打」。即金朝開國皇帝金太祖,姓完顏,名阿骨打。詳見《金史·太祖本紀》。

〔14〕趙康王——即南宋高宗趙構。初封康王,故稱趙康王。詳見《宋史·高宗本紀》。

〔15〕妝點——修整,美化。

〔16〕汴梁——今河南開封市,北宋的國都。

〔17〕曲兒——宋人習稱詞為「曲兒」。這裏是指宋·柳永描寫杭州繁華盛況的《望海潮》詞。下文「三秋桂子,十里荷花」即該詞中的兩句。

〔18〕李全——濰州北海(今山東濰坊市轄區)人。本為農家子弟,權譎善下人,以

弓馬蹻捷，能運鐵槍，時號「李鐵槍」。楊安兒妹四娘子狡悍善騎射，有眾萬餘。李全率其眾歸附之，與四姨子成為夫妻。時高忠皎召集忠義民兵。李全附焉，合兵攻克海州（今江蘇連雲港地區），數敗金兵。以抗金有功，歸順宋朝。宋寧宗時累遷承宣使。後在理宗寶慶初年叛通元蒙，屢犯江淮，卒為宋將斬殺。詳見《宋史·李全傳》

〔19〕順溜——歸順。

〔20〕封他為溜金王之職——金封李全事，非史實，乃虛構。

〔21〕天道——這裏指局勢、形勢。柳青《銅牆鐵壁》第八章：「因為藏反的都是些老人，娃娃和婆娘女子們，要是天道一變，人們往哪裏跑是好？」

〔22〕高頭——上面、高處，這裏指頭上之天。

〔23〕偏俺照——偏偏關心我。照，謂關心，照料。清·王夫之《後雁蕨行》：「蒼天蒼天不相照，長星曳空徒陡峭。」

〔24〕司天臺——唐代官署名，猶今之天文臺。《舊唐書·職官志二》：「司天臺：太史合掌觀察天文，稽定曆數。凡日月星辰之變，風雲氣色之異，率其屬而占候之。」元代改稱司天監，明代改稱欽天監，但也沿用舊稱，仍呼司天臺。

〔25〕標——標誌、符號。這裏即指在地圖上作記號，以表明侵佔所到達的地方。

〔26〕嬌嬈（ráo）——柔美嫵媚貌。

〔27〕蘭橈（ráo）——小舟的美稱。唐太宗《帝京篇》之六：「飛蓋去芳園，蘭橈遊翠渚。」

〔28〕南海子，北海子——湖名。即今北京的南海、北海。北京是全國首都中都的舊地。南海子，即南苑。明·劉侗、於奕正《帝京景物略·南海子》：「城南二十里，有囿，曰南海子。方一百六十里。」

〔29〕雲外香飄——化用《全唐詩》卷53、宋之問《靈隱寺》：「桂子月中落，天香雲外飄」的詩句。

〔30〕無明夜——謂無明無夜，不分晝夜，猶云「夜以繼日」。元·關漢卿《拜月亭》二〔梁州〕：「則我一個婆娘，與他無明夜過藥煎湯。」

〔31〕吳山——俗名城隍山，又名胥山。在浙江杭州市西湖東南。左帶錢塘江，右瞰西湖，為杭州名勝。金主亮垂涎其山色風景之美，有「立馬吳山第一峰」之語。宋·岳珂《桯史》卷八「逆亮辭怪」條：「（金酋亮）頗知書，好為詩詞，語出輒崛彊，悤悤有不為人下意……及得志，將圖南牧，遣我叛臣施宜生來賀天申節，隱畫工於中，使圖臨安之城邑，及吳山、西湖之勝以歸。既進繪事，大喜，嗒然有垂涎杭、越之想。亟命撤坐間軟屏，更設所獻，而於吳山絕頂，貌己之狀，策馬而立，題其上曰：『萬里車書盡混同，江南豈有列疆封？提兵百萬西湖上，立馬吳山第一峰。』」

〔32〕占場兒——謂獨佔，為首。一般多指在花酒場中作魁首；有時也指在武場中奪

魁。這裏用作諢語。場，原指勾欄。

〔33〕砌一個《錦西湖上馬嬌》——砌，謂串演。又《邯鄲記》十八〔攤破金子令〕：
「砌一會品簫絃索，懆的人沒奈何。」《錦西湖上馬嬌》，戲曲史中找不到這個
劇目，想是他杜撰的。〔上馬嬌〕是曲牌名。

〔34〕哨——偵察、巡邏、哨探。《元朝秘史》卷一：「孛端察兒哨到那裏，將他一個
懷孕的婦人拿住。」

〔35〕迤邐（yǐ dì）——猶「迤邐」，形容慢慢地、迂迴曲折而行。

〔36〕線大長江扇大天——語見《全唐詩》卷861、譚峭《大言詩》「線作長江扇作天」。
句中兩「作」字湯氏均改作「大」。

〔37〕旌旗遙拂雁行偏——此句不見《全唐詩》司空圖名，而見於《全唐詩》卷292、
司空曙《秋日趨府上張大夫》詩。

〔38〕可勝飲盡江南酒——語見《全唐詩》卷511、張祜《偶作》詩。

〔39〕交割山川直到燕——語見《全唐詩》卷300、王建《寄賀田侍中東平功成》詩：
「交割山河直到燕」。湯氏改「河」爲「川」，河、川義同。

第十六齣　詰〔1〕病

【三登樂】〔老旦〔2〕上〕今生怎生〔3〕？偏則是紅顏薄命，眼見的
孤苦仃俜〔4〕。〔泣介〕掌上珍，心頭肉，淚珠兒暗傾。天呵，偏人家七
子團圓〔5〕，一個女孩兒厭病〔6〕。

【清平樂】如花嬌怯〔7〕，合得天饒借〔8〕。風雨於花生分劣〔9〕，作意十
分凌藉〔10〕。止堪深閣重簾，誰教月榭風簷〔11〕。我髮短迴腸寸斷，眼
昏眵〔12〕淚雙淹。老身年將半百，單生一女麗娘。因何一病，起倒〔13〕
半年？看他舉止容談，不似風寒暑濕。其中緣故，春香必知，則問他便
了。春香賤才那裏？〔貼上〕有哩。我眼裏不逢乖小使〔14〕，掌中擎著
個病多嬌。得知堂上夫人召，膩酒殘脂要咱消。春香叩頭。〔老〕小姐
閒常〔15〕好好的，纏著你賤才伏侍他，不上半年，偏是病害。可惱，可
惱！且問〔16〕近日茶飯多少？

【駐馬聽】〔貼〕他茶飯何曾，所事兒休提、叫懶應。看他嬌啼隱
忍，笑謔迷厮〔17〕，睡眼懵懵〔18〕。〔老〕早早稟請太醫〔19〕了。〔貼〕則
除是八法針〔20〕針斷軟綿情。怕九還丹〔21〕丹不的醃臢證〔22〕。〔老〕
是什麼病？〔貼〕春香不知，道他一枕秋清，卻怎生還害的是春前病。

〔老哭介〕怎生了。

【前腔】他一搯〔23〕身形，瘦的龐兒沒了四星〔24〕。都是小奴才逗他。大古是〔25〕**煙花惹事，鶯燕成招，雲月知情**。賤才還不跪！取家法〔26〕來。〔貼跪介〕春香實不知。〔老〕因何瘦壞了玉娉婷〔27〕，你怎生觸損了他嬌情性？〔貼〕小姐好好的折花弄柳，不知因甚病了。〔老惱打貼介〕打你這牢承〔28〕，**嘴骨稜**〔29〕的胡遮映。

〔貼〕夫人，休閃〔30〕了手。容春香訴來。便是那一日，遊花園回來，夫人撞到時節，說個秀才，手裏拈的柳枝兒，要小姐題詩。小姐說這秀才，素昧平生，也不和他題了。〔老〕不題罷了。後來？〔貼〕後來那、那、那秀才就一拍手，把小姐端端正正抱在牡丹亭上去了。〔老〕去怎的？〔貼〕春香怎得知？小姐做夢哩。〔老驚介〕是夢麼？〔貼〕是夢。〔老〕這等著鬼了。快請老爺商議。〔貼請介〕老爺有請。〔外上〕肘後印嫌金帶重〔31〕，掌中珠怕玉盤輕〔32〕。夫人，女兒病體因何？

〔老泣介〕老爺聽講：

【前腔】說起心疼、這病知他是怎生！看他長眠短起，似笑如啼，有影無形〔33〕。原來女兒到後花園遊了。夢見一人，手執柳枝，閃〔34〕了他去。〔作歎介〕怕腰身觸污〔35〕了柳精靈，虛囂側犯了花神聖〔36〕。老爺呵，**急與禳星**〔37〕，怕流星趕月相刑迸〔38〕。

〔外〕卻還來。我請陳齋長教書，要他拘束身心。你為母親的，倒縱他閒遊。〔笑介〕則是些日炙風吹〔39〕，傷寒流轉。便要禳解，不用師巫，則叫紫陽宮石道婆誦些經卷可矣。古語云：信巫不信醫〔40〕，一不治也。我已請過陳齋長，看他脈息〔41〕去了。〔老〕看甚脈息。若早有了人家，敢沒這病。〔外〕咳，古者男子三十而娶，女子二十而嫁〔42〕。女兒點點年紀，知道個什麼呢？

【前腔】忒恁憨生〔43〕，一個哇兒〔44〕甚七情〔45〕？則不過往來潮熱〔46〕，大小傷寒，急慢風驚。則是你為母的呵，**真珠不放在掌中擎**，因此嬌花不奈這心頭病。〔泣介、合〕兩口丁零〔47〕，告天天〔48〕半邊兒〔49〕是咱全家命。

〔丑院公上〕人來大庾嶺〔50〕，船去鬱孤臺〔51〕。稟老爺，有使客到。

【尾聲】〔外〕俺爲官公事有期程〔52〕。夫人，好看惜女兒身命〔53〕，少不的人向秋風病骨輕〔54〕。

〔老弔場介〕〔老旦〔55〕〕無官一身輕，有子萬事足。我看老相公則爲往來使客，把女兒病都不瞧。好傷懷也。〔泣介〕想起來一邊叫石道婆禳解，一邊教陳教授下藥。知他效驗如何？咳，正是：世間只有娘憐女，天下能無〔56〕卜與醫！〔下〕

校 注

〔1〕詰（jié）——詢問。

〔2〕老旦——戲曲中旦角之一種，飾演老年婦女。元雜劇謂之「卜兒」，漢劇稱爲「夫」。王國維《古劇腳色考》：「旦則正旦外，有老旦、大旦、小旦、色旦、搽旦、外旦、旦兒。」又云：「《武林舊事》、《夢梁錄》尚有細旦，《青樓集》又有……花旦之名……蓋即元曲之色旦、搽旦也。」

〔3〕怎生——表疑問之詞，意謂怎麼、怎樣。

〔4〕仃俜（dīng pīng）——孤獨貌。《金瓶梅》第五十六回：「料他也無常日，空手俜仃到夜臺。」俜仃，「仃俜」的倒文。

〔5〕七子團圓——祝福團聚的成語。元·石君寶《秋胡戲妻》一、白：「（羅詩云：）人家七子保團圓，偏是吾家只半邊。」

〔6〕廝病——害病、患病。廝，下文有「病害」一詞，可證。

〔7〕嬌怯——柔美、柔弱貌。明·梁辰魚《浣紗記》十八〔鮑老催〕：「夫人容貌還嬌怯，范大夫眞英烈。」《初刻拍案驚奇》卷十六：「只是王氏生來嬌怯，懨懨弱病嘗不離身的。」

〔8〕饒借——饒免、愛惜。借，用同「惜」。《廣雅·釋詁一》：「惜，愛也。」敦煌變文《父母恩重經講經文》：「緣貪保借（惜）懷中子。」又云：「保借（惜）若違和，便是身乖差。」兩「借」字亦皆用同「惜」也。

〔9〕生分劣——爲患作惡害人。生分，猶「生忿」，這裏寓萌惡念、起殺機之意，故下面著一「劣」字。劣，惡劣也。明·賈仲明《對玉梳》一〔村裏迓鼓〕白：「別人家兒女孝順，偏我家這等生分。」

〔10〕凌藉——凌虐，蹂躪。《新唐書·劉棲楚傳》：「先是，諸惡少竄名北軍，凌藉衣冠，有罪則逃軍中，無敢捕。」清·紀昀《閱微草堂筆記·姑妄聽之四》：「便可託庇蔭，免無賴凌藉。」

〔11〕月榭風簷——風前月下的亭臺。榭，建在高臺的敞屋。這裏是指《驚夢》中所

描寫的遊園。

〔12〕眵（chī）——眼睛分泌出來的黏液，即眼屎，俗稱「眵目糊」。元・楊顯之《瀟湘雨》二〔梁州〕：「走的我口乾舌苦眼暈頭疵，我可也把不住抹淚揉眵。」

〔13〕起倒——好一陣，壞一陣，輕一陣，重一陣。形容病體纏綿，久拖不愈。

〔14〕乖小使——乖巧伶俐的僮僕。小使，本作「小史」，舊時指未成年而侍候富家子弟讀書並做雜事的男童。宋・陸游《老學庵筆記》卷二：「趙廣，合肥人，本李伯時家小史。伯時作畫，每使侍左右。」此稱早在晉朝就有，張翰有《周小史》詩，即其一證。

〔15〕閑常——平時，日常。

〔16〕且問——此二字下，文林、朱墨本俱有「你」字。

〔17〕笑譫（zhān）迷廝——或發傻笑或說胡話，神情恍惚不定。譫，胡言亂語。迷廝，形容精神恍惚，意識不清醒。

〔18〕懵憕（méng chéng）——神志模糊。《集韻・去嶝》：「懵憕，神不爽，」是也。此喻睡眼模糊，看不清事物。

〔19〕太醫——古代宮廷中掌管醫藥的官員，簡稱御醫。歷代沿置。宋元以後用爲一般醫生的敬稱。

〔20〕八法針——針灸療法中按陰、陽、表、裏、寒、熱、虛、實八綱，採用不同穴位，不同針法，達到汗、吐、下、和、溫、清、補、消八種治療目的的針刺法。亦泛指高超的針法。下文「針」，用作動詞。

〔21〕九環丹——即九轉丹，道家謂經九次提煉、服之能成仙的一種丹藥。亦稱九轉金丹。《初刻拍案驚奇》卷十八：「吾有九還丹，可以點鉛汞爲黃金。」參見晉・葛洪《抱朴子・內篇四》。下文「丹」，用作動詞，醫治的意思。

〔22〕醃臢證——相思病的代稱。元・無名氏《雲窗夢》四〔沉醉東風〕：「沒理會醃臢久病疾，害的來伶仃瘦體。」元・鄭光祖《倩女離魂》三〔醉東風〕：「知他這腤臢病，何日起？」腤臢、醃臢，音義並同。

〔23〕一搦（nuò）——謂一握、一把；形容美人腰身之細，只容一搦。唐・李百藥《少年行》詩：「千金笑裏面，一搦掌中腰。」宋・柳永《木蘭花》詞之四：「酥娘一搦腰肢嫋，白雪縈塵皆盡妙。」

〔24〕瘦的龐兒沒了四星——意言龐兒削瘦得不像樣子。四星，指「北斗七星」中的「魁星」等四星，借指秤上四星。明・閔遇五《五劇箋疑》云：「古人釘秤，每斤處用五星，惟到末梢爲四星。故往往諱言下梢曰四星。」「沒了四星」，即謂沒下梢，沒前程也。王伯良本《西廂記》一本三折〔綿搭絮〕注引元・喬吉《兩世姻緣》劇：「我比那卓文君有了上梢，沒了四星。」又引《雲窗秋夢》劇：「瘦得月俊龐兒沒了四星。」皆可證。

〔25〕大古是——總是。此語有多種寫法，參見《宋金元明清曲辭通釋・大古》。

〔26〕家法——封建時代家長責打奴僕或子女的用具。《醒世恒言·白玉娘忍苦成夫》:「左右,快取家法來,弔起賤婢打一百皮鞭。」

〔27〕娉婷（pīng tíng）——美好貌,借指美女。宋·陳師道《放歌行》:「春風永巷閉娉婷。」此謂美女深居永巷也。按:娉婷,原作「俜停」,據朱墨本改。

〔28〕牢承——謂周旋、敷衍、滑頭,是殷勤、體貼的意轉。亦作勞承,如元·石君寶《曲江池》三〔耍孩兒〕:「只為你虛心假意會勞承,賺的他囊橐如冰。」這裏用作名詞,表面意近滑頭,而實際亦為愛稱「冤家」。

〔29〕嘴骨稜——多言絮語貌。又本劇二十九〔一封書〕:「倒嘴骨弄的說俺養著個秀才。」嘴骨弄,音近義同。

〔30〕閃——扭傷。《西廂記》四本二折〔調笑令〕白:「夫人休閃了手,且息怒停嗔,聽紅娘說。」

〔31〕肘後印嫌金帶重——形容年老倦於居官。金,金印。重量大,老人力不勝任。肘後掛金印,表明做了大官。

〔32〕掌中珠怕玉盤輕——怕女兒長不大。掌中珠,本比喻極受疼愛的人,後多指極受父母鍾愛的兒女。唐·王宏《從軍行》詩:「兒生三日掌上珠,燕頷猿肱稱李膚。」清·查愼行《中山尼》詩:「養成嬌女嬌無偶,掌上明珠唾隨口。」玉盤輕,意言托不起重東西,比喻照顧不好幼女杜麗娘的生活。

〔33〕有影無形——形容病得瘦弱,不成人樣。

〔34〕閃——招引。今語猶然,如馬烽《村仇》:「到辦喜事這天,果真把兩個女婿都閃來了。」

〔35〕觸污——猶「褻瀆」,玷污的意思。元·岳伯川（元刊本）《鐵拐李》楔子、白:「他在陰間觸污大羅神仙,又在油鍋內炸他。」

〔36〕虛嚻側犯花神聖——言（麗娘）虛弱的身子冒犯了花神。虛嚻,謂虛弱。本劇二十二〔山坡羊〕:「虛嚻,盡枯楊命一條。」義同。側犯,猶「冒犯」。花神聖,即花神。

〔37〕禳（ráng）星——禳除災星,祛邪消災。禳,道家迷信做法,謂用符咒能為人祛邪除病。《西遊記》第四十四回:「低下雲頭,仔細再看,卻是三清觀道士禳星哩。」明·高濂《玉簪記》十七〔水底魚兒〕:「算命同神,書符最有靈,人家來問我,開口要禳星。」

〔38〕流星趕月相刑迸——星命家的說法,謂命星是否相衝克,像流星趕月那樣快。流星趕月,形容飛快。《新編五代史平話·漢史上》:「自投軍後,時通運泰,武藝過人,走馬似逐電追風,放箭如流星趕月。」刑迸,衝克的意思。

〔39〕日炙風吹——日曬風吹。炙,燒烤、曝曬。

〔40〕信巫不信醫——語見《史記·扁鵲倉公列傳》:「故病有六不治:信巫不信醫,六不治也。」巫,指專以祈禱降神治病的人。

〔41〕看脈息——診脈搏。脈息，中醫切脈以呼吸爲準則，脈搏即脈息。

〔42〕古者男子三十而娶，女子二十而嫁——見《禮記・內則》。

〔43〕忒恁憨（hān）生——嬌憨的如此這般的厲害了。憨，嬌慣，傻氣。《聊齋誌異・嬰寧》：「此女亦太憨生。」

〔44〕哇兒——孩子。哇，用同「娃」。

〔45〕七情——謂「喜、怒、哀、懼、愛、惡、欲」七種感情，見《禮記・禮運》。這裏特指男女之情。

〔46〕往來潮熱、大小傷寒、急慢風驚——都是中醫學上疾病的名稱。急驚風，指小兒急癇（xián），是一種癲癇證。慢驚風，腦膜炎之類的病。

〔47〕丁零——「零丁」之倒文，孤單之意，如云「孤苦零丁」。

〔48〕天天——即「天」；重言以呼之則曰「天天」。亦有迭用三字者。都是在無可奈何、絕望或受感動時呼天、問天、求天、怨天或謝天時用之，以表現熾烈的情感。

〔49〕半邊兒——此指女兒。

〔50〕大庾嶺——見第十齣注〔5〕。

〔51〕鬱孤臺——地名，在今江西省贛縣西南賀蘭山上。宋・辛棄疾《菩薩蠻・書江西造口壁》：「鬱孤臺下清江水，中間多少行人淚。」

〔52〕期程——估量時間之詞，猶云時間、期限。唐・杜甫《前出塞》詩九首之一：「戚戚去故里，悠悠赴交河。公家有程期，亡命嬰禍羅。」（《全唐詩》卷218）「有程期」，即謂有時限、期限也。

〔53〕身命——指身體。元・鄭廷玉《後庭花》二〔牧羊關〕：「與孩兒做一個單絹褲遮了身命。」與此同例。

〔54〕病骨輕——意言病中體弱也。輕，重的反義。《正字通・車部》：「輕，凡不重者皆曰輕。」骨輕，自然身體軟弱也。

〔55〕老旦——原無此二字，校補。

〔56〕能無——反問語，猶「能不」。《論語・子罕》：「法語之言，能無從乎？改之爲貴。」

第十七齣　道　覡 〔1〕

【風入松】〔淨老道姑上〕人間嫁娶苦奔忙，只爲有陰陽。問天天從來不具人身相〔2〕，只得來道扮男妝〔3〕，屈指有四旬之上〔4〕。當人生，夢一場。

【集唐】紫府空歌碧落寒〔5〕，竹石如山不敢安〔6〕。長恨人心不如石〔7〕，

每逢佳處便開看〔8〕。貧道紫陽宮〔9〕石仙姑是也。俗家原不姓石，則因生爲石女〔10〕，爲人所棄，故號「石姑」。思想起來：要還俗，《百家姓》〔11〕上有俺一家；論出身，《千字文》〔12〕中有俺數句。天呵，非是俺「求古尋論」〔13〕，恰正是「史魚秉直」〔14〕。俺因何住在這「樓觀飛驚」〔15〕，打扮的「勞謙謹勅」〔16〕？看修行似「福緣善慶」〔17〕，論因果是「禍因惡積」〔18〕。有甚麼「榮業所基」〔19〕？幾輩兒「林皋幸即」〔20〕。生下我「形端表正」，那些「性靜情逸」〔21〕。大便處似「園莽〔22〕抽條」，小淨〔23〕處也「渠荷滴瀝」〔24〕。只那些兒正好叉〔25〕著口，「鉅野洞庭」〔26〕；偏和你減了縫，「昆池碣石」〔27〕。雖則石路上可以「路俠槐卿」〔28〕，石田中怎生「我藝黍稷」〔29〕？難道嫁人家「空谷傳聲」？則好守娘家「孝當竭力」〔30〕。可奈〔31〕不由人「諸姑伯叔」，聒噪俺「入奉母儀」〔32〕。母親説，你内才〔33〕兒雖然「守眞志滿」〔34〕，外像兒「毛施淑姿」〔35〕，是人家有個「上和下睦」，偏你石二姐沒個「夫唱婦隨」？便請了個有口齒的媒人，「信使可復」〔36〕。許了個大鼻子〔37〕的女壻「器欲難量」〔38〕。則見不多時，那人家下定了。説道選擇了一年上「日月盈昃」〔39〕，配定了八字兒「辰宿列張」〔40〕。他過的禮，「金生麗水」〔41〕，俺上了轎，「玉出崑岡」〔42〕。遮臉的「紈扇圓潔」〔43〕，引路的「銀燭煒煌」〔44〕。那新郎好不打扮的頭直上「高冠陪輦」〔45〕。咱新人一般排比了腰兒下「束帶矜莊」〔46〕。請了些「親戚故舊」，半路上「接杯舉觴」〔47〕。請新人「升階納陛」〔48〕，叫女伴們「侍巾幃房」〔49〕。合卺〔50〕的「絃歌酒讌」，撒帳的「詩贊羔羊」〔51〕。把俺做新人嘴臉兒一寸寸「鑒貌辨色」〔52〕，將俺那寶妝奩一件件都「寓目〔53〕囊箱」。早是二更時分，新郎緊上來了。替俺説，俺兩口兒活像「鳴鳳在竹」〔54〕，一時間就要「白駒食場」〔55〕。則見被窩兒「蓋此身髮」〔56〕，燈影裏褪盡了這幾件「乃服衣裳」。天呵，瞧了他那「驢騾犢特」〔57〕；教俺好一會「悚〔58〕然恐惶」。那新郎見我害怕，説道：新人，你年紀不少了，「閏餘成歲」〔59〕。俺可也不使狠，和你慢慢的「律呂調陽」〔60〕。俺聽了口不應，心兒裏笑著。新郎，新郎，任你「矯〔61〕手頓足」，你可也「靡恃己長」〔62〕。三更四更了，他則待陽臺上「雲騰致雨」，怎生巫峽内「露結爲霜」？他一時摸不出路數兒〔63〕，道是怎的？快取亮來。側著腦要「右通廣内」〔64〕，踣〔65〕著眼在「籃筍象床」〔66〕。那時節俺口不説，心下

好不冷笑。新郎，新郎，俺這件東西，則許你「徘徊瞻眺」〔67〕，怎許你「適口充腸」。如此者幾度了，惱的他氣不分〔68〕的嘴勞刀「俊又密勿」〔69〕，累的他鑿不竅皮混沌〔70〕的「天地玄黃」〔71〕。和他整夜價則是「寸陰是競」〔72〕。待講起，醜煞那「屬耳垣牆」〔73〕。幾番待懸梁〔74〕，待投河，「免其指斥」〔75〕。若還用刀鑽〔76〕，用線藥〔77〕，「豈敢毀傷」〔78〕？便拼〔79〕做赸〔80〕了交「索居閒處」，甚法兒取他意「悅豫且康」〔81〕？有了，有了。他沒奈何央及煞〔82〕後庭花「背邙面洛」〔83〕，俺也則得且隨順乾荷葉〔84〕，和他「秋收冬藏」。哎喲，對面兒做的個〔85〕「女慕貞潔」，轉腰兒〔87〕到做了「男效才良」〔88〕。雖則暫時間「釋紛利俗」〔89〕，畢竟意情兒「四大五常」〔90〕。要留俺怕誤了他「嫡後嗣續」〔91〕，要嫁了俺怕人笑「飢厭糟糠」〔92〕。這時節俺也索勸他了：官人，官人，少不的請一房「妾御績紡」〔93〕，省你氣那「鳥官人皇」〔94〕。俺情願「推位讓國」，則要你「得能莫忘」。後來當真討一個了。沒多時做小的「寵增抗極」〔95〕，反撚去俺為正的「率賓歸王」〔96〕。不怨他，只「省躬譏誡」〔97〕。出了家罷，俺則「垂拱平章」〔98〕。若論這道院裏，昔年也不甚「宮殿盤鬱」〔99〕；到老身，纔開闢了「宇宙洪荒」〔100〕。畫真武「劍號巨闕」〔101〕，步北斗「珠稱夜光」〔102〕。奉香供「果珍李柰」〔103〕，把齋素也是「菜重芥薑」〔104〕。世間味識得破「海鹹河淡」，人中網逃得出「鱗潛羽翔」〔105〕。俺這出了家呵，把那幾年前做新郎的臭黏涎〔106〕「骸〔107〕垢想浴」，將俺即世裏〔108〕做老婆的乾柴火「執熱願涼」。則可惜做觀主「遊鵾獨運」〔109〕，也要知觀的「顧答審詳」〔110〕。赴會的都要「具膳〔111〕餐飯」，行腳的〔112〕也要「老少異糧」。怎生觀中再沒個人兒？也都則是「沉默寂寥」，全不會「賤牒簡要」〔113〕。俺老將來「年矢每催」〔114〕，夢兒裏「晦魄環照」〔115〕。硬配不上士女圖〔116〕「馳譽丹青」〔117〕，也要接得著仙真傳〔118〕「堅持雅操」〔119〕。懶雲遊「東西二京」〔120〕，端〔121〕一味「坐朝問道」〔122〕。女冠子〔123〕有幾個「同氣連枝」〔124〕，騷〔125〕道士不與他「工顰妍笑」〔126〕。怕了他暗地虎〔127〕「布射遼丸」〔128〕，則守著寒水魚「鈞巧任釣」〔129〕。使喚的只一個「猶子〔130〕比兒」，叫做癩頭黿〔131〕「愚蒙等誚」〔132〕。〔內〕姑娘罵俺哩。俺是個妙人兒〔133〕。〔淨〕好不羞。「殆辱近恥」〔134〕，到誇獎你「並皆佳妙」。〔內〕杜太爺阜隸〔135〕，拿姑娘哩。〔淨〕為甚麼？

〔內〕說你是個賊道。〔淨〕咳，便道那府牌〔136〕來「杜薫鍾隸」〔137〕，把俺做女妖看「誅斬賊盜」。俺可也「散慮逍遙」〔138〕，不用你這般「虛輝朗耀」〔139〕。〔丑府差上〕承差〔140〕府堂上，提名〔141〕仙觀中。〔見介淨〕府牌哥，爲何而來？

【大迓鼓】〔丑〕府主坐黃堂，夫人傳示〔142〕，衙內敲梆〔143〕。知他小姐年多長，染一疾，半年光。〔淨〕俺不是女科〔144〕。〔丑〕請你修齋〔145〕，一會祈禳〔146〕。

【前腔】〔淨〕俺仙家有禁方。小小靈符〔147〕，帶在身傍。教他刻下人無恙。〔丑〕有這等靈符！快行動些。〔行介、淨〕叫童兒。〔內應介、淨〕好看守，臥雲房〔148〕。殿上無人，仔細燈香。

〔內〕知道了。

紫微宮女夜焚香〔149〕，古觀雲根路已荒〔150〕。

猶有眞妃長命縷〔151〕，九天無事莫推忙〔152〕。

校　注

〔1〕覡（xí）──男巫。《國語‧楚語下》：「在男日覡，在女日巫。」這裏則指女道姑。

〔2〕從來不具人身相──老道姑是石女（陰道生理不完全的女人），故云。

〔3〕道扮男妝──道士服裝，男女無別。道扮，即裝扮道姑或道士的樣子。

〔4〕四旬之上──意言四十歲以上。

〔5〕紫府空歌碧落寒──語見《全唐詩》卷570、李群玉《紫極宮齋後》。紫府，僊人住的宮殿。碧落，指天。

〔6〕竹石如山不敢安──語見《全唐詩》卷228、杜甫《絕句四首》之二。

〔7〕長恨人心不如石──語見《全唐詩》卷356、劉禹錫《竹枝詞九首》之七。石，《全唐詩》作「水」。

〔8〕每逢佳處便開看──語見《全唐詩》卷344、韓愈《將至韶州先寄張端公使君借圖經》詩。

〔9〕紫陽宮──神仙的住所。

〔10〕石女──鎖陰病患者（即前注「陰道生理不完全的女人」）。

〔11〕《百家姓》──舊時流行的初學識字課本之一。北宋時編，不著作者姓名，集

姓氏爲四字韻語,以便誦讀。爲尊國姓,以「趙」姓爲首。故開頭一句便是「趙錢孫李」。其後續有編之者,皆不如北宋人所編最爲流行。

〔12〕《千字文》——是以常識爲內容的一種識字課本,爲便於初學者誦讀,也是四字韻。相傳爲南朝梁武帝責令周興嗣所編。其後又有注釋、續編和改編本多種。

〔13〕求古尋論——意言推求古聖前賢的倫理德行。論,通「倫」。《釋名·釋典藝》:「論,倫也,有倫理也。」《晏子春秋·內篇諫下》:「且夫上正其治,下審其論,則貴賤不相逾越。」蘇輿校注:「論,讀爲倫。倫,等也,言審其貴賤之等也。」

〔14〕史魚秉直——史魚,春秋時衛國的史官,以直諫著稱。《新序》卷一:「衛靈公之時,蘧伯玉賢而不用,彌子瑕不肖而任事,衛大夫史鰌患之,數以諫靈公而不聽。」史鰌,字魚。史魚自以不能進賢退不肖,既死,猶以屍諫。故孔子曰:「直哉史魚!邦有道,如矢;邦無道,如矢。」(《論語·衛靈公》)如矢,言直也。秉直,意即主持正直。

〔15〕樓觀飛驚——形容樓觀等建築物的高聳。飛驚,「驚飛」的倒文,形容極高之詞。凡形容高在半空中之物,曲家多習用「飛」字,如飛樓、非觀、飛岑、飛橋等皆是。

〔16〕打並的「勞謙謹敕」——意言準備著勤勞謙虛謹慎從事一切。打並,謂準備。按:並,原作「扮」,依文林、朱墨、朱校本改。勞謙,勤勞奉事,謙恭待人。謹敕,舉止謹慎,規規矩矩。

〔17〕福緣善慶——意言福是因爲多行善事而得到的。緣,因爲。善,行善,做好事。

〔18〕禍因惡積——禍是因爲做壞事而造成的。積,積累。

〔19〕榮業所基——盛大的功業做根基。語見《千字文》。

〔20〕林皋幸即——意謂有幸到山林裏退隱。這裏是出家修行的意思。林皋,語本《莊子·知北遊》:「山林與!皋壤與!使我欣欣然而樂與!」後因以「林皋」指山林皋壤或樹木水岸。即,到也,至也。南朝梁·庾肩吾《亂後行經吳郵亭》詩:「青袍異春草,白馬即吳門。」「即吳門」,到吳門也。

〔21〕逸——安逸。

〔22〕園莽——粗疏。

〔23〕小淨——小便(撒尿)。

〔24〕渠荷滴瀝——渠荷即荷葉,俗呼荷花。滴瀝,原作的瀝,本形容荷花顏色的鮮豔。作者改爲「滴瀝」,語涉雙關,表面上似狀荷葉上水珠滴落聲,實指兩性交合時男子的射精。以下多有類似這種雙關猥褻語,讀者自可領悟,不再具體說明。

〔25〕叉（chá）——擋住、卡住、堵塞不通。元‧無名氏《博望燒屯》二〔賀新郎〕白：「等他入的城來，著鹿角叉住巷口，當住城門。」《兒女英雄傳》第七回：「我們兩口也搶白了他幾句，待要出門，那大師傅就叉著門，不叫我們走。」

〔26〕鉅野洞庭——鉅野，古湖澤名。在今山東巨野縣東北五里，現已乾涸。明‧何景明《大梁吟送李進士》詩：「大梁擅豪華，鉅野生龍蛇。」洞庭，即洞庭湖，在湖南省北部，長江南岸，為我國第二大淡水湖。接連上文，這句話暗指女性生殖器，語涉雙關。以下數句，義同。

〔27〕昆池碣（jié）石——昆池，即昆明池。漢武帝於長安近郊所開鑿，用於練習水戰，池周圍四十里，廣三百三十二頃。宋以後湮沒。碣石，山名，在河北省昌黎縣北。一說，它的確實地點，說法不一。

〔28〕路俠槐卿——俠，通「夾」，在兩旁，夾住。《集韻‧帖韻》：「俠，傍也。」《正字通‧人部》：「俠，傍也，並也，與夾通。」槐卿，指三公九卿，據說周代天子的外朝植槐木和棘木，用作臣僚朝見時位次的標誌。《周禮‧秋官司寇第五》：「朝士，掌建邦外朝之法，左九棘，孤卿大夫位焉，群士在其後；右九棘，公侯伯子男位焉，群吏在其後；面三槐，三公位焉，州長眾庶在其後。」《千字文》：「府羅將相，路俠槐卿。」

〔29〕我藝黍稷——我種植黍子和粟。藝，種植。《集韻‧祭韻》：「埶，《說文》：『種也。』或作藝（藝）。」黍稷，黍子和穀子，古代主要農作物，泛指五穀。

〔30〕孝當竭力——盡力侍奉父母。竭，《廣韻‧薛韻》：「盡也。」

〔31〕可奈——可恨。

〔32〕聒（guō）噪俺「入奉母儀」——吵嚷著叫我嫁人去做母親。聒噪，謂吵鬧，語言煩絮。母儀，封建禮教所規定的做母親的準則。

〔33〕內才——指學識、道德、禮儀的修養。

〔34〕守真志滿——守真，指永遠保持天賦的本性。志滿，指志氣遠大。言能堅守天賦的本性，就會有很大的志氣。《千字文》：「守真志滿，逐物意移。」（逐，追逐，求也。）

〔35〕毛施淑姿——毛施，毛嬙，西施，古代的美女。淑姿，指品貌。

〔36〕信使可復——謂奉命出外辦事的人能夠完成任務。復，通「覆」，覆命也。

〔37〕大鼻子——徐朔方據《柳宗元全集‧外集》卷上《河間傳》，謂大鼻子男子善淫。（見徐朔方楊笑梅校注本）

〔38〕器欲難量——器，指男子生殖器。欲，情慾、性欲。難量，難以估量。

〔39〕選擇了一年上日月盈昃——謂選擇了一年中最吉利的日子。盈昃，即指日月圓滿（吉）或虧缺（凶）。《隋書‧高祖紀上》：「天覆地載，藉人事以財成；日往月來，由王道而盈昃。」昃（zè），日偏西貌。

〔40〕配定了八字兒「辰宿（xiù）列張」——指推算男女雙方八字，看是否適合結婚。

八字，星命家以人出生的年、月、日、時，各配以天干地支，每項兩個字，合稱「八字」，按天星的運數，推算男女婚配是否有妨、克現象。辰宿列張，指眾星散佈在天上。辰宿即指星宿、星座。

〔41〕金生麗水——麗水，即金沙江，古稱麗水，指長江上游自青海省玉樹縣巴塘河口至四川省宜賓市一段，以水中產金而得名。參見明‧宋應星《天工開物‧黃金》。這裏借指聘金。

〔42〕玉出崑岡——崑岡，古代崑崙山的別稱，以產玉石著稱，這裏指石道姑出嫁。

〔43〕紈扇圓潔——細絹製作的扇子又圓又光潔。南朝梁‧江淹《班婕妤詠扇》詩：「紈扇如圓月，出自機中素。」

〔44〕銀燭輝煌——蠟燭照耀得通明光亮。以上二句，《千字文》作：「紈扇員潔，銀燭煒煌。」按：員，同「圓」；煒，通「輝」，皆光明的意思。

〔45〕高冠陪輦——戴著高帽子，坐在車子的右方。表示受人尊敬。陪輦，陪乘。輦，本指車子，君後所乘。這裏用作動詞，乘坐的意思。

〔46〕矜莊——嚴肅莊敬。清‧吳偉業《思陵長公主挽詩》：「母儀惟謹肅，家法在矜莊。」

〔47〕觴（shāng）——古代酒器。《禮記‧投壺》：「請行觴。」南朝宋‧顏延之《陶徵士誄》：「念惜宴私，舉觴相誨。」

〔48〕升階納陛（bì）——即登上臺階。納，謂登上、進入。陛，古指帝王宮殿的臺階。這裏係泛指，與「階」同義。此句《千字文》原作「升陛納階」，可見「升」與「納」，「階」與「陛」在這裏皆義同。

〔49〕侍巾帷房——意言（女伴們）拿著毛巾在內室侍候男人盥洗。侍，侍候。巾，毛巾。帷房，內室。

〔50〕合巹（jǐn）——古代結婚儀式之一。《禮記‧昏義》：「合巹而酳。」孔穎達疏：「以一瓠分爲二瓢謂之巹，婿之與婦各執一片以酳，故雲合巹而酳。」酳（yìn），用酒漱口。後稱結婚曰合巹，本此。

〔51〕撒帳的「詩贊羔羊」——舊時婚禮，新夫婦交拜畢，並坐床沿，男向右，女向左。婦女以金錢彩果散擲，謂之撒帳。並有贊禮人前來祝福、讚美。參看宋‧孟元老《東京夢華錄》卷五「娶婦」條、宋‧吳自牧《夢粱錄》卷二十「嫁娶」條。詩贊羔羊，羔羊，《詩‧國風‧召南》的篇名。它本是咒罵剝削、殘害人民的詩。這裏是借用《千字文》語句，意在說明羔羊和雁都是婚俗中的禮品，與原意無關。

〔52〕鑒貌辨色——察言觀色。鑒，觀察，審辨。唐‧韓愈《進順宗皇帝實錄表狀》：「聖明所鑒，毫髮無遺。」

〔53〕寓目——猶過目、觀看。宋‧洪邁《夷堅丁志‧仙舟上天》：「仰空寓目，見一舟淩虛直上。」

〔54〕鳴鳳在竹——舊說鳳凰是瑞鳥，它的出現，是太平盛世的徵兆。晉·張協《七命》：「鳴鳳在林，夥於黃帝之園；有龍遊淵，盈於孔甲之沼。」這裏借喻夫婦和睦。

〔55〕白駒食場——語本《詩·小雅·白駒》：「皎皎白駒，食我場苗。」它本是一首貴族挽留客人的詩，這裏是指夫婦入洞房後，別有所喻。

〔56〕身髮——身體、毛髮，代指全身。

〔57〕犢特——犢，指小牛；特，指幼獸（三歲或四歲）。《詩·魏風·伐檀》：「胡瞻爾庭有懸特兮！」這裏喻指男性生殖器。

〔58〕悚（sǒng）——害怕，恐懼。

〔59〕閏余成歲——閏餘是指農曆一年和一回歸年相比多餘的時日。《史記·曆書》：「黃帝考定星曆，建立五行，起消息，正閏餘。」裴駰集解引《漢書音義》：「以歲之餘為閏，故曰閏餘。」《千字文》原意，謂以閏月定四時成歲，即農曆三十一年中閏月加起來才滿一年，故曰成歲。這裏借指新娘（石道姑）年紀大了。

〔60〕律呂調陽——律呂為音樂術語，六律、六呂的合稱，是古代校正樂律的器具。用竹管或金屬管製成，共十二管，管徑相等，以管的長短來確定音的不同高度，和現在的音叉作用相同。從低音算起，成奇數的六個管曰「律」，屬陽音；成偶數的六個管曰「呂」，屬陰音。這裏以音律作比，調理男性的陽氣。

〔61〕矯——翹、舉也。《楚辭·九章·惜誦》：「矯茲媚以私處兮，願曾思而遠身。」王逸注：「矯，舉也。」晉·陶潛《歸去來辭》：「策扶老以流憩，時矯首而遐觀。」

〔62〕靡恃（shì）己長——不要仗恃自己的長處。靡，不要；恃，仗著、依賴。

〔63〕路數兒——道路、路徑。《二刻拍案驚奇》卷四：「小子姓游，名守，號好閒，此間路數最熟。」

〔64〕廣內——漢宮廷藏書之所。見《漢書·藝文志》顏師古注。後泛指帝王書庫。這裏別有所指。

〔65〕踣（bó）——用同「僕」，意指俯著。

〔66〕籃笱象床——籃，《千字文》作「藍」；籃笱，用竹的青皮編織的席子。象床，指用象牙裝飾的床。按：籃笱、象床，皆美稱也。

〔67〕瞻眺——遠望、觀看。南朝宋·謝靈運有《於南山往北山經湖中瞻眺》詩。宋·朱熹《釋奠齋居》詩：「瞻眺庭宇肅，仰首但秋旻。」

〔68〕氣不分——猶氣不忿；分，讀去聲。不服氣的意思。《紅樓夢》第六十一回：「沒的趙姨奶奶聽了，又氣不忿，反說太偏宜了我。」今方言仍延用。

〔69〕俊乂（yì）密勿——俊乂，才德出眾的人。《書·皋陶謨》：「翕（xī）受敷施，九德咸事，俊乂在官。」孔傳：「謂天子如此，則俊德治能之士並在官。」

孔穎達疏：「乂，訓爲治，故云『治能』。馬、王、鄭皆云，才德過千人爲俊，百人爲乂。」密勿，謂勤勉努力。《詩·小雅·十月之交》：「黽勉從事，不敢告勞。」王先謙《詩三家義集疏》：「謂魯『黽勉』作『密勿』。」《漢書·劉向傳》：「君子獨處守正，不撓眾枉，勉強以從王事……故其詩曰：『密勿從事，不敢告勞。』」顏師古注：「密勿，猶黽勉從事也。」

〔70〕鑿不竅皮混沌——意言鑿不出一個窟窿。語本《莊子·應帝王》：「日鑿一竅，七日而渾沌死。」

〔71〕天地玄黃——相傳遠古時代天地不分，渾沌一片。玄黃，指天地的顏色。天爲玄色，地爲黃色。《易·坤》：「夫玄黃者，天地之雜也，天玄而地黃。」

〔72〕寸陰是兢——猶「寸陰是惜」，爭分奪秒的意思。《詩·商頌·長發》：「不兢不絿。」鄭玄箋：「兢，逐也。」逐者，追逐也。絿，謂急躁。

〔73〕屬耳垣牆——牆外人竊聽的意思。成語有「隔牆須有耳，窗外豈無人」，正此之謂也。屬耳，以耳觸物，意謂竊聽。《詩·小雅·小弁》：「君子無易由言，耳屬於垣。」鄭玄箋：「王無輕用讒人之言，人將有屬耳於壁而聽之者。」

〔74〕懸梁——這裏指自縊。

〔75〕免其指斥——免掉他指謫、斥責。《千字文》原句作「免其祗植」。這裏據曲意而稍酌改之。

〔76〕刀鑽（鑽）——刀和鑽（zuàn，穿孔的工具）。

〔77〕線藥——中醫外科手術之一。（採徐朔方說）

〔78〕豈敢毀傷——怎麼可以有一點損傷呢。語出《孝經》：「身體髮膚，受之父母，不敢毀傷，孝之姁也。」

〔79〕拼——同「拚」，捨棄，不顧惜，有豁出去、不顧一切之意。《二刻拍案驚奇》卷二：「今日拼得賠還他這五兩，天大事也完了。」

〔80〕趖（shàn）——走開，躲開。明·無名氏《墨娥小錄》卷十四《行院聲嗽·人事》：「走，趖過。」《西廂記》三本二折〔上小樓·么篇〕：「你也趖，我也趖。」「趖了交」，謂絕了交往。

〔81〕悅豫且康——愉快而且安康。悅豫，喜悅、愉快。漢·班固《兩都賦》序：「是以眾庶悅豫，福應龍盛。」

〔82〕央及煞——死乞白賴的請求。元·無名氏《鴛鴦被》二〔小梁州〕：「就把姑姑央及煞，可憐我這沒照覷的嬌娃。」

〔83〕背邙面洛——邙，山名，即北邙山，在今河南洛陽市東北。洛，水名，即洛水，在今河南省西部，黃河下游南岸的大支流。三國魏·應璩《與程文信書》：「南臨洛水，北據邙山。」在這裏，此語實寓猥褻。

〔84〕乾荷葉——形容屁股。比喻得不到實惠。

〔85〕做的個——意即「做個」。

〔86〕貞潔——至女子忠於貞操，保持清白。

〔87〕轉腰兒——猶言「轉背」。

〔88〕才良——指才士賢人。《隋書・高祖紀下》：「誅翦骨肉，夷滅才良。」《新唐書・李石傳》：「今四海夷一，唯登拔才良，使大小各任其職。」

〔89〕釋紛利俗——解決糾紛，兩相和好。

〔90〕四大五常——四大，指地、水、火、風。佛教認爲，這四者是構成一切物質的四種元素。人身亦由此四者和合而成，故稱「四大」。五常，指父義、母慈、兄友、弟恭、子孝，亦即人倫關係；這裏具體指夫妻情誼。「畢竟情意兒『四大五常』」全句，暗寓終覺夫妻關係落實不了。

〔91〕嫡後嗣續——傳宗接代的意思。嫡後，謂長子。嗣續，指繼承家業。

〔92〕饜厭糟糠——厭，用同「饜」，飽也，足也。《集韻・豔韻》：「饜，足也。」司馬貞索隱：「饜，飽也。」《史記・貨殖列傳》：「原憲不厭糟糠，匿於窮巷。」糟糠，原指粗糧，後借指貧賤時娶的妻子。《後漢書・宋弘傳》：「時（光武）帝姊湖陽公主新寡，帝與共論朝臣，微觀其意。主曰：『宋公威容德器，群臣莫及。』帝曰：『方且圖之。』後弘被引見，帝令主坐屏風后，因謂弘曰：『諺言貴易交，富易妻，人情乎？』弘曰：『臣聞貧賤之知不可忘，糟糠之妻不下堂。』帝顧謂主曰：『事不諧矣。』」

〔93〕妾御績紡——意言續納奴妾僕婦要她們盡力侍奉和紡線織布。妾，小老婆，包括丫頭、僕婦們。御，侍奉。《小爾雅・廣言》：「御，侍也。」績紡，紡織。《晉書・良吏傳・吳隱之》：「家人績紡，以供朝夕。」

〔94〕鳥官人皇——鳥官，傳說上古少皞氏立國時鳳鳥適至，故以鳥名作官名。《左傳・昭公十七年》：「秋，郯（tán）子來朝，公與之宴。昭子問焉，曰：『少皞（hào）氏鳥名官，何故也？』郯子曰：『吾祖也，我知之。昔者黃帝氏以雲紀，故爲雲師而雲名。炎帝氏以火紀，故爲火師而火名。共工氏以水紀，故爲水師而水名。大皞氏以龍紀，故爲龍師而龍名。我高祖少皞之立也，鳳鳥適至，故紀於鳥，爲鳥師而鳥名。鳳鳥氏，歷正也。』」人皇，傳說中遠古部落的酋長，後將其神化，與天皇、地皇合稱三皇。

〔95〕寵增抗極——意指做偏房的恩寵日增，與正室分庭抗禮、達於極點。寵，尊榮，寵幸。

〔96〕率賓歸王——意指正室（妻）反倒從屬偏房（妾），聽偏房的擺佈。率，沿著，順著。率賓，猶「率濱」、「率土之濱」，謂所有的地方。《詩・小雅・北山》：「率土之濱，莫非王臣。」在這裏，意謂家私裏外、大小事物都要聽命於偏房。

〔97〕省躬譏誡——意指自我反省和檢查，警惕自己不做非分之事。省躬，自我反省，自我批評。譏，責備。誡，警戒，警惕。

〔98〕垂拱平章——原意是指帝王垂衣拱手，不費氣力，就能平治天下。這裏是指石道姑出家後，無所事事，日子過得很閒靜。平章，治理。

〔99〕宮殿盤鬱——宮殿的建築盛大幽深。盤，曲折幽深。郁，盛也。《文選·木華〈海賦〉》：「鬱沏（切）疊而隆頹。」李善注：「鬱，盛貌。」宋·王安石《送程公辟之豫章》詩：「下視城塹真金湯，雄樓傑屋鬱相望。」

〔100〕宇宙洪荒——宇宙，指天地。《淮南子·原道訓》：「橫四維而含陰陽，紘宇宙而章三光。」高誘注：「四方上下曰宇，古往今來曰宙，以喻天地。」洪荒，混沌、蒙昧的狀態，借指遠古時代。

〔101〕畫真武「劍號巨闕」——真武，即玄武，道教所尊奉的北方神名。宋因避仁宗之諱，改「玄」為「真」（見宋·趙彥衛《雲麓漫鈔》卷九）。巨闕，古代的寶劍名。漢·袁康《越絕書·外傳記寶劍》：「巨闕初成之時，吾坐於露壇之上，宮人有四駕白鹿而過者，車奔鹿驚，吾引劍而指之，曰駕上飛揚，不知其絕也。穿銅釜，絕鐵鑭，胥中決如粢米，故曰巨闕。」

〔102〕步北斗「珠稱夜光」——步北斗，道家的一種修煉術。夜光，珠名。南朝梁·任昉《述異記》卷上：「南海有明珠，即鯨魚目瞳，鯨死而目皆無精，夜可以鑒，謂之夜光。」

〔103〕李奈——李是李子，奈是奈子，皆果實名。清·潘榮陛《帝京歲時紀勝·五月》：「李奈則有玉黃李，麝香紅。」

〔104〕芥薑——芥，菜蔬。薑，多年生草本植物，根莖肥大，可作調味品。

〔105〕鱗潛羽翔——指游魚飛鳥。鱗，魚的代稱。羽，鳥的代稱。

〔106〕黏（nián）涎——口涎。《西遊記》第八十五回：「呆子（八戒）得勝，也自轉來，累得那黏涎鼻涕，白沫生生，氣嘑嘑的，走將來。」

〔107〕骸——指身體。唐·玄應《一切經音義》卷八十二引《韻英》：「身體諸總名為骸也。」《列子·黃帝》：「有七尺之骸，手足之異，戴髮含齒，倚而趣者，謂之人。」

〔108〕即世裏——謂現世、眼前。

〔109〕遊鵾（kūn）獨運——像大鵬鳥那樣在天空中遨遊。鵾，大鳥名，神話傳說它善飛。見《莊子·逍遙遊》。運，謂運轉，轉動。《廣雅·釋詁四》：「運，轉也。」這裏引申為「飛」。全句意為只有自己一個人支撐局面，沒有旁人幫助。

〔110〕知觀的「顧答審詳」——知觀的，主持道觀事務的道姑。顧答審詳，《千字文》原意謂顧盼答對要詳細周到。

〔111〕具膳——備餐。具，備辦、準備。唐·孟浩然《喜裴士曾見尋》詩：「廚人具雞黍，稚子摘楊梅。」膳，飯食。三國魏·曹植《贈丁翼》詩：「嘉賓填城闕，豐膳出中廚。」

〔112〕行腳的——原指行腳僧，這裏指遊方的道姑。

〔113〕箋牒簡要——意指向人募化。箋牒，原謂書信，這裏指募化。簡要，意指節約。《世說新語·儉嗇》：「司徒王戎既貴且富。」劉孝標注引《晉諸公贊》曰：「戎性簡要，不治儀望，自遇甚薄。」

〔114〕年矢每催——意言光陰催人老。年矢，流年如箭。矢，箭也。

〔115〕晦魄環照——《千字文》原意爲月兒缺了又圓起來。晦魄，指夜月，環，泛指圓圈形之物，代指月圓。這裏係指鏡中人影。

〔116〕士女圖——亦稱仕女畫，以中國封建社會中上層婦女生活爲題材的圖畫。

〔117〕馳譽丹青——以繪畫馳名。丹青，指繪畫。《晉書·顧愷之傳》：「尤善丹青。」

〔118〕仙眞傳——指記載仙眞經歷的書。仙眞，道家稱升仙得道之人。

〔119〕雅操——高尚的操守。《晉書·山濤傳》：「足下在事清明，雅操邁時。清·吳偉業《思陵長公主挽詩》：「英聲超北地，雅操邁東鄉。」

〔120〕懶雲遊「東西二京」——意言不願到遠方雲遊，只行走在東西二京。漢、隋、唐建都長安叫西京；東漢遷都洛陽，叫東京。洛陽後來又是隋、唐的陪都。

〔121〕端——《說文·立部》：「直也。」《廣雅·釋詁》：「正也。」

〔122〕坐朝問道——意指處理道觀中的事務。

〔123〕女冠子——女道士。

〔124〕同氣連枝——原比喻兄弟關係十分密切，這裏意指志同道合。

〔125〕騷——狐臭。《山海經·北山經》：「食之不騷。」郭璞注：「騷或作臊，臭也。」《說岳全傳》第十六回：「正在疑惑，忽然一陣羊騷氣。」

〔126〕工顰（pín）妍笑——顰，皺眉。清·袁于令《西樓記》二十八〔尾犯序〕：「重效美人顰。」妍笑，妍，美麗。

〔127〕暗地虎——暗地裏。

〔128〕布射遼丸——布，指東漢末呂布。呂布善射，事見「轅門射戟」（《後漢書·呂布傳》）。遼，一作「僚」，人名，春秋時楚國的熊宜僚，善弄丸。據說楚、宋交戰，宜僚在軍前弄丸，宋兵貪看，因而失敗。《莊子·徐无鬼》：「市南宜僚弄丸，而兩家之難解。」陸德明《釋文》：「宜僚，楚之勇士也，善弄丸。」這句接上句，意爲暗中用詭計傷人。

〔129〕守著寒水魚「鈞巧任釣」——寒水魚，語出宋·僧惠洪《冷齋夜話》：「夜靜水寒魚不食，滿船空載月明歸。」鈞，指馬鈞，三國魏人，著名機械製造家，曾製造指南車、翻車、發石車，能連續發射磚石，遠至數百步。對諸葛亮所造的連弩，他認爲尙可改進，並提高效率四、五倍。因爲他在機械製造方面造詣很深，時人稱他爲「天下之名巧」，故曰「鈞巧」。任，古代寓言中國名，任公子，任國之公子也。曾在東海釣得大魚，東南沿海一帶皆得飽餐。《莊子·外物》：「任公子爲大鈞巨緇，五十犗以爲餌，蹲乎會稽，

投竿東海，旦旦而釣，……已而大魚食之……任公子得若魚，離而腊之，自制河以東，蒼梧已北，莫不厭若魚者。」本劇此句比喻自己貞靜，不受誘惑。

〔130〕猶子——侄子。《禮記·檀弓上》：「兄弟之子，猶子也。」

〔131〕癩頭黿——黿的俗稱。以其頭有疙瘩似癩，故名。

〔132〕愚蒙等誚——和愚昧無知的人一樣，受人譏誚。愚蒙，愚昧不明。等，等同。誚，譏誚。

〔133〕妙人兒——美人，年少風流的男子。清·李漁《風箏誤》十一〔降黃龍·前腔〕白：「那公子又會做詩，又喜放風箏，一定是個妙人了。」

〔134〕殆辱近恥——即將受到恥辱。殆，將近，接近。《詩·小雅·節南山》：「式夷式已，無小人殆。」鄭玄箋：「殆，近也。」

〔135〕皂隸——古時奴隸分爲皂、輿、隸幾個等級。《左傳·昭公七年》：「士臣皂，皂臣輿，輿臣隸。」後專以「皂隸」稱衙門的衙役。

〔136〕府牌——指杜府派來的差役。

〔137〕杜藁鍾隸——杜，指杜操，東漢書法家。漢章帝時曾爲齊相，以善草書（稿）著名。鍾，指鍾繇，三國魏大臣，工書法，師法曹喜、蔡邕、劉德升，博取眾長，兼善各體，尤精於隸楷。與晉代書法家王羲之，並稱「鍾王」。

〔138〕散（sàn）慮逍遙——排憂解慮逍遙自在。散慮，排遣憂愁。唐·張九齡《答嚴給事書》：「林澤之閒，聊足散慮。」

〔139〕虛輝朗耀——意言虛張聲勢嚇唬別人。

〔140〕承差——承當差事、接受任務。

〔141〕提名——提出人選的姓名。

〔142〕傳示——告語，轉達。元·高明《琵琶記》二十六〔蠻牌令〕白：「傳示家中大小，俺早晚便回來，教他放心，不須憂慮。」

〔143〕梆——竹或木製的響器，用作信號。《儒林外史》二十二回：「知縣才發二梆，不曾坐堂。」

〔144〕女科——猶言婦科。明·梁辰魚《浣紗記》十七〔普賢歌·前腔〕：「奴家身子生得駝，近日行醫學女科。」

〔145〕修齋——僧道舉行誦經拜懺、祈禱求福等活動，謂之修齋。修，舉行。

〔146〕祈禳——意謂祈禱以求福除災。《漢書·孔光傳》：「俗之祈禳小數，終無益於應天塞異，銷禍興福。」顏師古注：「祈，求福也。禳，除禍也。」

〔147〕靈符——道教的符籙。元·吳昌齡《張天師》三、白：「法水灑來天地暗，靈符書動鬼神驚。」

〔148〕雲房——僧道（或隱士）所居住的房屋。

〔149〕紫微宮女夜焚香——語見《全唐詩》卷302、王建《宮詞一百首》之十三。紫

微指紫薇宮，亦即天庭。焚，《全唐詩》注一作「燃」。

〔150〕古觀雲根路已荒——語見《全唐詩》卷 817、僧皎然《晚春尋桃源觀》詩。雲根，深山雲起之處。晉・張協《雜詩》之十：「雲根臨八極，雨足灑四溟。」

〔151〕猶有眞妃長命縷——語見《全唐詩》卷 633、司空圖《南至》四首之三。眞妃，道教所奉崇的女仙名。一說，眞妃，即楊貴妃，因楊曾爲女道士，號太眞，故稱。《全唐詩》作「玉眞」。長命縷，端陽節用五色絲纏在臂上，傳說可以祈福消災。南朝梁・玉筠《五日望採拾》詩：「長絲表良節，命縷應嘉辰。」命縷，長命縷之簡稱。

〔152〕九天無事莫推忙——語見《全唐詩》卷 641、曹唐《小遊仙詩九十八首》之五十五。看病曰診。

第十八齣　診　祟〔1〕

【一江風】〔貼扶病旦上〕病迷廝〔2〕。爲甚輕憔悴？打不破愁魂謎。夢初回，燕尾翻風，亂颭〔3〕起湘簾翠。春去偌〔4〕多時，〔又〕花容只顧衰。井梧聲刮〔5〕的我心兒碎。

【行香子】〔旦〕春香呵，我楚楚〔6〕精神，葉葉〔7〕腰身，能禁多病逡巡〔8〕！〔貼〕你星星措與〔9〕，種種〔10〕生成，有許多嬌〔11〕，許多韻〔12〕，許多情。〔旦〕咳，咱弄梅心事〔13〕，那折柳情人〔14〕，夢淹漸〔15〕暗老殘春。〔貼〕正好篝罏〔16〕香午，枕扇風清。知爲誰顰，爲誰瘦，爲誰疼？〔旦〕春香，我自春遊一夢，臥病如今。不癢不疼，如癡如醉。知他怎生？〔貼〕小姐，夢兒裏事，想他則甚！〔旦〕你教我怎生不想呵！

【金落索】貪他半晌〔17〕癡，賺〔18〕了多情泥〔19〕。待不思量，怎不思量得？就裏暗銷肌〔20〕，怕人知。嗽腔腔〔21〕嫩喘〔22〕微。哎喲，我這慣〔23〕淹煎的樣子誰憐惜？自噤窄〔24〕的春心怎的支？心兒悔，悔當初一覺留春睡。〔貼〕老夫人替小姐沖喜〔25〕。〔旦〕信他沖的個甚喜？到的年時，敢犯殺花園內〔26〕？

【前腔】〔貼〕看他春歸何處歸，春睡何曾睡？氣絲兒〔27〕，怎度的長天日？把心兒捧湊眉，病西施〔28〕。小姐，夢去知他實實誰？病來只

送的個虛虛的你。做行雲先渴倒在巫陽會〔29〕。全無謂，把單相思害得忒明昧〔30〕。又不是困人天氣，中酒心期〔31〕，魆魆地〔32〕常如醉。

〔末上〕日下曬書嫌鳥跡，月中搗藥要蟾酥〔33〕。我陳最良承公相命，來診視小姐脈息〔34〕。到此後堂，不免打叫一聲。春香賢弟有麼？〔貼見介〕是陳師父。小姐睡哩。〔末〕免驚動他。我自進去。〔見介〕小姐。〔旦作驚介〕誰？〔貼〕陳師父哩。〔旦起扶介、旦〕師父，我學生患病。久失敬了。〔末〕學生，學生，古書有云：「學精於勤，荒於嬉。」〔35〕你因為後花園湯風冒日〔36〕，感下這疾，荒廢書工。我為師的在外，寢食不安。幸喜老公相請來看病。也不料你清減〔37〕至此。似這般樣，幾時勾起來讀書？早則〔38〕端陽節哩。〔貼〕師父，端節有你的。〔末〕我說端陽，難道要你粽子？小姐，望聞問切〔39〕，我且問你，病症因何？〔貼〕師父問什麼！只因你講《毛詩》，這病便是「君子好求」上來的。〔末〕是那一位君子？〔貼〕知他是那一位君子。〔末〕這般說，《毛詩》病，用《毛詩》去醫。那頭一卷就有女科聖惠方〔40〕在哩。〔貼〕師父，可記的《毛詩》上方兒？〔末〕便依他處方〔41〕。小姐害了「君子」的病，用的史君子〔42〕。《毛詩》：「既見君子，云胡不瘳〔43〕？」這病有了君子抽一抽，就抽好了。〔旦羞介〕哎也！〔貼〕還有甚藥？〔末〕酸梅十個。《詩》云：「摽有梅，其實七分」〔44〕，又說：「其實三分。」三個打七個，是十個。此方單醫男女過時思酸之病。〔旦歎介、貼〕還有呢？〔末〕天南星〔45〕三個。〔貼〕可少？〔末〕再添些。《詩》云：「三星在天〔46〕。」專醫男女及時之病〔47〕。〔貼〕還有呢？〔末〕俺看小姐一肚子火，你可抹淨一個大馬桶，待我用梔子仁〔48〕、當歸〔49〕、瀉下他火來。這也是依方：「之子于歸〔50〕，言秣其馬〔51〕。」〔貼〕師父，這馬不同那「其馬」。〔末〕一樣髀軮窟洞下〔52〕。〔旦〕好個傷風切藥陳先生。〔貼〕做的按月通經陳媽媽〔53〕。〔旦〕師父不可執方〔54〕，還是診脈為穩。〔末看脈錯按旦手背介、貼〕師父，討個轉手。〔末〕女人反此背看之，正是王叔和《脈訣》〔55〕。也罷，順手看是。〔脈介〕咳，小姐脈息，到這個分際〔56〕了。

【金索掛梧桐】他人才忒〔57〕整齊〔58〕，脈息恁微細。小小香閨，為甚傷憔悴？〔起介〕春香呵，似他這傷春怯夏肌，好扶持。病煩人容

易傷秋意。小姐，我去咀藥〔59〕來。〔旦歎介〕師父，少不得情栽了竅髓針難入〔60〕，病躲在煙花〔61〕你藥怎知？〔泣介〕承尊覷，何時何日來看這女顏回〔62〕？〔合〕病中身怕的是驚疑。且將息，休煩絮。

〔旦〕師父且自在〔63〕。送不得你了。可曾把俺八字推算麼？〔末〕算來要過中秋好。當生止有八個字〔64〕，起死曾無三世醫〔65〕。〔下、貼〕一個道姑走來了。〔淨上〕不聞弄玉吹簫〔66〕去，又見嫦娥竊藥〔67〕來。自家紫陽宮石道姑便是。承杜老夫人呼喚，替小姐禳解。〔見貼介、貼〕姑姑為何而來？〔淨〕吾乃紫陽宮石道姑。承夫人命，替小姐禳解〔68〕。不知害的甚病？〔貼〕尷尬病〔69〕。〔淨〕為誰來？〔貼〕後花園要來？〔淨舉三指貼搖頭介、淨舉五指貼又搖頭介，淨〕咳，你說是三是五，與他做主。〔貼〕你自問他去。〔淨見旦介〕小姐，小姐，道姑稽首〔70〕那。〔旦作驚介〕那裏道姑？〔淨〕紫陽宮石道姑。夫人有召，替小姐保禳。聞說小姐在後花園著魅〔71〕，我不信。

【前腔】你星星的〔72〕怎著迷？設設的〔73〕渾如魅。〔旦作魘語〔74〕介〕我的人那。〔淨貼背介〕你聽他唵唵呢呢〔75〕，作的風風勢〔76〕。是了，身邊帶有個小符來。〔取旦釵掛小符作咒介〕赫赫揚揚〔77〕，日出東方。此符屏卻惡夢，闢除不祥。急急如律令敕〔78〕。〔插釵介〕這釵頭小篆符〔79〕，眠坐莫教離。把閒神野夢都迴避。〔旦醒介〕咳，這符敢不中〔80〕？我那人呵，須不是依花附木廉纖鬼〔81〕，咱做的弄影團風〔82〕抹媚癡〔83〕。〔淨〕再癡時，請個五雷〔85〕打他。〔旦〕些兒意，正待攜雲握雨，你卻用掌心雷。〔合前〕

〔淨〕還分明說與，起個三丈高咒幡兒。〔旦〕待說個甚麼子好？

【尾聲】〔旦〕依稀則記的個柳和梅。姑姑，你也不索打符椿掛竹枝，則待我冷思量，一星星咒向夢兒裏。

綠慘雙蛾不自持〔86〕，道家妝束壓禳時〔87〕。

如今不在花紅處〔88〕，為報東風且莫吹〔89〕。

校　注

〔1〕　診祟（zhēn suì）——診，看病曰診。祟，指鬼神的禍害。古人以爲想像中的
　　　　鬼神常出來而禍人致病。《戰國策・東周策》：「及王病，使卜之。太卜譴之曰：
　　　　『周之祭地爲祟。』」

〔2〕　迷廔——謂神思恍惚散亂。亦作「迷澌」，如清・龔自珍《送歙吳君序》：「然而
　　　　心茫洋，目迷澌。」

〔3〕　颯（sà）——意指大風吹物。唐・杜甫《桔柏渡》詩：「連笮動嫋娜，征衣颯飄
　　　　飀。」宋・袁文《甕牖閒評》卷四引徐安人《秋扇》詩：「西風颯高梧，枕簟淒
　　　　以清。」

〔4〕　偌——原作「若」，據朱校本改。

〔5〕　刮——同「聒」吵嚷、喧鬧。《古今小說・蔣興哥重會珍珠衫》：「接些珠寶客人，
　　　　每日的討酒討漿，刮的人不耐煩。」

〔6〕　楚楚——憂戚、淒苦的形容詞。元・劉伯亨散套《朝元樂》：「懨懨白晝長，楚
　　　　楚黃昏睡。」清・龔自珍《洞仙歌》詞：「平生有恨，自酸酸楚楚，十五年來夢
　　　　中緒。」

〔7〕　葉葉——瘦弱貌。

〔8〕　逡巡——徘徊不去。這裏比喻疾病纏綿。

〔9〕　星星措與——星星，猶云「椿椿」「件件」。金・董解元《西廂記諸宮調》卷四
　　　　〔中呂調・鶻打兔〕：「怎得個人來，一星星說與，教他知道。」措與，謂舉措、
　　　　施行。

〔10〕　種種——樣樣。

〔11〕　嬌——嫵媚可愛。（指花容）

〔12〕　韻——氣派、風度。（指精神）

〔13〕　弄梅心事——這裏意指杜麗娘的懷春。在自畫春容時，手搓弄著青梅，表達對
　　　　夢中人柳夢梅的懷念。參看第十四齣注〔55〕。

〔14〕　折柳情人——杜麗娘在夢中見到柳夢梅曾折柳請她題詩，故稱柳夢梅爲折柳情
　　　　人。參見第十齣劇情。

〔15〕　淹漸——煎熬纏繳。這裏指杜麗娘被懷春煎熬和纏繳著。

〔16〕　簟（dàn）鑪——簟，竹席。鑪，薰鑪。宋・歐陽炯《浣溪紗》詞之一：「落絮
　　　　殘鶯半日天，玉柔花醉只思眠，惹窗映竹滿鑪煙。」

〔17〕　眴——原誤作「餉」，今據格正本、葉《譜》改。

〔18〕　賺——謂誆騙。元・無名氏《賺荊通》三、白：「不想差一使去，果然賺的韓
　　　　信回朝。」這裏意爲弄得、害得。

〔19〕　泥（nì）——謂陷入、膠纏。《廣韻・霽韻》：「泥，滯陷不通。」清・王夫之
　　　　《讀四書大全說・論語・先進篇》：「一念之私利未忘，即爲欲所泥，而於理

必不逮。」這裏「賺了多情泥」，意即弄得陷入情網，擺脫不了。

〔20〕暗銷肌——暗暗地肌體消瘦了。

〔21〕腔腔——象聲詞，形容咳嗽的聲音。

〔22〕嫩喘——微喘。凡物尚處在開始或輕微的狀態皆可稱「嫩」。金·董解元《西廂記諸宮調》卷四〔中呂調·粉蝶兒〕：「羽衣輕，羅襪薄，春寒猶嫩。」

〔23〕慣——習以爲常。《爾雅·釋詁下》：「貫，習也。」陸德明釋文：「慣，本又作貫。」《玉篇·心部》：「慣，習也。」唐·韓愈《崔十六少府攝伊陽以詩及書見投因酬三十韻》詩：「崔君初來時，相識頗未慣。」「頗未慣」，言很不經常也。

〔24〕嗜（jìn）窄——心事悶在肚子裏，不對人說。

〔25〕沖喜——舊時迷信風俗，在人病重時用辦喜事的辦法以驅除所謂的邪祟，希望化凶爲吉。《醒世恒言·喬太守亂點鴛鴦譜》：「劉媽媽揭起帳子叫道：『我的兒，今日聚你媳婦來家沖喜，你須掙扎精神則個。』」

〔26〕到的年時，敢犯殺花園內——意謂，難道是從前在花園裏衝撞了什麼神道？這是以疑問口氣否定沖喜的作用。到的，猶「道的」；古時「道」、「到」同音通用。年時，指過去，猶往昔；彼時，從前。

〔27〕氣絲兒——形容呼吸微弱。

〔28〕把心兒捧湊眉，病西施——《莊子·天運》：「西施病心而矉於里，其里之醜人見之而美之。」唐·成玄英疏：「西施，越之美女也。貌極妍麗，既病心痛，嚬眉苦之。而端正之人，體多宜便，因其嚬蹙，更益其美，是以閭里見之，彌加愛重。」這裏是以西施有心疼病時，捧心嚬眉，樣子更好看，形容杜麗娘害心疼的病態美。湊眉，猶攢眉，謂皺眉也。

〔29〕做行雲先渴倒在巫陽會——戰國楚·宋玉《高唐賦序》說：楚懷王夢遊高唐，怠而晝寢，夢見和一婦人交歡。臨別辭曰：「妾住巫山之陽，高丘之阻，旦爲朝雲，暮爲行雨，朝朝暮暮，陽臺之下。」王朝暮視之，果然如此。後遂以「巫陽」爲男女幽會之所。巫陽，即巫山之陽（南）也。

〔30〕明昧——不明不白。

〔31〕心期——情緒，心境。余庑儂《步石予先生送行原韻》：「身世最憐趨俗慣，心期最恨有家牽。」

〔32〕魆（xū）魆地——迷迷糊糊地。

〔33〕月中搗藥要蟾酥——神話傳說，說月亮裏有白兔搗藥。《藝文類聚》卷一引漢·劉向《五經通義》：「月中有兔與蟾蜍何？月，陰也，蟾蜍，陽也，而與兔並明，陰繫陽也。」又引晉·傅玄《擬天問》：「月中何有，白兔搗藥。」宋·俞琰《席上腐談》卷上：「愚謂兔自屬日，所謂月中兔者，月中之日光也……世俗遂謂月中有搗藥兔，妄矣。」蟾酥，大蟾蜍（俗稱癩蛤蟆）等耳後腺及皮膚腺的白

色分泌物，可入藥。

〔34〕脈息——脈搏。中醫切脈以呼吸爲準則，因稱脈搏爲脈息。

〔35〕學精於勤，荒於嬉——語出唐·韓愈《進學解》。學，本作「業」。業，指學業。
嬉，指遊戲。

〔36〕湯風冒日——頂著風，冒著日。湯，謂接觸。冒，謂沖犯。元·無名氏《衣襖
車》二〔梁州〕：「我與你湯風冒雪登長途。」

〔37〕清減——消瘦的婉詞。元·無名氏《鴛鴦被》一〔後庭花〕梅香白：「俺姐姐
這些時，每日憂愁，睡臥不安弄得越清減了。」

〔38〕早則——猶「早是」，已是、已經的意思。

〔39〕望聞問切——「望」是觀氣色，「聞」是聽氣息，「問」是問症狀，「切」是按
脈象。這是中醫診斷疾病的四種方法。《難經·六十一難》：「望而知之者，
望見其五色而知其病；聞而知之者，聞其五音以別其病；問而知之者，問其
所欲五味，以知其病所起所在也；切脈而知之者，診其寸口，視其虛實，以
知其病，病在何臟腑也。」

〔40〕聖惠方——靈驗有效的中醫處方。宋太宗（趙靈）太平興國三年開始由王懷隱
等編輯藥方一百卷，名爲《聖惠方》。成書於淳化三年（992年），共歷約十四
年。

〔41〕處方——藥方。

〔42〕史君子——中藥名。史君子，應作「使君子」，「史」以同音誤。明·李時珍
《本草綱目·草七·使君子》：「原出海南交趾，今閩之紹武、蜀之眉州，皆
栽種之。亦易生。其滕如葛繞樹而上……仁長如榧仁，色味如栗，久則油黑
不可用。」

〔43〕既見君子，云胡不瘳——語出《詩·鄭風·風雨》。君子，指唱這首情歌的女
子的愛人。云胡，謂如何，爲什麼。「云」爲語助詞，無義。瘳（chōu），借爲
慬，樂也。

〔44〕摽（biào）有梅，其實七兮——語出《詩·召南·摽有梅》。意言：梅子打落
了，在樹上的果實只剩下七個。作者以打落梅子比喻女子追求男子，渴求出
嫁的心理。摽，打落。有，語助詞，無義。實果，指梅子的果實。下文「其
實三兮」，見同詩，謂在樹上的只剩下三個。

〔45〕天南星——中藥名。其根既圓又白，形如老人星狀，故云。

〔46〕三星在天——語出《詩·唐風·綢繆》。這是一首描寫男女夜晚相會的情歌。
三星，古代也稱參星，傍晚出現在東方，現在仍呼爲三星。

〔47〕男女及時之病——指春病、相思病。

〔48〕梔（zhī）子仁——梔子的果實。梔子，木名，常綠灌木或小喬木。葉子對生，
長橢圓形，有光澤。春夏開白花，香氣濃烈，可供觀賞。夏秋結果實，可入藥，

性寒味苦，爲解熱消炎劑。

〔49〕當歸——多年生草本植物，羽狀復葉，夏秋開小白花，莖葉皆有香味，根入藥。有鎮靜、補血、調經等作用。元‧王實甫《西廂記》三本四折〔小桃花〕白：「桂花性溫，當歸活血，怎生制度？」以上「梔子」、「當歸」皆非瀉藥，而與下文「之子于歸」?音。

〔50〕之子于歸，言秣其馬——語出《詩‧周南‧漢廣》。這是一首男子追求女子的情歌。意言那女子如果嫁給我，我就餵飽馬去接她。之，指示代詞。子，古時男女的通稱。之子，那個人（那個姑娘）。于歸，謂出嫁。言，讀如「焉」，乃也。秣，餵馬。秣馬，又與「抹淨一個大馬桶」句中「抹」、「馬」?音。這些地方，都可以看出作者的匠心獨運，也是一種調侃的修辭藝術。

〔51〕馬——指騎馬布，女人月經帶的俗稱。尚越《預謀》八：「誰不知道你們這些吸血鬼，連老百姓老婆的騎馬布都舐光淨了。」

〔52〕一樣髀鞦窟洞下——意言絡在牲口股後尾間的絆帶和繫在女陰下的騎馬布是一樣的。髀鞦，絡在馬股後尾間的絆帶。窟洞，喻女陰。

〔53〕陳媽媽——古代婦女拭穢處以自潔之巾。明‧風月友《金陵六院市語》：「用絹呼作陳媽媽。」

〔54〕執方——固執。即按常規辦事，不通權達變。隋‧王通《中說‧周公》：「子曰：『通變之謂道，執方之謂器。』」

〔55〕王叔和《脈訣》——王叔和，魏晉間醫學家，名熙，高平人，曾任太醫令；精研醫學，重視診脈。收集前代診脈文獻，結合自己體會，編有《脈經》、《脈訣》、《脈賦》等，是現存最早的脈學專書。

〔56〕分（fēn）際——意猶程度、地步。《初刻拍案驚奇》卷二十：「那朝雲也是偶然失言，不想到此分際，卻也不敢違拗，只得伏侍元普解衣同寢。」

〔57〕人才——意指容貌、身材。亦作「人材」。見第五十齣注〔20〕。

〔58〕整齊——謂漂亮、美麗、端莊。

〔59〕咀（jǔ）藥——煎藥。古人煎藥，先將藥材嚼成粗粒再煎，故亦稱煎藥爲咀藥。

〔60〕情栽了竅髓針難入——意言相思病生根在骨髓深處，針難以刺入。竅髓，泛指人體內部器官。針，針刺，中醫的一種針灸療法。

〔61〕煙花——猶「風月」，指情愛。

〔62〕女顏回——顏回是孔子最得意的學生，不幸早亡。這裏用來比喻優秀的學生（杜麗娘）。

〔63〕自在——自便，方便。

〔64〕八個字——即八字。見第十七齣注〔40〕。

〔65〕三世醫——祖傳三代的醫生。《禮記‧曲禮下》：「醫不三世，不服其藥。」三世，指祖孫三代。

〔66〕弄玉吹簫──弄玉，人名，相傳爲春秋時秦穆公的女兒，嫁給善吹簫的蕭史，
每日向蕭史學吹簫作鳳鳴，穆公爲作鳳臺以居之。後來夫婦都隨鳳鳥飛天仙
去。事見漢・劉向《列仙傳》。唐・李白《鳳臺曲》：「曲在身不在，空餘弄玉
名。」

〔67〕嫦娥竊藥──傳說上古有窮國的君主后羿得不死之藥於西王母，其妻盜而食
之，成仙奔月，成爲月中的女神。事見漢・劉安《淮南子・覽冥訓》。後以「竊
藥」喻求仙。唐・李白《感遇》詩之三：「昔余聞姮娥，竊藥駐雲髮。」姮（héng）
娥，即嫦娥。

〔68〕禳（ráng）解──舊時迷信，用祈禱神靈，求得消災除禍的一種儀式。參見第
十六齣注〔37〕。

〔69〕尷尬（gān gà）病──難言之病，指相思病。

〔70〕稽（qǐ）首──古時叩頭的敬禮。

〔71〕著魅（mèi）──被鬼怪迷惑。魅，舊時迷信認爲物老變成的精怪。《左傳・宣
公三年》：「螭魅罔兩，莫能逢之。」杜預注：「魅，怪物。」

〔72〕星星的──字當作「惺惺的」，聰明，機警貌。元・李文蔚《燕青博魚》二〔醉
中天〕白：「常言道『十分惺惺使五分。』」《水滸傳》第十九回：「林沖道：『先
生差矣，古人有言：惺惺惜惺惺，好漢惜好漢。』」

〔73〕設設的──狀癡迷之詞。

〔74〕魘語──猶「魔語」，喻胡言亂語。

〔75〕唅唅呢呢──徐朔方注《牡丹亭》謂「形容說話含糊不清。」

〔76〕風風勢──瘋瘋癲癲的樣子。元・吳昌齡《張天師》二〔三煞〕：「我越勸著越
妝出風風勢，則說是病在心頭那個知？」《金瓶梅》第五十二回：「俺三嬸老人
家風風勢勢的，幹出什麼事！」

〔77〕赫赫揚揚──道士爲人治病念咒語時開頭的套語。赫赫揚揚，形容光芒四射。

〔78〕急急如律令敕──急急，急速之意。如律令，是漢代公文末尾的例行用語，
要下級按照律令辦事的意思。後來道教模仿，畫符念咒時，用「太上老君，
急急如律令，敕」作爲結尾，表示請求，按照符咒所要求的去辦的意思。

〔79〕篆符──像是篆字寫的符籙。符，舊時指道士、巫婆等畫的驅使鬼神的符咒。

〔80〕不中──不行，不成、沒有用。

〔81〕廉纖鬼──小鬼。廉纖，多用來形容微小的事物，如雲廉纖雨（見《貨郎旦》
二折）、雪廉纖（見《斷髮記》三十七齣）等。

〔82〕弄影團風──形容心魂不定。團，弄互文爲義。

〔83〕抹媚癡──言被鬼物迷惑，陷入癡迷狀態。抹媚，猶「魔媚」、「狐媚」，被鬼
物迷惑的意思。

〔84〕五雷──即所謂「掌心雷」，道家的一種法術。迷信說法，謂得雷公黑篆，依

法行之，可致雷雨，袪疾苦，立功救人。據說因雷公有兄弟五人，故以五雷稱之。見《太平廣記》卷三九四引《神仙感遇傳・葉遷韶》。

〔85〕咒幡兒——舊時袪邪除害的儀式中所用的一種長條形旗子。咒，舊時道士、方士、神巫等施行法術時的一種口訣。

〔86〕綠慘雙蛾不自持——語見《全唐詩》卷 800、步非煙《答趙子》詩。雙蛾，謂雙眉。

〔87〕道家妝束壓禳時——語見《全唐詩》卷 561、薛能《黃蜀葵》詩。壓禳，祈禳也。

〔88〕如今不在花紅處——語見《全唐詩》卷 825、懷濬《上歸州刺史代通狀二首》之二。如，一作「而」。此詩原署僧懷濟作，非。

〔89〕爲報東風且莫吹——語見《全唐詩》卷 477、李涉《春晚遊鶴林寺寄使府諸公》詩。「東」，《全唐詩》原作「春」。

第十九齣　牝　賊〔1〕

【北點絳唇〔2〕】〔淨李全引衆上〕世擾膻風〔3〕，家傳雜種〔4〕。刀兵動，這賊英雄，比不得穿牆洞〔5〕。

野馬千蹄合一群，眼看江海盡風塵。漢兒學得胡兒語，又替胡兒罵漢人〔6〕。自家李全〔7〕是也。本貫〔8〕楚州人氏。身有萬夫不當之勇。南朝不用，去而爲盜。以五百人出沒江湖之間，正無歸著〔9〕。所幸大金皇帝遙封俺爲溜金王。央我騷擾淮揚〔10〕，看機進取。奈我多勇少謀。所喜妻子楊氏娘娘，能使一條梨花鎗〔11〕，萬人無敵。夫妻上陣，大有威風。則是娘娘有些喫醋，但是擄的婦人，都要送他帳下。便是軍士們，都只畏懼他。正是：山妻獨霸蛇吞象〔12〕，海賊封王蛇變龍。

【番卜算】〔丑楊婆持鎗上〕百戰惹雌雄，血映燕支〔13〕重。〔舞介〕一枝鎗灑落〔14〕花風，點點梨花弄。

〔見舉手介〕大王千歲。奴家介冑〔15〕在身，不拜了。〔淨〕娘娘，你可知大金皇帝封俺做溜金王？〔丑〕怎麼叫做溜金王？〔淨〕溜者，順也。〔丑〕封你何事？〔淨〕央俺騷擾淮揚三年。待我兵糧齊集，一舉渡江，滅了趙宋。那時還封我爲帝哩！〔丑〕有這等事！恭喜了。藉此號令，買馬招軍。

【六幺令】如雷喧闐〔16〕，緊轅門畫鼓鼕鼕。哨尖兒〔17〕飛過海雲東。〔合〕好〔18〕男女，坐當中，淮揚草木都驚動。

【前腔】聚糧收眾。選高蹄戰馬青驄〔19〕。閃盔纓斜簇玉釵紅。〔合前〕

群雄競起向前朝〔20〕，折戟沈戈鐵未銷〔21〕。

平原好牧無人放〔22〕，白草連天野火燒〔23〕。

校 注

〔1〕牝（pìn）賊——女盜。牝，鳥獸的雌性，這裏指婦女。
〔2〕北點絳唇——「絳」字誤爲「紅」，今據文林、朱墨、冰絲本改。
〔3〕世擾膻（shān）風——言（漢人）歷代被吃慣羊肉的少數民族所騷擾。膻，羊肉的腥臊氣味。《列子·周穆王》：「王之嬪御，膻惡而不可親。」語含侮辱性。
〔4〕雜種——也是古代對少數民族的侮辱。唐·杜甫《承聞河北諸道節度入朝歡喜口號絕句》之二：「社稷蒼生計必安，蠻夷雜種錯相干。」
〔5〕穿牆洞——指挖掘牆洞的小偷。古人稱小偷爲「穿窬盜」，《論語·陽貨》：「色厲而內荏，譬諸小人，其猶穿窬之盜也歟！」何晏集解：「穿，穿壁；窬，窬牆。」
〔6〕漢兒學得胡兒語，又替胡兒罵漢人——語見《全唐詩》卷633、司空圖《河湟有感》詩。但《全唐詩》「學」作「盡」，「又替胡兒」作「卻向城頭」。
〔7〕李全——見第十五齣注〔18〕。
〔8〕本貫——謂原籍。楚州，今江蘇淮安市。
〔9〕歸著——著落，歸宿，依附。《京本通俗小說·志誠張主管》：「我如今一身無所歸著，特地投奔你。」
〔10〕淮揚——指淮陰、揚州，在長江北江蘇省境內。
〔11〕梨花槍——李全妻的諢名。《宋史·李全傳》：「楊氏（李全妻）諭鄭衍德等曰：『二十年梨花槍，天下無敵手。』」梨花槍，槍法的一種，相傳創自宋名將楊業。李全妻楊氏熟習此槍法，常賴以取勝。故以名之。
〔12〕蛇吞象——語本《山海經·海內南經》：「巴蛇食象，三歲而出其骨。」後因以比喻貪得無厭。元·鄭廷玉《冤家債主》楔子、白：「（詩云：）人心不足蛇吞象，世事到頭螳捕蟬。」蛇，原誤作「獅」，今改。
〔13〕燕支——「胭脂」的叶音。
〔14〕灑落——瀟灑、爽落。元·喬吉《兩世姻緣》一〔醋葫蘆〕：「更風流，更灑落，

更聰明。」

〔15〕介胄——指鎧甲和頭盔。《史記·平津侯主父列傳》:「介胄生蟣虱,民無所告訴。」宋·周密《齊東野語·二張援襄》:「披介胄,執弓矢。」

〔16〕喧闐(tián)——猶喧闐,聲大而雜之謂。宋·劉辰翁《寶鼎現》詞:「甚輦路、喧闐且止,聽得念奴歌起。」

〔17〕哨尖兒——先遣探子。清·楊潮觀《吟風閣雜劇·諸葛亮夜祭瀘江》〔清江引〕:「哨尖兒快招,櫓梢兒慢搖,凱歌齊都應著羽扇中軍號。」

〔18〕好——這裏是勇敢的意思。元·高文秀《黑旋風》一、白:「那一個好男子保著孫孔目上泰安神州燒香去?」

〔19〕青驄——良馬名。驄者,謂青白毛相雜也。唐·杜甫《寄贈王十將軍承俊》詩:「纏結青驄馬,出入錦城中。」宋·秦觀《八六子》詞:「念柳外青驄別後,水邊紅袂分時,愴然暗驚。」

〔20〕群雄競起向前朝——語見《全唐詩》卷229、杜甫《夔州歌十絕句》之三。《全唐詩》「向」作「問」,又作「聞」。

〔21〕折戟(ji)沉沙鐵未銷——語見《全唐詩》卷523、杜牧《赤壁》詩,下注一作李商隱詩,《全唐詩》541卷。「未」子,《全唐詩》注一作「半」。

〔22〕平原好牧無人放——語見《全唐詩》卷640、曹唐《病馬五首呈鄭校書章三吳十五先輩》詩。「牧」字,《全唐詩》又作「平原好放無人放」。

〔23〕白草連天野火燒——語見《全唐詩》卷128、王維《出塞》詩。

第二十齣　鬧　殤〔1〕

【金瓏璁】〔貼上〕連宵風雨重,多嬌多病愁中。仙少效,藥無功〔2〕。

　　顰有爲顰,笑有爲笑〔3〕。不顰不笑,哀哉年少。春香侍奉小姐,傷春病到深秋。今夕中秋佳節,風雨蕭條。小姐病轉沉吟〔4〕,待我扶他消遣。正是:人來雨打中秋月,更值風搖長命燈〔5〕。〔下〕

【鵲橋仙】〔貼扶病旦上〕拜月堂空,行雲徑擁。骨冷怕成秋夢。世間何物似情濃?整〔6〕一片斷魂心痛。

　　〔旦〕枕函〔7〕敲破漏聲殘,似醉如呆死不難。一段暗香迷夜雨,十分清瘦怯秋寒。春香,病境沉沉,不知今夕何夕?〔貼〕八月半了。〔旦〕哎也,是中秋佳節哩。老爺奶奶都爲我愁煩,不曾玩賞了?〔貼〕這都不在話下了。〔旦〕聽見陳師父替我推命〔8〕,要過中秋。看看病勢

轉沉，今宵欠好。你為我開軒〔9〕一望，月色如何？〔貼開窗、旦望介〕

【集賢賓】〔旦〕海天悠、問冰蟾〔10〕何處湧？玉杵〔11〕秋空，憑誰竊藥把嫦娥奉？甚西風吹夢無蹤〔12〕！人去難逢，須不是神挑鬼弄〔13〕。在眉峰，心坎裏別是一般疼痛。〔悶介〕

【前腔】〔貼〕甚春歸無端廝和哄〔14〕，霧和煙兩不玲瓏〔15〕。算來人命關天重〔16〕，會消詳、直恁匆匆〔17〕！為著誰儂〔18〕，俏樣子等閒拋送？待我謊他。姐姐，月上了。月輪空，敢蘸破〔19〕你一牀幽夢。

〔旦望歎介〕輪時盼節想中秋，人到中秋不自由。奴命不中孤月照，殘生今夜雨中休。

【前腔】你便好中秋月兒誰受用〔20〕？剪〔21〕西風淚雨梧桐。楞生瘦骨〔22〕加沉重。趲程期〔23〕是那天外哀鴻。草際寒蛩〔24〕，撒刺刺〔25〕紙條窗縫。〔旦驚作昏介〕冷鬆鬆，軟兀剌〔26〕四梢〔27〕難動。

〔貼驚介〕小姐冷厥〔28〕了。夫人有請。〔老旦上〕百歲少憂夫主貴，一生多病女兒嬌。我的兒，病體怎生了？〔貼〕奶奶，欠好，欠好。〔老〕可怎了！

【前腔】不隄防你後花園閒夢銃〔29〕，不分明再不惺忪〔30〕，睡臨侵〔31〕打不起頭梢〔32〕重。〔泣介〕恨不呵早早乘龍〔33〕。夜夜孤鴻，活害殺俺翠娟娟〔34〕雛鳳。一場空，是這答裏把娘兒命送。

【囀林鶯】〔旦醒介〕甚飛絲繾〔35〕的陽神〔36〕動，弄悠揚風馬叮咚〔37〕。〔泣介〕娘，拜謝你了。〔拜跌介〕從小來覷的千金重，不孝女孝順無終。娘呵，此乃天之數〔38〕也。當今生花開一紅，願來生把萱椿再奉。〔眾泣介、合〕恨西風，一霎無端碎綠摧紅〔39〕。

【前腔】〔老〕並無兒、蕩得個嬌香種〔40〕，繞娘前笑眼歡容。但成人索把俺高堂送〔41〕。恨天涯老運孤窮。兒呵，暫時間月直年空〔42〕，好〔43〕將息你這心煩意冗〔44〕。〔合前〕

〔旦〕娘，你女兒不幸，作何處置？〔老旦〕奔你回去〔45〕也。兒！

【玉鶯兒】〔旦泣介〕旅櫬〔46〕夢魂中，盼家山、千萬重。〔老〕便遠也去。〔旦〕是不是〔47〕、聽女孩兒一言。這後花園中一株梅樹，兒心所愛。但葬我梅樹之下可矣。〔老〕這是怎的來？〔旦〕做不的病嬋娟桂窟里長生〔48〕，則分〔49〕的粉骷髏〔50〕向梅花古洞。〔老泣介〕看他強扶頭〔51〕淚朦〔52〕，冷淋心〔53〕汗傾，不如我先他一命無常〔54〕用。〔合〕恨蒼穹，妒花風雨，偏在月明中。

〔老〕還去與爹講，廣做道場〔55〕也。兒，銀蟾譚搗君臣藥〔56〕，紙馬重燒子母錢〔57〕。〔下、旦〕春香，咱可有回生之日否？

【前腔】〔歎介〕你生小事依從，我情中、你意中。春香，你小心奉事老爺奶奶。〔貼〕這是當的了。〔旦〕春香，我記起一事來。我那春容，題詩在上，外觀不雅。葬我之後，盛著紫檀匣兒，藏在太湖石底。〔貼〕這是主何意兒？〔旦〕有心靈翰墨春容，儻直那人知重〔58〕。〔貼〕姐姐寬心。你如今不幸，孤墳獨影。肯將息〔59〕起來，稟過老爺，但是姓梅姓柳秀才，招選一個，同生同死，可不美哉！〔旦〕怕等不得了。哎喲，哎喲！〔貼〕這病根兒怎攻〔60〕，心上醫怎逢？〔旦〕春香，我亡後，你常向靈位前叫喚〔61〕我一聲兒。〔貼悲〔62〕介〕他一星星〔63〕說向咱傷情重。〔合前〕

〔旦昏介、貼〕不好了，不好了，老爺奶奶快來！

【憶鶯兒】〔外、老旦上〕鼓三鼕，愁萬重。冷雨幽窗燈不紅。聽侍兒〔64〕傳言女病凶。〔貼泣介〕我的小姐，小姐！〔外、老同泣介〕我的兒呵，你捨的命終，拋的我途〔65〕窮。當初只望把爹娘送。〔合〕恨匆匆，萍蹤浪影，風剪〔66〕了玉芙蓉。

〔旦作醒介、外〕快甦醒！兒，爹在此。〔旦作看外介〕哎喲，爹爹扶我中堂〔67〕去罷。〔外〕扶你也，兒。〔扶介〕

【尾聲】〔旦〕怕樹頭樹尾不到的五更風〔68〕，和俺小墳邊立斷腸碑一統〔69〕。爹，今夜是中秋。〔外〕是中秋也，兒。〔旦〕禁了這一夜雨。〔歎介〕怎能夠月落重生燈再紅〔70〕！〔並下〕

〔貼哭上〕我的小姐，我的小姐，天有不測之風雲，人有無常之禍福。

我小姐一病傷春死了也。痛殺了我家老〔71〕爺、我家奶奶。列位看官〔72〕們,怎了也!待我哭他一會。

【紅衲襖】小姐,再不叫咱把領頭香心〔73〕字燒,再不叫咱把剔花燈紅淚繳〔74〕,再不叫咱拈花側眼〔75〕調歌鳥,再不叫咱轉鏡移肩和〔76〕你點絳桃〔77〕。想著你夜深深放剪刀〔78〕,曉清清臨畫稿。提起那春容,被老爺看見了,怕奶奶傷情,分付殉了葬〔79〕罷。俺想小姐臨終之言,依舊向湖山石兒靠也,怕等得個拾翠人來把畫粉銷〔80〕。

老姑姑也來了。〔淨上〕你哭得好,我來幫你。

【前腔】春香姐,再不教你暖朱唇學弄簫。〔貼〕爲此。〔淨〕再不和你蕩〔81〕湘裙鬭鬮草。〔貼〕便是。〔淨〕小姐不在,春香姐也鬆泛〔82〕多少。〔貼〕怎見得?〔淨〕再不要你冷溫存熱絮叨,再不要得你夜眠遲、朝起的早。〔貼〕這也慣了。〔淨〕還有省氣力〔83〕的所在。雞眼睛不用你做嘴兒挑〔84〕,馬子兒〔85〕不用你隨鼻兒倒〔86〕。〔貼啐介、淨〕還一件,小姐青春有了〔87〕,沒時間〔88〕做出些兒也,那老夫人呵,少不的〔89〕把你後花園打折腰。

〔貼〕休胡說!老夫人來也。〔老上哭介〕我的親兒,

【前腔】每日繞娘身有百十遭,並不見你向人前輕一笑。他背熟的班姬《四誡》〔90〕從頭學,不要得孟母三遷〔91〕把氣淘。也愁他軟苗條忒恁嬌,誰料他病淹煎眞不好。〔哭介〕從今後誰把親娘叫也,一寸肝腸做了百寸焦。

〔老悶倒、貼驚叫介〕老爺,痛殺了奶奶也。快來,快來!〔外哭上〕我的兒也,呀,原來夫人悶倒在此。

【前腔】夫人,不是你坐孤辰把子宿鼗〔92〕。則是我坐公堂冤業〔93〕報。較不似老倉公多女好〔94〕。撞不著賽盧醫〔95〕他一病蹻〔96〕。天,天,似俺頭白中年呵,便做了大家緣〔97〕何處消?見〔98〕放著小門楣生折倒〔99〕!夫人,你且自保重。便作你寸腸千斷了也,則怕女兒呵,他望帝魂歸不可招〔100〕。

〔丑院公上〕人間舊恨驚鴉去，天上新恩喜鵲來。稟老爺，朝報〔101〕
高陞。〔外看報介〕吏部〔102〕一本，奉聖旨：「金寇南窺，南安知府杜
寶，可陞安撫使〔103〕，鎮守淮揚。即日起程，不得違誤。欽此〔104〕。」
〔歡介〕夫人，朝旨催人北往，女喪不便西歸。院子〔105〕，請陳齋長講
話。〔丑〕老相公有請。〔末上〕彭殤眞一塹〔106〕，弔賀每同堂。〔見介、
外〕陳先生，小女長謝你了。〔末哭介〕正是。苦傷小姐仙逝，陳最良
四顧無門。所喜老公相喬遷〔107〕，陳最良一發〔108〕失所。〔眾哭介、外〕
陳先生，有事商量。學生奉旨，不得久停。因小女遺言，就葬後園梅樹
之下，又恐不便後官居住，已分付割取後園，起座梅花庵觀，安置小女
神位。就著這石道姑焚修〔109〕看守。那道姑可承應〔110〕的來？〔淨跪
介〕老道婆添香換水。但往來看顧，還得一人。〔老〕就煩陳齋長爲便。
〔末〕老夫人有命，情願效勞。〔老〕老爺，須置些祭田纔好。〔外〕有
漏澤院〔111〕二頃虛田，撥資香火。〔末〕這漏澤院田，就漏在生員身上。
〔淨〕咱號道姑，堪收稻穀〔112〕，你是陳絕糧，漏不到你。〔末〕秀才
口吃十一方〔113〕，你是姑姑，我是孤老〔114〕，偏不該我收糧？〔外〕不
消爭了，陳先生收給。陳先生，我在此數年，優待學校。〔末〕都知道。
便是老公相高陞，舊規有諸生〔115〕遺愛記、生祠碑文，到京伴禮送人〔116〕
爲妙。〔淨〕陳絕糧，遺愛記是老爺遺下與令愛作表記〔117〕麼？〔末〕
是老公相政跡歌謠。什麼「令愛」！〔淨〕怎麼叫做生祠？〔末〕大祠
宇塑老爺像供養，門上寫著「杜公之祠」。〔淨〕這等，不如就塑小姐在
傍，我普同供養。〔外惱介〕胡說！但是舊規，我通不用了。

【意不盡】陳先生，老道姑，咱女墳兒三尺墓雲高，老夫妻一言相
靠。不敢望時時看守，則清明寒食一碗飯兒澆。

魂歸冥漠魄歸泉〔118〕，使汝悠悠十八年〔119〕。

一叫一回腸一斷〔120〕，如今重說恨綿綿〔121〕。

校　注

〔1〕殤（shāng）——夭亡。不到成年就死曰殤。鬧殤，指因麗娘夭亡而生的風波。
〔2〕藥無功——〔金瓏璁〕曲應有八句，此句下面省略四句。
〔3〕顰有爲顰，笑有爲笑——語本《韓非子·內儲說上》：「吾聞明主之愛一顰一笑，

顰有爲顰而笑有爲笑。」意言要愛惜一顰一笑。該憂則憂，該喜則喜。顰和笑都要有爲（wei）而爲（wei），不要隨便，愛，惜也。顰，同「顰」，蹙眉。

〔4〕沉吟——本指沉思，這裏指病情沉重。

〔5〕長命燈——晝夜點燒，長明不滅，藉以祈福求壽。這裏說「風搖長命燈」，象徵生命危殆。

〔6〕整——猶「衡」，意爲眞、正、純。《篇海類編・人事類・行部》：「衡，眞也；正也；不雜也。」《金瓶梅》第十一回：「衡一味死溫存，活打劫。」

〔7〕枕函——中間可以藏物的枕頭。唐・司空圖《楊柳枝壽杯詞》之六：「偶然樓上卷珠簾，往往長條拂枕函。」「枕函敲破漏聲殘」，意言徹夜無眠。

〔8〕推命——推算命運，即算命。明.都穆《都公譚纂》卷下：「二公一日微服過王生，令其推命。」清・紀昀《閱微草堂筆記・槐西雜誌二》：「世傳推命始於李虛中，其法用年月日，而不用時。」

〔9〕軒——指窗戶或門，舊時多指書齋。開軒，意即開窗。晉・陶潛《飲酒》詩之七：「嘯傲東軒下，聊復得此生。」唐・杜甫《夏夜歎》詩：「仲夏苦夜短，開軒納微涼。」

〔10〕冰蟾——指月亮。傳說謂月中有蟾蜍，故名。

〔11〕玉杵（chǔ）——傳說月中有白兔，持杵搗藥，因以玉杵指月亮。杵，棒槌之類的用具，可用以搗藥及穀物等。

〔12〕吹夢無蹤——謂夢去難以追尋。語本宋・李清照《浪淘沙》詞：「簾外五更風，吹夢無蹤。」

〔13〕神挑鬼弄——意謂鬼神戲弄。

〔14〕和（huò）哄——哄騙、調弄。元・關漢卿散套《青杏子・離情》：「與怪友狂朋尋花柳，時復間和哄閒愁。」

〔15〕霧和煙兩不玲瓏——意言春天不好，「霧」和「煙」皆表春天（依徐朔方說）。按：玲瓏，明徹貌。唐・李白《玉階怨》詩：「卻下水精簾，玲瓏望秋月。玲瓏，與煙霧正反襯爲義。

〔16〕人命關天重——古代民間俗語。元劇中多見之。關漢卿《竇娥冤》二〔鬥蝦蟆〕：「人命關天關地，別人怎生替得？」元・蕭德祥《殺狗勸夫》四〔上小樓・么篇〕白：「從來人命關天地，豈可沒個屍親來告？」皆其例。

〔17〕會消詳、直恁匆匆——（原以爲）慢慢病會好起來，（那知）竟如此之快地病到這個程度。會，推測之詞。消詳，慢慢地。直恁，竟然這樣。

〔18〕誰儂（nong）——誰人。《樂府詩集・清商曲辭一・子夜四時歌夏歌十六》：「赫赫盛陽月，無儂不握扇。」「無儂」，無人也。

〔19〕蘸破——吵醒。

〔20〕受用——享用，享受。元・喬吉《金錢記》一〔混江龍〕白：「你那個佳人才

子，翠擁紅遮，歌舞吹彈，是好受用也呵。」

〔21〕剪——形容風聲。宋·王安石《春夜》詩：「金爐香盡漏聲殘，剪剪輕風陣陣寒。」

〔22〕楞生瘦骨——猶「瘦骨伶仃」、「瘦骨棱棱」、「瘦骨嶙峋」或「瘦骨嶙嶙」，形容人瘦得皮包骨的樣子。楞，同「棱」，形容骨瘦

〔23〕趲程期——謂趲路、趲時辰。趲，謂趕、加快。宋·陳文增《月泉吟社摘句圖》：「社近記穿黃繭子，雨前趲摘紫槍旗。」元·李壽卿《伍員吹簫》二、白：「把馬加上一鞭，趲路前去。」

〔24〕蛩（qióng）——蟋蟀。

〔25〕撒剌剌——象聲詞，此狀風聲。亦狀雨聲，明·湯顯祖《南柯記》二十八〔啼鶯兒·前腔〕：「吉琤琤打鴨銀塘，撒喇喇破萍分浪。」

〔26〕軟兀剌——軟癱無力貌。元·王實甫《西廂記》二本三折〔雁兒落〕：「軟兀剌難存坐。」兀剌，語助詞，無義。

〔27〕四梢——指人的四肢。明·孟稱舜《死裏逃生》四〔風入松·前腔〕：「打得俺血淋漓四梢難動。」梢，本指樹木的枝梢，因用以比擬人體的四肢。

〔28〕冷厥——中醫病症名。猶「昏厥」，意謂較短時間的失去知覺。

〔29〕夢銃（chòng）——睡夢。銃，瞌銃也，倦極思睡的狀態，意近「打盹」。

〔30〕惺忪（sōng）——蘇醒貌。「不惺忪」，神志不清醒。

〔31〕睡臨侵——即「睡」。臨侵，語助詞，無義。參見《宋金元明清曲辭通釋·死臨侵》條。

〔32〕頭梢——這裏指「頭」。敦煌變文《韓擒虎話本》：「任蠻奴不分（忿），冊（側）起頭稍。」清·沈謙小令《北中呂朝天子·題情》：「又不是睡昏，又不是酒醺，不住底頭梢暈。」義並同。稍，「梢」的同音借字。

〔33〕乘龍——意指嫁個好丈夫。宋·張方《楚國先賢傳》：「孫攜（雋）字文英，與李元禮俱娶太尉桓焉女，時人謂桓叔元兩女俱乘龍，言得婿如龍也。」後因稱得佳婿爲乘龍。唐·杜甫《李監宅》詩：「門闌多喜色，女婿近乘龍。」

〔34〕翠娟娟雛鳳——翠娟娟，謂亮麗、明豔，形容少女容顏鮮明，姿態柔媚。雛鳳，指杜麗娘。

〔35〕繮——牽住，緊束。

〔36〕陽神——謂日神。《參同契》卷上：「陰陽爲度，魂魄所居，陽神日魂，陰神月魄。魂之與魄，互爲室宅。」亦泛指生魂、靈魂，此例是也。明·屠隆《彩毫記》三十八〔窣地錦鐺〕白：「火到陰魂清，丹熟陽神出，獨往獨來，天地入超忽。」義同。

〔37〕弄悠揚風馬叮咚——意言原來是風吹鐵馬叮咚作響，才把魂靈從昏迷狀態中喚醒。悠揚，指風吹鐵馬發出的悅耳聲。馬，指懸在簷間的鐵馬。詳《宋金元明

清曲辭通釋》「鐵馬」、「簷馬」條。

〔38〕天之數——迷信的人把一切不可解、不能抗拒的命運，都歸於上天的安排，稱為天數。

〔39〕碎綠摧紅——杜麗娘被疾病折磨的比喻詞。

〔40〕蕩得個嬌香種——蕩得個，慣縱得。蕩，放縱也。《廣雅·釋詁四上》：「蕩、逸、放、恣，置也。」王念孫疏證：「蕩、逸、放、恣並同義。」嬌香種，喻指杜麗娘。

〔41〕高堂送——指給父母送終。高堂，指父母。唐·李白《送張秀才從軍》詩：「抱劍辭高堂，將投霍冠軍。」

〔42〕月直年空——意指杜麗娘遇到命定的病災。朱墨、文林本俱作「年沖月空」，沖，沖克也。空，空亡也。沖、空，皆大不利。據舊時星相術士迷信說法，謂「空亡」是個壞日子，諸事不利。元·關漢卿《玉鏡臺》一〔金盞兒〕：「來日不空亡，沒相妨，天生壬申癸酉全家旺。」

〔43〕好——原誤作「反」，據朱墨本、文林本改。

〔44〕冗——繁雜。

〔45〕奔你回去——竭盡全力把你遺體送回老家去。奔，謂竭盡全力去做事也。《古今小說·李秀清義結黃貞女》：「兄弟年幼，況外祖靈柩無力奔回，何顏歸於故鄉？」

〔46〕旅櫬——指暫時停放在客地等待運回家的靈柩。櫬，棺材。

〔47〕是不是——徐朔方注謂「無論如何，不管怎樣」。

〔48〕做不的病嬋娟桂窟里長生——意言我不能像嫦娥一樣偷吃了不死藥奔向月宮長生。病嬋娟，杜麗娘自指。桂窟，指月宮，神話傳說謂月宮上有桂樹，故云。

〔49〕分——應該。

〔50〕粉骷髏——杜麗娘自指

〔51〕扶頭——扶著頭。元·鄭奎妻《四時詞·冬》：「妝罷扶頭重照鏡，鳳釵斜壓瑞香枝。」

〔52〕淚濛——淚如雨下。濛，小雨貌。《詩·豳風·東山》：「我來自東，零雨其濛。」毛傳：「濛，雨貌。」

〔53〕冷淋心——冷氣浸透心。淋，浸漬（zi）。《廣雅·釋詁二》：「淋，漬也。」

〔54〕無常——見第十四齣注〔29〕。

〔55〕道場——舊時僧、道把超度亡靈所布置的誦經禮懺的地方，叫做道場。元·張國賓《合汗衫》四、白：「我聽的金沙院廣做道場，超度亡靈。」

〔56〕君臣藥——中醫配藥的方劑中的主藥與輔藥。《素問·至真要大論》：「方制君臣何謂也？歧伯曰：『主病之謂君，佐君之謂臣。』」《雲笈七籤》卷六十六：「君臣相得，浮沉得度，藥物和合，即神仙之要妙也。」若配藥不按君臣，

違背藥理，則得相反的效果。《古今小說‧宋四公大鬧禁魂張》：「宋四公懷中取出酸餡，著些個不按君臣作怪的藥入在裏面，戲得近了，撇向狗子身邊去。狗子聞得又香又軟，做兩口吃了，先擺番兩個狗子。」「銀蟾慢搗君臣藥」，意言月中玉兔且慢搗藥，搗也救不了麗娘的命。

〔57〕紙馬重燒子母錢——紙馬，一種畫有神像的紙，叫做紙馬，舊時祭奠用之。祭畢焚化。子母錢，即青蚨錢。據古代迷信傳說，把青蚨的血塗在錢上，錢用出去，還會回來。晉‧干寶《搜神記》卷十三：「（南方有蟲）名青蚨……生子必依草木，大如蠶子。取其子，母即飛來，不以遠近。雖潛取其子，母必知處。以母血塗錢八十一文，以子血塗錢八十一文，每市物，或先用母錢，或先用子錢，皆復飛歸，輪轉無已。」唐‧許渾《贈王山人》詩：「君臣藥在寧憂病，子母錢成豈患貧。」

〔58〕知重——知心、愛重。元‧關漢卿《救風塵》一〔元和令〕白：「則為他知重妹子，因此要嫁他。」

〔59〕將息——將養、休息。唐‧韓愈《與崔群書》：「將息之道，當先理其心。」宋‧李清照《聲聲慢》詞：「乍暖還寒時候，最難將息。」

〔60〕攻——醫治。《周禮‧天官‧瘍醫》：「凡療瘍，以五毒攻之。」鄭玄注：「攻，治也。」

〔61〕叫喚——呼叫。一作教喚，唐‧王建《宮詞》四十五：「白日臥多嬌似病，隔簾教喚女醫人。」教、叫，音義同。

〔62〕悲——原無「悲」字，據清暉本補。

〔63〕一星星——一件件。金‧董解元《西廂記諸宮調》卷四〔中呂調‧鶻打兔〕：「怎得個人來，一星星說與，教他知道。」

〔64〕侍兒——使女、女僕。唐‧白居易《長恨歌》：「侍兒扶起嬌無力，始是新承恩澤時。」《西遊記》第二十七回：「三藏聞言道：『女菩薩……怎麼自家在山行走，又沒個侍兒隨從。』」

〔65〕途——朱墨本作「老」。

〔66〕剪——削減。《左傳‧宣公十二年》：「其剪以賜諸侯，使臣妾之。」杜預注：「剪，削也。」「風剪了玉芙蓉」意言被風吹拂，使麗娘的容顏消瘦了。

〔67〕中堂——正中的廳堂。《儀禮‧聘禮》：「公側襲受玉於中堂與東楹之間。」鄭玄注：「中堂，南北之中也。」

〔68〕怕樹頭樹尾不到的五更風——徐朔方注謂：「怕滿樹的花朵，不待五更風的吹折，就已經落盡了。」化用《全唐詩》卷 302、王建《宮詞》八十八：「樹頭樹底覓殘紅，一片西飛一片東。自是桃花貪結子，錯教人恨五更風。」尾，文林、朱墨本俱作「底」。

〔69〕一統——表數量之詞，用於碑碣，猶「一座」、「一方」。元‧馬致遠《薦福碑》

三〔普天樂〕：「打一統法帖碑，去向京師賣，到處裏書生都相待。」

〔70〕月落重生燈再紅——生，「升」的借字。燈，文林、朱墨本俱作「花」。

〔71〕老——原無「老」字，據朱校本補。

〔72〕看官——對觀眾、聽眾或讀者的尊稱。《警世通言・俞伯牙摔琴謝知音》：「列位看官們，要聽者，洗耳而聽；不要聽者，各隨尊便。」

〔73〕心字——即心字香，成心字形的香篆。宋・蔣捷《一翦梅》（舟過吳江）詞：「何日歸家洗客袍？銀字笙調，心字香燒。」明・楊慎《詞品・心字香》：「所謂心字香，以香末篆成心字也。」清・納蘭性德《夢江南》詞：「急雪乍翻香閣絮，輕風吹到膽瓶梅，心字已成灰。」「領頭香心字燒」，意即燒第一支香，以表虔誠。

〔74〕紅淚繳——揩拭蠟燭點燃流下的蠟液。紅淚，紅燭流下的蠟液；此蓋化用《全唐詩》卷 539、李商隱《無題》詩：「蠟炬成灰淚始乾」句。繳，浙贛一帶方言的音寫，作「揩拭」解（引徐朔方說）。

〔75〕側眼——斜著眼，謂不正視也。《二刻拍案驚奇》卷五：「他便站將起來，背著手踱來踱去，側眼把那些人逐個個覷將去。」

〔76〕和——用作介詞，引出服務對象。給也，替也。元・孟漢卿《魔合羅》四〔鬼三臺〕：「你和他從頭裏傳消息，沿路上曾撞著誰？」本劇第三十九齣〔尾聲〕：「盼今朝得傍你蟾宮客，你和俺倍精神金階對策。」義同。

〔77〕點絳桃——謂塗抹朱唇也。點，塗也。唐・李商隱《韓碑》：「點竄《堯典》《舜典》字，塗改《清廟》《生民》詩。」「點」與「塗」互文為義。絳桃，猶「絳唇」，即「朱唇」也。深紅色曰絳。

〔78〕夜深深放剪刀——意言在深夜把動剪刀的活計放下，剪刀，兩刃相錯，可以開闔，用來剪斷布、紙、繩等物的金屬工具。

〔79〕殉了葬——用人或器物陪葬。

〔80〕怕等得個拾翠人來把畫粉銷——意言怕等到拾畫的人來時，畫上的彩色已經褪掉。拾翠人，一般多指遊春的婦女，這裏指杜麗娘夢中的柳夢梅。畫粉銷，畫上彩色消逝。

〔81〕蕩——搖動，來回擺動。《左傳・僖公三年》：「齊侯與蔡姬乘舟於囿，蕩公，公懼，變色。」杜預注：「蕩，搖也。」「蕩湘裙」，謂湘裙來回擺動也。這裏意指打秋韆。

〔82〕鬆泛——輕鬆，舒適。《紅樓夢》第十七回：「他老子拘了他這半天，讓他鬆泛一會子罷。」

〔83〕力——原無「力」字，據朱墨本、文林本補。

〔84〕雞眼睛不用你做嘴兒挑——雞眼睛，病名。由局部表皮久受壓迫或摩擦，腳掌或腳趾上生的小而圓形的硬結。明・阮大鋮《燕子箋》十六〔桂枝香・前腔〕

白：「背包自有駝峰聳，挽手何愁雞眼疼。」做嘴兒挑，意謂挑雞眼時，努嘴做態的樣子。

〔85〕馬子兒——馬桶，即便桶。宋・趙彥衛《雲麓漫鈔》卷四：「馬子，溲便之器也。本名虎子，唐人諱虎，始改爲馬。」馬桶，亦稱馬子桶，始於宋，說見清・俞樾《茶香室叢鈔，八大王之子》。

〔86〕隨鼻兒倒——意言倒馬桶時，不用掩著鼻子。

〔87〕青春有了——謂有懷春之情。

〔88〕沒時間做出些兒——言沒時間做出男女私情事來。

〔89〕少不的——免不了。

〔90〕《四誡》——書名，漢・班昭所作，原稱《女誡》，包括《卑弱》、《夫婦》、《敬愼》、《婦行》、《專心》、《曲從》、《和叔妹》七篇，闡述封建社會婦女「三從四德」的道德標準。到明代通行的只有四篇，故名《四誡》。

〔91〕孟母三遷——孟母，戰國時孟軻之母。她因爲居住環境不好，怕孩子跟著學壞，曾三次搬家。先是住處靠近墓地，嬉遊時好爲「墓間之事」，遷到街市附近，又學「爲賈人衒賣之事」。最後遷到學校附近，乃曰：「眞可以居吾子矣。」遂居之。孟軻卒成大賢。見《烈女傳・母儀》。元明間・無名氏有雜劇《守貞潔孟母三移》衍其事。

〔92〕坐孤辰把子宿囂——因命運不好，沒有生下兒子。坐，用作連詞，楊樹達《詞詮》卷六：「坐，因也。」孤辰，星相迷信說法，謂孤辰，是不吉之星，主孤寡。《後漢書・方術侍序》「孤虛之術」注：「孤，謂六甲之孤辰，若甲子旬中戌亥無干，是爲孤也。」按辰爲地支甲子旬中無戌亥，戌亥即爲孤辰。子宿，子星，主生兒子。囂，虛空，虛無，皆迷信說法。

〔93〕冤業——猶冤孽，謂冤仇、罪孽。業，同「孽」。元・劉君錫《來生債》楔子、白：「我當初本做善事來，誰想到做了冤業。」

〔94〕較不似老倉公多女好——較不似，比不上、不如的意思。老倉公，即名醫淳于意。《史記・扁鵲倉公列傳》：「太倉公者，齊太倉長，臨淄人也，姓淳于氏，名意。少而喜醫方術。高后八年，更受師同郡元里公乘陽慶。慶年七十餘，無子，使意盡去其故方，更悉以禁方予之，傳黃帝、扁鵲之脈書，五色診病，知人死生，決嫌疑，定可治，及藥論，甚精。受之三年，爲人治病，決死生多驗。然左右行游諸侯，不以家爲家，或不爲人治病，病家多怨之者。文帝四年中，人上書言意，以刑罪當傳西之長安。意有五女，隨而泣。意怒，罵曰：『生子不生男，緩急無可使者！』於是少女緹縈傷父之言，乃隨父西。上書曰：『妾父爲吏，齊中稱其廉平，今坐法當刑。妾切痛死者不可復生，而刑者不可復續，雖欲改過自新，其道莫由，終不可得。妾願入身爲官婢，以贖父刑罪，使得改行自新也。』書聞，上悲其意，此歲中，亦除肉刑法。」

〔95〕賽盧醫——盧醫，指戰國名醫秦越人（扁鵲），因他住在盧地（今山東省平陰、肥城、歷城三縣之間），故稱盧醫。賽盧醫，意言醫術超過盧醫也。元雜劇中常稱庸醫爲賽盧醫，是用反語打諢，譏其醫術不高明也。

〔96〕一病蹻——一病歸天。蹻，同「蹺」。清·朱駿聲《說文同訓定聲》：「蹻，今多以蹺爲之。」《集韻·宵韻》：「蹺，舉趾謂之蹺，或作蹻。」《漢書·高帝紀下》：「亡可蹻足待也。」這裏引申義爲「死亡」。

〔97〕家緣——或作「家計」，或連文作「家緣家計」，均指家產。元·張國賓《合汗衫》二〔青山口〕白：「俺許來大家緣家計，盡皆沒了。」

〔98〕見——同「現」。

〔99〕門楣生折倒——言杜麗娘活活被摧殘致死。門楣，原是支持門戶的橫梁，這裏借喻杜麗娘。唐·陳鴻《長恨歌傳》：「男不封侯女作妃，看女卻爲門上楣。」生，謂強而致之也，猶今俗語硬、楞、強、偏，放在動詞前用作副詞。唐·韓愈《李花》詩：「東風吹來不解顏，蒼茫夜氣生相遮。」

〔100〕望帝魂歸不可招——意言遊魂招不回來，死不能復生也。望帝，相傳戰國末年，杜宇在蜀稱帝，自號望帝。死後化爲杜鵑鳥。事見晉·常璩《華陽國志·蜀志》等。杜甫《杜鵑行》詩：「古時杜宇稱望帝，魂作杜鵑何微細。」這裏以之比擬杜麗娘。

〔101〕朝報——古代朝廷的公報。刊載詔令、奏章及官吏任免等事。明·陳汝元《金蓮記》二十六〔二郎神·前腔〕白：「母親不須愁煩，聞公公去買朝報，想就知消息也。」

〔102〕吏部——古代中央政府分設吏、戶、禮、兵、刑、工六部。吏部負責管理官員的任免、調動、賞罰等事。

〔103〕安撫使——官名。宋制：安撫使掌管一方軍民兩政之官，或稱經略安撫使，常由知州、知府兼任。

〔104〕欽此——舊時皇帝詔書結尾的套語。欽，敬也。凡與皇帝有關的行事，上冠「欽」字，如欽命、欽差等，都是尊敬的意思。

〔105〕院子——宋元時稱青年家僕爲院子，稱老年家僕爲院公。元·陶宗儀《輟耕錄》載金人院本中，就有「院公狗兒」的稱謂。宋元話本小說中亦稱家僕爲院子或院公。

〔106〕彭殤眞一壑——意言長壽和短命的都不免一死。彭指彭祖，傳說活到八百歲。殤，指殤子，未成年即夭折。壑，溝壑，指埋葬的地方。《戰國策·趙策》：「（舒祺）十五歲矣。雖少，願及未塡溝壑而托之。」

〔107〕喬遷——遷居。《詩·小雅·伐木》：「伐木丁丁，鳥鳴嚶嚶。出自幽谷，遷於喬木。」後以「喬遷」稱人遷居或陞官。這裏指後義。唐·張籍《贈殷山人》詩：「滿堂虛左待，眾目望喬遷。才異時難用，情高道自全。」

〔108〕一發——越發。

〔109〕焚修——焚香修行。泛指淨修。《紅樓夢》第一〇三回：「老道從何處焚修，在此結廬？」

〔110〕承應——照料、看顧。

〔111〕漏澤院——古時官設的叢葬地。凡無主屍骨及家貧無葬地者由官家叢葬，因稱其地為漏澤院，亦稱漏澤園。其制始於宋。宋・徐度《卻掃篇》卷下：「漏澤園之法起於元豐間。」元豐，宋神宗年號。

〔112〕稻穀——與道姑諧音。

〔113〕口吃十一方——意言和尚吃十方，住在廟裏的秀才連和尚也吃，故稱「口吃十一方」

〔114〕孤老——孤老頭子，與穀稻諧音。

〔115〕諸生——明清兩代稱已入學的生員。明・葉盛《水東日記》卷四十「楊鼎自述榮遇數事」條：「翌日，祭酒率學官諸生上表謝恩。」清・陳康祺《燕下鄉脞錄》卷十四：「謝山先生年十四，補諸生，例謁學官。」

〔116〕到京伴禮送人——意言遺諸生愛記、生祠碑文等作禮物的配搭到京都送人，目的是為吹噓自己，結納朝官，謀求升調。作者對這種惡習，借打諢語給予嘲笑和斥責。

〔117〕表記——謂信物、紀念品之類。

〔118〕魂歸冥漠魄歸泉——語見《全唐詩》卷 734、朱褒《悼楊氏妓琴弦》詩。《全唐詩》「冥漠」作「寥廓」。

〔119〕使汝悠悠十八年——語見《全唐詩》卷 640、曹唐《題子姪書院雙松》詩。

〔120〕一叫一回腸一斷——語見《全唐詩》卷 184、李白《宣城見杜鵑花》詩。

〔121〕如今重說恨綿綿——語見《全唐詩》卷 386、張籍《送元結》詩。

第二十一齣　謁　遇

【光光乍】〔老僧上〕一領破袈裟〔1〕，香山嶴裏巴〔2〕。多生多寶多菩薩〔3〕，多多照證〔4〕光光乍〔5〕。

小僧廣州府香山嶴多寶寺一個住持〔6〕。這寺原是番鬼〔7〕們建造，以便迎接收寶〔8〕官員。茲有欽差〔9〕苗爺任滿，祭寶〔10〕於多寶菩薩位前，不免迎接。

【掛真兒】〔淨苗舜賓、末通事〔11〕、外貼皂、丑番鬼上〕半壁天南開海汊〔12〕，向真珠窟〔13〕裏排衙〔14〕。〔僧接介、合〕廣利神王〔15〕，

善財天女〔16〕，聽梵放海潮音下〔17〕。

〔淨〕銅柱珠崖道路難〔18〕，伏波橫海舊登壇。越人自貢珊瑚樹〔19〕，漢使何勞獬豸冠？自家欽差識寶使臣苗舜賓便是。三年任滿，例當祭賽〔20〕多寶菩薩。通事那裏？〔末見介、丑見介〕伽喇喇〔21〕。〔老僧見介、淨〕叫通事，分付番回〔22〕獻寶。〔末〕俱已陳設。〔淨起看寶介〕奇哉寶也。真乃磊落〔23〕山川，精熒〔24〕日月。多寶寺不虛名矣！看香。〔內鳴鐘、淨拜介〕

【亭前柳】三寶唱三多〔25〕，七寶〔26〕妙無過。莊嚴〔27〕成世界，光彩遍娑婆〔28〕。甚多，功德無邊闊〔29〕。〔合〕領拜南無〔30〕，多得寶，寶多羅〔31〕，多羅。

〔淨〕和尚，替番回海商，祝贊一番。

【前腔】〔老僧〕大海寶藏多，船舫遇風波。商人持重寶，險路怕經過。剎那〔32〕，念彼觀音脫〔33〕。〔合前〕

【掛眞兒】〔生上〕望長安〔34〕西日下，偏吾生海角天涯。愛寶的喇嘛〔35〕，抽珠〔36〕的佛法，滑琉璃兩下難拿〔37〕。

自笑柳夢梅，一貧無賴〔38〕，棄家而遊。幸遇欽差，寺中祭寶，託詞進見。倘言話中間，可以打動，得其賑援〔39〕，亦未可知。〔見外介、生〕煩大哥通報一聲。廣州府學生員柳夢梅，來求看寶。〔報介、淨〕朝廷禁物〔40〕，那許人觀。既係斯文〔41〕，權請相見。〔見介、生〕南海開珠殿〔42〕。〔淨〕西方掩玉門〔43〕。〔生〕剖懷俟知己。〔淨〕照乘〔44〕接賢人。敢問秀才以何至此？〔生〕小生貧苦無聊。聞得老大人在此賽寶，願求一觀，以開懷抱。〔淨笑介〕即逢南土之珍，何異西崑之秘〔45〕。請試一觀。〔淨引生看寶介、生〕明珠美玉，小生見而知之。其間數種，未委何名？煩老大人一一指教。

【駐雲飛】〔淨〕這是星漢神沙〔46〕，這是煮海金丹〔47〕和鐵樹花〔48〕。少什麼貓眼〔49〕精光射，母碌〔50〕通明差。嗏，這是靺鞨〔51〕柳金芽〔52〕，這是溫涼玉斝〔53〕，這是吸月的蟾蜍〔54〕，和陽燧〔55〕冰盤化〔56〕。〔生〕我廣南有明月珠〔57〕，珊瑚樹。〔淨〕徑寸明珠〔58〕等讓

他，便是幾尺珊瑚碎了他〔59〕。

〔生〕小生不遊大方之門〔60〕，何因睹此！

【前腔】天地精華，偏出在番回到帝子家〔61〕。稟問老大人，這寶來路多遠？〔淨〕有遠三萬里的，至少也有一萬多程。〔生〕這般遠，可是飛來，走來？〔淨笑介〕那有飛走而至之理。只因朝廷重價購求，自來貢獻。〔生歎介〕老大人，這寶物蠢而無知，三萬里之外，尚然無足而至；生員柳夢梅，滿胸奇異，到長安三千里之近，倒無人購取，有腳不能飛！**他重價高懸下**，那市舶〔62〕**能奸詐，嗟，浪把寶船摔**〔63〕。〔淨〕疑惑這寶物欠真麼？〔生〕老大人，便是真，饑不可食〔64〕，寒不可衣，**看他似虛舟飄瓦**〔65〕。〔淨〕依秀才說，何爲真實？〔生〕不欺，小生到是個真正獻世寶〔66〕。**我若載寶而朝，世上應無價**。〔淨笑介〕則怕朝廷之上，這樣獻世寶也多著。〔生〕**但獻寶龍宮笑殺他，便鬮寶臨潼也賽得他**。

〔淨〕這等，便好獻與聖天子了。〔生〕寒儒薄相〔67〕，要伺候官府，尚不能夠。怎見的聖天子？〔淨〕你不知，到是聖天子好見。〔生〕則三千里路資難處。〔淨〕一發不難。古人黃金贈壯士，我將衙門常例銀兩〔68〕，助君遠行。〔生〕果爾，小生無父母妻子之累，就此拜辭。〔淨〕左右，取書儀〔69〕，看酒。〔丑上〕廣南愛喫荔枝酒，直北偏飛榆莢錢〔70〕。酒到，書儀在此。〔淨〕路費先生取下。〔生〕謝了。〔淨送酒介〕

【三學士】你帶微醺走出這香山罅〔71〕，向長安有路榮華。〔生〕無過獻寶當今〔72〕駕，撤去收來再似他。〔合〕驟金鞭及早把荷衣掛〔73〕，望歸來錦上花。

【前腔】〔生〕則怕呵，重瞳〔74〕有眼蒼天瞎，似波斯〔75〕賞鑒無差。〔淨〕由來寶色無真假，只在淘金的會揀沙。〔合前〕

〔生〕告行了。

【尾聲】你贈壯士黃金氣色佳。〔淨〕一杯酒酸寒奮發，則願你呵，寶氣冲天海上槎〔76〕。

烏紗巾上是青天〔77〕，俊骨英才氣儼然〔78〕。

聞道金門開濟世〔79〕，臨行贈汝繞朝鞭〔80〕。

校　注

〔1〕袈裟──佛教僧尼的法衣。

〔2〕香山嶴裏巴──香山嶴，見本劇第六齣注〔62〕。巴，指寺廟。明代澳門耶穌
　　會教堂譯爲「三巴寺」

〔3〕多生多寶多菩薩──多生，佛教以眾生造善惡之業，受輪迴之苦，生死相續，
　　謂之多生。多寶，菩薩名，即指多寶如來。後文有「祭寶於多寶菩薩位前」可
　　證。

〔4〕照證──用作動詞，本爲對證，作證的意思。這裏謂照耀。

〔5〕光光乍──指光頭，和尚自嘲的話。

〔6〕住持──佛家語。寺觀的主持僧，謂居住在寺中，總持事務也。

〔7〕番鬼──番，舊時對外邦、外族的俗稱。番鬼，明代對外國人的稱呼，猶清代
　　稱外國人爲洋鬼子。這裏指的是洋商。

〔8〕收寶──收買珍寶。

〔9〕欽差──舊時皇帝爲處理某項重大事務臨時親自遣派外出的大臣。清·趙翼《廿
　　二史札記》卷十二：「然有時以重案，特命大臣出勘，名曰欽差。」

〔10〕祭寶──供奉寶物，陳之若祭。

〔11〕通事──舊指翻譯人員。《新五代史·晉出帝紀》：「甲辰，契丹使通事來。」
　　《茶香室叢鈔》卷六「通事」條：「《癸辛雜識》云：『譯者之稱……北方謂之
　　通事，南番海舶謂之唐帕。』」

〔12〕海汊（chà）──海面深入陸地而形成的港汊。《宋史·外國傳四·交趾》：「經
　　半月至白藤，徑入海汊，乘潮而行。」

〔13〕眞珠窟──指香山嶴。我國南海以產眞珠著稱。眞珠，即「珍珠」。唐·賈島
　　《贈圓上人》詩：「一雙童子澆紅藥，百八眞珠貫彩繩。」

〔14〕排衙──封建官吏審案時，陳設儀仗，吏役們站班，排列整齊，依次參見，舉
　　行一定的儀式，叫做排衙。

〔15〕廣利神王──即廣利王，南海海神祝融的封號。見《唐會要》卷四十七、《舊
　　唐書·禮儀志四》。宋·蘇軾《仇池筆記》卷下「廣利王召」條：「余一日醉臥，
　　有魚頭鬼身者自海中來云：『廣利王請端明。』予披褐履草黃冠而去，亦不知
　　身步入水中，但聞風雷聲。有頃，豁然明白，眞所謂水晶宮殿也。其下驪目、
　　夜光、文犀、尺璧、南金、火齊，不可仰視。珊瑚、琥珀，不知幾多也。」這
　　說明廣利王富有奇珍異寶。

〔16〕善財、天女——善財，梵語的意譯。亦稱善財童子，佛教菩薩之一。佛教神話傳說，謂他出生時，有種種稀見的珍寶自然湧現出來，因而得名。見《華嚴經‧入法界品》。天女，欲界天的神女。《維摩詰經‧觀眾生品》：「時維摩詰室有一天女，見諸大人聞所說法，便現其身，即以天華（花）散諸菩薩、大弟子上。」清‧龔自珍《好事近‧行篋中有小像一幅以詞為贊》：「三界最消魂，只有辯才、天女。」按「三界」，即佛教所指眾生輪迴的欲界、色界和無色界。

〔17〕聽梵放海潮音下——梵，這裏指梵音，即佛教所說大梵天王所出的音聲，亦指佛、菩薩的音聲。具體言之，這種音聲即指說佛法、誦經、歌贊等。《三藏法數》卷三二：「梵音者，即大梵天王所出之聲，而有五種清淨之音也。」《法苑珠林》卷四九：「何等為五：一者其音正直，二者其音和雅，三者其音清徹，四者其音深滿，五者周遍遠聞。具此五者，乃名梵音。」海潮音，亦佛教語。海潮按時而至，其音宏大，故以喻佛、菩薩應時適機說法的聲音。《法華經‧觀世音菩薩普門品》：「妙音觀世音，梵音海潮音，勝彼世間音。」

〔18〕銅柱珠崖道路難，伏波橫海舊登壇——這兩句是形容從內地到海南島路途險阻，古時只有馬援將軍曾經到過。銅柱，銅製的柱，用作分疆標誌的界柱。《後漢書‧馬援傳》：「嶠南悉平。」李賢注引晉‧顧微《廣州記》云：「援到交趾，立銅柱，為漢之極界也。」按：交趾，泛指今五嶺以南廣大地區。漢武帝時為所置十三刺史部之一，轄境相當今廣東、廣西大部和越南的北部、中部。珠崖，漢代郡名。在今海南省瓊山縣東南，古以產珠著名。伏波，東漢馬援曾被封為伏波將軍，渡海經略交趾。登壇，謂拜將。唐‧張謂《杜侍御送貢物戲贈》詩云：「銅柱朱崖道路難，伏波橫海舊登壇。」

〔19〕越人自貢珊瑚樹，漢使何勞獬豸冠——這是唐‧張謂《杜侍御送貢物戲贈》詩的後兩句。意言珊瑚樹是越人自貢，而非派使臣索取，而御史才是朝廷派出的使臣。珊瑚樹，即珊瑚。為腸腔動物骨骼所形成，以其形似樹，故稱。產於熱帶海底，做裝飾用。獬豸冠，冠名，執法者服之，常代指御史。

〔20〕祭賽——祭祀酬神。元‧李壽卿《伍員吹簫》三、白：「秋收之後，這一村疃人家輪流著祭賽這牛王社。」

〔21〕伽（gā）喇喇——朱校、竹林本作「伽喇喇」，朱墨本、文林本作「伽喇伽喇」。義皆不詳。

〔22〕番回——指回教徒，阿拉伯人，或指他們的國家。這裏泛指航海到中國來的外商。

〔23〕磊落——山高大貌。《文選‧郭璞〈江賦〉》：「衡、霍磊落以連鎮，巫、廬嵬崛而比嶠。」李周翰注：「磊落、嵬崛，皆山高大貌。」

〔24〕精熒——同「晶熒」明亮貌。古籍中，晶、精多通用，如水晶燈，亦作水精燈。

水晶宮亦作水精宮。

〔25〕三寶唱三多——佛家所說三寶，即：一日佛寶，二日法寶，三日僧寶。得此三者，得以永遠濟世度人。這裏以「三寶」指僧人。三多，佛家語，謂指多近善友，多聞法音，多修不淨觀。一說，指多供養佛，多事善友，多問法要。

〔26〕七寶——指七種貴重珍寶。各種佛經說法不一，如：《法華經》以金、銀、琉璃、硨磲、瑪瑙、眞珠、玫瑰爲七寶；《無量壽經》以金、銀、琉璃、珊瑚、琥珀、硨磲，瑪瑙爲七寶；等等。

〔27〕莊嚴——佛家謂裝飾。《華嚴探玄記》云：「莊嚴有二義：一是具德義，二交飾義。」此指第二義，凡國土、宮殿、衣飾等，壯美威嚴者，皆日莊嚴，言其裝飾之美盛也。

〔28〕光彩遍娑婆——意言光輝色彩普照於煩惱世界也。娑婆，爲梵語音譯，佛教所謂三千大千世界的總稱。見《法華經·二本》。義譯爲堪忍，謂此界眾生能忍受各種苦毒及煩惱也。見《法華玄贊》。

〔29〕功德無邊闊——意言功德無量。無邊闊，謂廣大而無邊際。引申爲無可估量也。

〔30〕南無（nā mó）——亦譯作「南膜」。佛教語。義譯爲歸命、敬禮、度我。表示對佛、法、僧的歸敬。按：唐·玄應《一切經音義》卷六：「南無，或作南謨，或言南摸，皆以歸禮譯之。言和南者，訛也。」

〔31〕多羅——「多」的意思。「羅」爲語詞，無義。

〔32〕刹那——梵語（KsaNa）的音譯。謂極短的時間。《俱舍論》：「時之極少者，名刹那。」《仁王經》上：「一念之中有九十刹那，一刹那中有九百生滅。」這裏的「刹那」猶今云「立刻」。

〔33〕念彼觀音脫——是《觀世音菩薩普門品》書中的一句偈語。觀音，即觀世音菩薩。據佛家說法，受苦受難的人如果一念觀音菩薩的佛名，菩薩就看見（觀）他們音聲，立刻使他們得到解脫，解救。故謂之「觀音」。

〔34〕長安——今陝西西安市。周、秦、漢、唐等朝代曾建都於此。後來一般用作京城的代詞。

〔35〕喇嘛——喇嘛教對僧侶的尊稱，最勝無上的意思。清·紀昀《閱微草堂筆記·灤陽消夏錄六》：「喇嘛有二種，一日黃教，一日紅教，各以衣別之也。」

〔36〕抽珠——珠，和尚念經時用的「數珠」。抽珠，意即念一聲佛或一遍經，就在「數珠」上抽一粒珠以記載之。

〔37〕滑琉璃兩下難拿——兩下，兩方面，指愛寶的喇嘛，抽珠的佛法。難拿，謂難於把握。全句是說：兩方面，都難於把握，靠不住。情況就像琉璃一樣圓滑，容易滑落。

〔38〕無賴——無所倚靠，無可奈何。下文有「貧苦無聊」語，是其證。

〔39〕賑援——賑濟援助。

〔40〕禁物——凡不許一般私人享用，明令禁止的東西，皆為禁物，但禁物範圍隨時隨人而異。《宋書·禮志五》：「凡諸織成衣帽、錦帳、純金銀器、雲母從廣一寸以上物者，皆為禁物。諸在官品令第二品以上者，其非禁物，皆得服之。」艾青《蘆笛》詩：「在這裏蘆笛也是禁物。」

〔41〕斯文——指儒士、文人、知識分子。唐·杜甫《壯遊》詩：「斯文崔、魏徒，以我似班、揚。」

〔42〕珠殿——飾以珠玉的宮殿。五代劉陟在廣州自立為王，窮奢極欲，為建造宮殿廣為搜刮南海珠玉。《舊五代史·僭偽傳二·劉陟》：「（劉陟）厚自奉養，廣務華靡，末年起玉堂珠殿，飾以金碧翠羽。」

〔43〕玉門——古關名，即玉門關，在今甘肅省西部。漢文帝置，因西域輸入玉石等寶物而得名。在古代是中國本土通往西域的要道。「西方掩玉門」意言不要再向玉門關外求寶去了。

〔44〕照乘（shèng）——大珠名，號稱「徑寸珠」。光能照遠的夜明珠。《史記·田敬仲完世家》：「有徑寸之珠照車前後各十二乘者十枚。」在這裏苗舜賓藉以自比。按：車一輛曰一乘。

〔45〕西崑之秘——意指西方崑崙山的秘藏（寶石玉器）。相傳是古代帝王藏書之地。唐·上官儀《為朝臣賀涼州端石表》：「詳觀帝籙，披冊府西崑。」冊府，意即古帝王冊書的存放處。披，翻開、翻閱也。漢·班固《東都賦》：「披皇圖，稽帝文。」

〔46〕星漢神沙——神話中天河上神奇的沙石。星漢，謂天河、銀河。三國魏·曹操《步西夏門行》：「日月之行，若出其中；星漢燦爛，若出其裏。」神砂，本於《全唐詩》卷三九三，李賀《上雲樂》詩：「天江（一作珂）碎碎銀沙路，嬴女機中斷煙素。」

〔47〕煮海金丹——元·李好古《張生煮海》劇，寫秀才張羽閒遊海上，寄寓石佛寺。夜晚彈琴，適逢東海龍王之女瓊蓮出遊，為琴聲所動，二人相見，遂定婚約。不料為龍王所阻。張羽無計所奈，幸遇毛女，贈以銀鍋、金錢、鐵杓三件法寶，可煮乾大海，龍王被迫許婚。在第四折東華仙下場詩云：「許佳期無處追尋，走海上失精落彩。遇仙姑法寶通靈，端的有神機妙策。配金丹鉛汞相投，運水火張生煮海。則今朝返本朝元，散一天異香杳靄。」於此可見，原來神話傳說中有此金丹。古代方士認為服之可長生不老。

〔48〕鐵樹花——一般意指鐵樹開花，常用來比喻不可能出現的事，這裏是指一種罕見的生物。據明·黃一正《事物紺珠》記載，謂鐵樹，乃鳳尾蕉（多年生常綠植物）的別名，每逢夏季開花，開花並不難。又說鐵樹每逢丁卯年開花，即每隔六十年開一次花。未知孰是。

〔49〕貓眼——即貓兒眼。亦名貓睛石或貓眼石。所現光彩，一如貓睛，故稱。其色

灰、綠、青、褐、黃不一，用作寶石，閃閃發光。《醒世恆言·金海陵縱慾亡身》：「若天生頂上嵌貓兒眼，閃一派光芒。」

〔50〕母碌——即祖母綠，阿拉伯語的音譯。一種通體透明綠寶石。明·田藝蘅《留青日札·貓睛祖母綠》：「祖母綠，本瑓寶石，上者名助把避深，暗綠色；中者名助木刺，明綠色；下者名撒卜尼，淺綠色帶石者。」《警世通言·杜十娘怒沈百寶箱》：「（公子）開匣視之，夜明之球，約有盈把。其它祖母綠、貓眼兒，諸般異寶，目所未睹，莫能定價值多少。」

〔51〕靺鞨（mò hè）——古代少數民族名。來源於肅慎，北魏時稱勿吉、隋唐時稱靺鞨，亦即後來建立金代統治的女眞族。這裏所指是靺鞨所產的紅色寶石。《舊唐書·肅宗紀》謂「紅靺鞨，大如巨粟，紅如櫻桃。」

〔52〕柳金芽——即指靺鞨族所生產的紅寶石。靺鞨芽，即紅瑪瑙，其形色正如《舊唐書·肅宗紀》所說。

〔53〕溫涼玉斝（jiǎ）——珍貴的酒杯名。杯中飲料的冷熱隨人而宜。據說這是戰國時秦國的寶貝。元明間·無名氏《臨潼鬥寶》三〔滿庭芳〕白：「俺秦國寶物，乃是四季溫涼玉盞，隨人所願，要溫者自溫，要涼者自涼。」斝，古代酒器，盛行於商代和西周初期。

〔54〕吸月的蟾蜍——形似蟾蜍的一種寶物。具體不詳。《後漢書·張衡傳》所言候風地動儀的形制：「外有八龍，首銜銅丸，下有蟾蜍，張口承之。」疑或近之。

〔55〕陽燧（suì）——亦作「陽遂」，古代利用日光取火的凹面銅鏡。《周禮·秋官·司烜氏》：「司烜氏掌以夫遂取明火於日，以鑒。」鄭玄注：「夫遂，陽遂也。」賈公彥疏：「以其日者，太陽之精，取火於日，故名陽遂。」一說，是珠名，傳說是大食（阿拉伯）的國寶。《太平廣記》卷三十四「崔煒」條：「皇帝有敕，令與郎君國寶陽遂珠。」又曰：「我大食國寶陽燧珠也。」

〔56〕冰盤化——據《太平廣記》卷四零三「延清室」引《拾遺錄》云：「（董偃）以玉精爲盤，貯冰於膝前。玉精與冰同潔徹。侍者言以冰無盤，必融，濕席。乃和玉盤拂之，落階下，冰玉俱碎。偃更以爲樂。此玉精千塗國所貢也。武帝以此賜偃。」《三輔黃圖》記載（見《說郛三種》商務版卷九一）與此相同，只是《三輔黃圖》「盤」作「盆」，玉盤被拂，皆云「冰玉俱碎」，而無「冰化」之說。

〔57〕明月珠——即夜明珠。

〔58〕徑寸明珠——即徑寸珠，言其徑盈寸也。其來源是波斯商人從中國買的一方石中取出，隨船泛海，載之回國，不料爲海神劫走。見《太平廣記》卷四零二「徑寸珠」條。

〔59〕幾尺珊瑚碎了他——《晉書·石崇傳》：「武帝每助愷，嘗以珊瑚樹賜之，高二尺許，枝柯扶疏，世所罕比。愷以示崇，崇便以鐵如意擊之，應手而碎。愷既

惋惜，又以爲嫉己之寶，聲色方屬。崇曰：『不足多恨，今還卿。』乃命左右悉取珊瑚樹，有高三四尺者六七株，條榦絕俗，光彩曜日，如愷比者甚眾。愷悅然自失矣。」

〔60〕大方之門──猶大方之家，謂見多識廣，明曉大道的人。語本《莊子‧秋水》：「今我睹子之難窮也，吾非至於子之門則殆矣，吾常見笑於大方之家。」這裏借指祭寶的大場面。

〔61〕帝子家──帝子，指皇帝。帝子家，即指朝廷。

〔62〕市舶──古代中國對外互市商船的通稱，這裏專指外國商船。

〔63〕撐──通「劃」，謂拔水前進。

〔64〕饑不可食，寒不可衣──語見《漢書‧食貨志上》。晁錯曰：「夫珠玉金銀，饑不可食，寒不可衣，然而眾貴之者，以上用之故也。」

〔65〕虛舟飄瓦──比喻無用的東西。語本《莊子‧達生》。

〔66〕獻世寶──這裏謂罕有的寶物。下文苗舜賓所說的「現世寶」，指出丑、丟臉的人。義含諷刺。

〔67〕薄相──福薄之相也。清‧趙翼《楊舍城北登海望樓》詩：「幻影樓臺蜃市觀，寶光珠貝龍宮藏……書生薄相那遇之？健筆韓蘇枉摩盪。」《聊齋誌異‧柳生》：「尊閫薄相，恐不能佐君成業。」義並同。

〔68〕常例銀兩──指按慣例送的銀兩。舊時官員吏役向人勒索的額外收入。《警世通言‧拗相公飲恨半山堂》：「若或泄露風聲，必是汝等需索地方常例，詐害民財。」《二刻柏案驚奇》卷二十六：「舊規，但是老爹們來，只在省城住下，寫個諭帖，知會我們開本花名冊子送來，秀才廩銀中扣出一個常例，一同送到。」

〔69〕書儀──舊時饋送錢物所寫的禮帖和封簽，泛指饋贈錢物。《警世通言‧蘇知縣羅衫再合》：「便分付門子，於庫房取書儀十兩，送與蘇雨爲程敬。」

〔70〕榆莢錢──榆樹的果實。初春時先於葉而生，聯綴成串，形似銅錢，故稱榆莢錢，簡稱榆錢。清‧陳維崧《定風波‧贈牧仲歌兒阿陸》詞：「蝴蝶成團榆莢飛，輕狂恰稱五銖衣。」

〔71〕罅（xià）──裂縫。這裏指山口。

〔72〕當今──指當時在位的皇帝。元‧無名氏《抱妝盒》楔子、白：「某乃楚王趙德芳，與當今嫡親兄弟。」

〔73〕把荷衣掛──意指做官。荷衣，隱士的衣服。把荷衣掛，言把荷衣脫下掛起來，不再穿了。孔稚圭《北山移文》：「焚芰制而裂荷衣，抗塵容而走俗狀。」也是要毀掉荷衣，出山去做官的意思。

〔74〕重瞳──原指虞舜。《史記‧項王本紀贊》：「吾聞之周生曰：『舜目蓋重瞳子。』」這裏指當今皇帝。

〔75〕波斯——相傳波斯人善識寶。

〔76〕海上槎（chá）——從海上浮槎而上，比喻要做高官。槎，浮槎，即浮在水上的木筏。古代神話傳說，說它是往來於海上和天河之間的交通工具。晉·張華《博物志》卷十：「舊說云：天河與海通。近世有人居海渚者，年年八月，有浮槎往來，不失期。」

〔77〕烏紗巾上是青天——語見《全唐詩》卷 634、司空圖《修史亭三首》之三。

〔78〕俊骨英才氣儼然——語見《全唐詩》卷 359、劉長卿《哭龐京兆》詩。《全唐詩》「儼」作「褻」。

〔79〕聞道金門堪濟美——語見《全唐詩》卷 296、張南史《江北春望贈皇甫補闕》詩。《全唐詩》「濟美」作「避世」。金門，漢宮有金馬門，簡作「金門」，代指朝廷。

〔80〕臨行贈汝繞朝鞭——語見《全唐詩》卷 176、李白《送羽林陶將軍》詩。《全唐詩》「贈汝」作「將贈」。繞朝鞭，事見《左傳·文公十三年》。原來晉大夫士會亡命於秦國，後設計逃歸晉國。臨行時，秦大夫繞朝贈之以策（馬鞭），並對他說：「子無謂秦無人，吾謀適不用也。」這裏是送路費、資助人奔赴前程的意思。與《左傳》用意不同。

第二十二齣　旅　寄

【搗練子】〔生傘袱、病容上〕人出路，鳥離巢。〔內風聲介〕攪天風雪夢牢騷〔1〕。這幾日精神寒凍倒。

> 香山嶺裏打包〔2〕來，三水〔3〕船兒到岸開。要寄鄉心值寒歲，嶺南南上半枝梅〔4〕。我柳夢梅。秋風拜別中郎〔5〕，因循〔6〕親友辭餞。離船過嶺〔7〕，早是暮冬。不隄防嶺北風嚴，感了寒疾，又無掃興而回之理。一天風雪，望見南安。好苦也！

【山坡羊】樹槎牙〔8〕餓鳶驚叫，嶺迢遙病魂孤弔。破頭巾電打風篩，透衣單傘做張兒哨〔9〕。路斜抄〔10〕，急沒個店兒捎〔11〕。雪兒呵，偏則把白面書生奚落〔12〕。怎生冰淩斷橋，步高低踏著。好了。有一株柳，酬〔13〕將過去。方便處柳跐腰〔14〕。〔扶柳過介〕盧嚚〔15〕，盡枯楊命一條。蹺蹊〔16〕，滑喇沙〔17〕跌一交。〔跌介〕

【步步嬌】〔末上〕俺是個臥雪先生〔18〕沒煩惱。背上驢兒笑〔19〕，

心知第五橋。那裏開年，有齋村學〔20〕！〔生叫哎喲介、末〕怎生來人怨語聲高〔21〕？〔看介〕呀，甚城南破瓦窯〔22〕，閃下個精寒料〔23〕。

〔生〕救人，救人！〔末〕我陳最良，為求館衝寒到此。彩頭兒〔24〕恰遇著掉水之人，且由他去。〔生又叫介〕救人！〔末〕聽說救人，那裏不是積福處。俺試問他。〔問介〕你是何等之人，失腳在此？〔生〕俺是讀書之人。〔末〕委是讀書之人，待俺扶起你來。〔末扶生，相跌，譚介、末〕請問何方至此？

【風入松】〔生〕五羊城一葉過南韶〔25〕，柳夢梅來獻寶。〔末〕有何寶貨？〔生〕我孤身取試長安道，犯嚴寒少衾單病了。沒揣的逗著〔26〕斷橋溪道，險跌折柳郎腰。

〔末〕你自揣高中的，方可去受這等辛苦。〔生〕不瞞說，小生是個擎天柱，架海梁〔27〕。〔末笑介〕卻怎生凍折了擎天柱，撲到了架海梁？這也罷也，老夫頗諳醫理。邊近〔28〕有梅花觀，權將息度歲而行。

【前腔】〔末〕尾生般抱柱正題橋〔29〕，做倒地文星〔30〕佳兆。論草包〔31〕似俺堪調藥，暫將息梅花觀好。〔生〕此去多遠？〔末指介〕看一樹雪垂垂如笑〔32〕，牆直上繡幡飄。

〔生〕這等，望先生引進。

三十無家作路人〔33〕，與君相見即相親〔34〕。

華陽洞裏仙壇上〔35〕，似近東風別有因〔36〕。

校　注

〔1〕牢騷——謂抑鬱不平，這裏形容難於成寐。

〔2〕打包——打包裹，謂整理行裝。宋·劉昌詩《蘆蒲筆記·打字》：「行路有打火、打包、打轎。」

〔3〕三水——在今廣東省珠江三角洲西北端，有廣三鐵路通之，以西北、綏三江匯流境內，故稱。

〔4〕要寄鄉心值寒歲，嶺南南上半枝梅——《荊州記》曰：「陸凱與范曄交善。自江南寄梅花一枝，詣長安與曄，兼贈詩曰：『折梅（一作花）逢驛使，寄與隴頭人。江南無所有，聊贈一枝春。』」（轉引自逯欽立輯校《先秦漢魏晉南北朝詩》）

〔5〕中郎——官名,秦置,漢沿用。這裏疑指識寶使臣苗舜賓。

〔6〕因循——拖沓,遲延。宋·邵伯溫《邵氏聞見錄》卷十一:「不忍輕絕而顯言之,因循以至今日。」元·關漢卿《緋衣夢》一〔賺煞〕:「你可也莫因循,早些兒休遲慢。」

〔7〕嶺——即梅嶺,在今江西省寧都縣東北。

〔8〕槎(chá)牙——形容樹枝縱橫錯出。亦作槎丫、槎枒、槎芽、查牙、楂枒、杈枒,皆字異音近而義同。

〔9〕透衣單傘做張兒哨——透衣單,意言寒風吹透了單衣。傘做張兒哨,意言傘像一個哨子在吹著,嗚嗚作響。張兒,一個的意思。「張」字前數量詞「一」字,省略了。

〔10〕抄——從側面走捷徑,如云「走抄道」。

〔11〕捎——這裏是寄宿的意思。

〔12〕奚落——譏諷、譏笑。

〔13〕酬——方言,扶也。下文有「扶柳過去」,前言「酬」,後言「扶」,可證。

〔14〕跎腰——諧音「駝腰」,謂腰背彎曲也。「柳跎腰」,意言柳樹好像駝背一樣,橫彎在水上。

〔15〕虛囂——虛弱貌。

〔16〕蹊蹺(qī qiāo)——奇怪、可疑、暗昧。亦作「蹺蹊」,金·無名氏《劉知遠諸宮調》十一〔般涉調·麻婆子〕:「今有多少蹺蹊事,不忍對伊學。」

〔17〕滑喇沙——步行打滑貌。亦作「滑喇又」,湯顯祖《南柯記》三十一〔北四門子〕:「那酒瓶兒似山,泥頭似堆,黨沙場滑喇又酬退了賊。」

〔18〕臥雪先生——指東漢袁安,洛陽大雪,袁安躺在家裏,不願出去求人。《後漢書·袁安傳》「(袁安)後舉孝廉。」李賢注引《汝南先賢傳》曰:「時大雪積地丈餘,洛陽令身出案行,見人家皆除雪出,有乞食者。至袁安門,無有行路。謂安已死,令人除雪入戶,見安僵臥,問何以不出。安曰:『大雪人皆餓,不宜干人。』令以為賢,舉為孝廉也。」這裏陳最良以袁安安貧樂道自比。

〔19〕背上驢兒笑,心知第五橋——意言陳最良騎在驢背上,見驢腳步輕快,不由笑出聲來,心知第五橋就快到了。語本《全唐詩》卷224、杜甫《陪鄭廣文遊何將軍山林十首》詩之一:「不識南塘(一作唐)路,今知第五橋。」第五橋,在長安韋曲之西。這裏代指要到達的地方。仇兆鰲注杜詩《奉陪鄭駙馬韋曲》引《杜臆》曰:「韋曲,在京城三十里,貴家園亭、侯王別墅,多在於此,乃行樂之勝地。」

〔20〕那裏開年,有齋村學——開年,一年的開始。學舍曰「齋」,齋村學,謂村塾也。全句意言陳最良要找個教書的地方。

〔21〕人怨語聲高——熟語。謂人有怨氣,說話時就粗聲粗氣。元·無名氏《爭報

　　恩》一〔油葫蘆〕：「似傾下一布袋野雀喳喳的叫，大古裏是您『人怨語聲高』。」

〔22〕破瓦窰——語出元‧王實甫《呂蒙正風雪破窰記》一〔金盞兒〕白：「這呂蒙
　　　正在城南破瓦窰中居止。」正是在這間「破瓦窰」中，呂蒙正刻苦讀書，終於
　　　有成。

〔23〕閃下個精寒料——閃，丟。精寒料，猶俗語「窮光蛋」。陳最良自指。精，光
　　　也。

〔24〕彩頭兒——遭遇、運氣。這裏以反語口氣出之，實言倒楣也。

〔25〕五羊城一葉過南韶——五羊城，廣州的別名。相傳古代有五個僊人乘五色羊執
　　　六穗秬而至此。事見《太平寰宇記‧嶺南道一‧廣州》引《續南越志》。宋‧
　　　錢易《南部新書‧庚》稱：「吳修爲廣州刺史，未至州有五僊人騎五色羊，負
　　　五穀而來。」一葉，比喻小船。唐‧司空圖《自河西歸山詩》之一：「一水悠
　　　悠一葉危，往來長恨阻歸期。」南韶，即韶州，今廣東曲江縣。

〔26〕沒揣的逗著——沒揣的，猶云「沒料到」、「無意中」。逗著，碰著，遇著。

〔27〕擎天柱，架海梁——擎天柱，傳說崑崙山頂上有銅柱支撐著天；架海梁，架在
　　　海上的橋。兩者都是比喻堪當國家大任的棟樑人才。元‧無名氏《馬陵道》一
　　　〔賺煞尾〕詩云：「龐涓是一條擎天白玉柱，孫臏是一座架海紫金梁。」

〔28〕邊近——附近、旁邊。

〔29〕尾生般抱柱正題橋——這兩個故事，皆與橋有關。尾生，古代篤守信義的典型。
　　　《莊子‧盜跖》云：「尾生與女子期於梁下，女子不來，水至不去，抱梁柱而
　　　死。」題橋，晉‧常璩《華陽國志‧蜀志》：「（成都）城北十里有昇仙橋、送
　　　客觀。司馬相如初入長安，題其門曰：『不乘赤馬駟車，不過汝下也。』」唐‧
　　　岑參《昇仙橋》詩：「長橋題柱去，猶是未達時；及乘駟馬車，卻從橋上過。」

〔30〕倒地文星——文星，星宿名，即文昌星，又名文曲星，相傳文曲星主文才，如
　　　云「文星高照」，即指文運亨通。倒地文星，是指由文星訛爲魁星的塑像一足
　　　翹起，身子撲向一方，像是要倒在地上的樣子。這句話借來形容柳夢梅的吉徵
　　　佳兆。

〔31〕草包——沒有眞才實學的喻詞。清‧李漁《意中緣》二十三〔雙勸酒〕：「草包、
　　　飯包，忽然榮耀；時高、運高，說來堪笑。」這裏是陳最良的謙詞。

〔32〕看一樹雪垂垂如笑——參見本劇第十二齣注〔54〕。

〔33〕三十無家作路人——語見《全唐詩》卷253、薛據《早發上東門》詩。

〔34〕與君相見即相親——語見《全唐詩》卷122，王維《寄河上段十六》詩。《全唐
　　　詩》相見「作」「相識」。收入盧象詩中。

〔35〕華陽洞裏仙壇上——語見《全唐詩》卷436，白居易《華陽觀中八月十五日夜
　　　招友玩月》詩。華陽洞，傳說中神仙所居的洞府。《全唐詩》卷436，白居易
　　　《春題華陽觀》詩：「帝子吹簫逐鳳皇，空留仙洞號華陽。」這裏以華陽洞代

指梅花觀。《全唐詩》「仙壇」作「秋壇」。

〔36〕似近東風別有因——語見《全唐詩》卷655，羅隱《牡丹花》詩。《全唐詩》「似近」作「似共」，「東風」一作「東君」。按以上四句下場詩，朱墨本、清暉本在一、三兩句上俱有「生」字，二、四句上俱有「末」字。朱校本同，惟四句上爲「合」字。

第二十三齣　冥　判〔1〕

【北點絳唇】〔淨判官〔2〕、丑鬼持筆簿上〕十地宣差〔3〕，一天封拜。閻浮界〔4〕，陽世栽埋〔5〕，又把俺這裏門程〔6〕邁。

自家十地閻羅王殿下〔7〕一個胡判官是也。原有十位殿下，因陽世趙大郎〔8〕家和金達子〔9〕爭占江山，損折眾生，十停去了了一停，因此玉皇上帝〔10〕，照見人民稀少，欽奉裁減事例〔11〕。九州〔12〕九個殿下，單減了俺十殿下之位，印無歸著〔13〕。玉帝可憐見〔14〕下官正直聰明，著權管十地獄印信〔15〕。今日走馬到任，鬼卒夜叉〔16〕，兩傍刀劍，非同容易也。〔丑捧筆介〕新官到任，都要這筆判刑名〔17〕，押花〔18〕字。請新官喝綵他一番。〔淨看筆介〕鬼使，捧了這筆，好不干係〔19〕也。

【混江龍】這筆架在落迦山〔20〕外，肉蓮花〔21〕高聳案前排。捧的是功曹〔22〕令史，識字當該〔23〕。〔丑〕筆管兒呢？〔淨〕筆管兒是手想骨、腳想骨〔24〕，竹筒般剉〔24〕的圓滴溜〔26〕。〔丑〕筆毫？〔淨〕筆毫呵，是牛頭〔27〕鬣、夜叉髮，鐵線兒揉定赤支棱〔28〕。〔丑〕判爺上的選〔29〕了？〔淨〕這筆頭公〔30〕，是遮須國〔31〕選的人才。〔丑〕有甚名號？〔淨〕這管城子〔32〕，在夜郎〔33〕城受了封拜。〔丑〕判爺興哩？〔淨作笑舞介〕嘯一聲，支兀另〔34〕漢鍾馗〔35〕其冠不正。舞一回，疏喇沙〔36〕斗河魁近墨者黑〔37〕。〔丑〕喜哩？〔淨〕喜時節，渌河橋〔38〕題筆兒耍去。〔丑〕悶呵。〔淨〕悶時節，鬼門關〔39〕投筆歸來。〔丑〕判爺可上榜來〔40〕？〔淨〕俺也曾考神祇〔41〕，朔望〔42〕旦名題天榜。〔丑〕可會書來？〔淨〕攝〔43〕星辰，井鬼宿〔44〕，俺可也文會書齋。〔丑〕判爺高才。〔淨〕做弗迭鬼儇才〔45〕，白玉樓摩空作賦〔46〕；陪得過風月主〔47〕，芙蓉城遇晚書懷。便寫不盡四大洲〔48〕轉輪〔49〕日月，也差的著五瘟使〔50〕

號令風雷。〔丑〕判爺，見有地分〔51〕？〔淨〕有地分，則合北斗司、閻浮殿，立俺邊傍〔52〕；沒衙門，卻怎生東嶽觀、城隍廟，也塑人左側〔53〕。〔丑〕讓誰？〔淨〕便百里城，高捧手〔54〕，讓大菩薩，好相莊嚴乘坐位〔55〕。〔丑〕惱誰？〔淨〕怎三尺土〔56〕，低分氣〔57〕，對小鬼卒，清奇古怪立基階。〔丑〕紗帽古氣些。〔淨〕但站腳，一管筆、一本薄，塵泥軒冕〔58〕。〔丑〕筆乾了。〔淨〕要潤筆〔59〕，十錠金、十貫鈔，紙陌〔60〕錢財。〔丑〕點鬼簿在此。〔淨〕則見沒揭三展花分魚尾冊〔61〕，無賞一掛日子虎頭牌〔62〕。真乃是鬼董狐落了款〔63〕，《春秋傳》〔64〕某年某月某日下，崩薨葬卒大注腳〔65〕。假如他支祈獸上了樣，把禹王鼎各山各水各路上，魍魎魑魅細分腮〔66〕。〔丑〕待俺磨墨。〔淨〕看他子時硯〔67〕，忔忔察察〔68〕，烏龍蘸眼〔69〕顯精神。〔丑〕雞唱了。〔淨〕聽丁字碑〔70〕，冬冬登登〔71〕，金雞剪夢〔72〕追魂魄。〔丑〕稟爺點卷。〔淨〕但點上格子眼，串出四萬八千三界〔73〕，有漏〔74〕人名，烏星炮粲〔75〕。怎按下筆尖頭〔76〕，插入一百四十二重，無間地獄〔77〕鐵樹花開〔78〕。〔丑〕大押花。〔淨〕哎也，押花字，止不過發落簿，銼、燒、舂、磨〔79〕一靈兒〔80〕。〔丑〕少一個請字〔81〕。〔淨〕登請書，左則是那盧無堂，癩、瘄、蠱、膈四正客〔82〕。〔丑〕弔起稱〔83〕竿來。〔眾卒應介、淨〕髮稱竿，看業〔84〕重身輕，衡石程書秦獄吏〔85〕。〔內叫饒也苦也介、丑〕隔壁九殿下拷鬼。〔淨〕肉鼓吹〔86〕，聽神啼鬼哭，毛鉗刀筆漢喬才〔87〕。這時節呵，你便是沒關節包待制〔88〕、人厭其笑〔89〕。〔哭介〕恁風景，誰聽的無棺槨顏修文〔90〕、子哭之哀！〔丑〕判爺害怕哩。〔淨惱介〕哎，《樓炭經》，是俺六科五判〔91〕。刀花樹，是俺九棘三槐〔92〕。臉婁搜〔93〕風髯赳赳〔94〕。眉剔豎〔95〕電目崖崖〔96〕。少不得中書鬼考，錄事神差〔97〕。比著陽世那金州判、銀府判、銅司判、鐵院判〔98〕，白虎臨官〔99〕，一樣價打貼刑名催伍作〔100〕；實則俺陰府裏注濕生，牒化生，准胎生，照卵生〔101〕，青蠅報赦〔102〕，十分的磊齊功德轉三階〔103〕。威凜凜〔104〕人間掌命，顫巍巍天上消災。

叫掌案的〔105〕，這簿上開除〔106〕都也明白。還有幾宗人犯，應該發落

〔107〕了？〔貼史〔108〕上介〕人間勾令史，地下列功曹〔109〕。稟爺，因缺了殿下，地獄空虛三年。則有枉死城〔110〕中輕罪男子四名，趙大、錢十五、孫心、李猴兒；女囚一名，杜麗娘：未經發落。〔淨〕先取男犯四名。〔生末外老旦四犯丑押上、丑〕男犯帶到。〔淨點名介〕趙大有何罪業，脫〔111〕在枉死城中？〔生〕鬼犯沒甚罪。生前喜歌唱。〔淨〕一邊去。叫錢十五。〔末〕鬼犯無罪。則是做了一個小小房兒，沉香泥壁〔112〕。〔淨〕一邊去。叫孫心。〔老旦〕鬼犯些小年紀，好使些花粉錢〔113〕。〔淨〕叫李猴兒。〔外〕鬼犯是有些罪，好男風〔114〕。〔丑〕是真。便在地獄裏，還勾上這小孫兒。〔淨惱介〕誰叫你插嘴！起去伺候。〔做寫薄介〕叫鬼兒聽發落。〔四犯同跪介、淨〕俺初權印，且不用刑。赦你們卵生去罷。〔外〕鬼犯們稟問恩爺，這個卵是甚麼卵？若是回回卵〔115〕，又生在邊方去了。〔淨〕哇〔116〕，還想人身？向蛋殼裏做去。〔四犯泣介〕哎。被人宰了！〔淨〕也罷，不教陽間宰吃你。趙大喜歌唱，貶做黃鶯兒。〔生〕好了。做鶯鶯小姐〔117〕去。〔淨〕錢十五住香泥房子。也罷，准你去燕窠裏受用，做個小小燕兒。〔末〕恰好做飛燕娘娘〔118〕哩。〔淨〕孫心使花粉錢，做個蝴蝶兒。〔外〕鬼犯便和孫心同做蝴蝶去。〔淨〕你是那好男風的李猴，著你做蜜蜂兒去，屁窟里長拖一個針。〔外〕哎喲，叫俺釘誰去？〔淨〕四蟲兒聽分付：

【油葫蘆】蝴蝶呵，你粉版花衣〔119〕勝剪裁；蜂兒呵，你忒利害，甜口兒咋〔120〕著細腰揾；燕兒呵，斬〔121〕香泥弄影鉤簾內；鶯兒呵，溜〔122〕笙歌警夢紗窗外：恰好個花間四友〔123〕無拘礙〔124〕。則陽世裏孩子們輕薄，怕彈珠兒打的呆〔125〕，扇梢兒撲的壞〔126〕，不枉了你宜題入畫高人愛〔127〕，則教你翅膀兒展將春色鬧場來〔128〕。

〔外〕俺做蜂兒的不來，再來釘腫你個判官腦。〔淨〕討打。〔外〕可憐見小性命。〔淨〕罷了。順風兒放去，快走快走。〔噀氣介、四人做各色飛下、淨做向鬼門噓氣〔129〕唉聲〔130〕介、丑帶旦上〕天台〔131〕有路難逢俺，地獄無情慾恨誰？女鬼見。〔淨擡頭背介〔132〕〕這女鬼到有幾分顏色！

【天下樂】猛見了蕩地驚天女俊才，咍也麼咍〔133〕，來俺裏來。〔旦叫苦介、淨〕血盆中叫苦觀自在〔134〕。〔丑耳語〔135〕介〕判爺，權收做個

後房夫人。〔淨〕哦，有天條〔136〕，**擅用囚婦者斬。則你那小鬼頭胡亂篩**〔137〕，**俺判官頭何處買**？〔旦叫哎介、淨回身〕是不曾〔138〕見他粉油頭忒弄色〔139〕。

叫那女鬼上來。

【那吒令】**瞧了你潤風風粉腮**〔140〕，**到花臺、酒臺？溜些些短釵**〔141〕，**過歌臺、舞臺？笑微微美懷，住秦臺、楚臺**〔142〕？**因甚的病患來？是誰家嫡支派？這顏色不像似在泉臺**〔143〕。

〔旦〕女囚不曾過人家〔144〕，也不曾飲酒，是這般顏色。則爲在南安府後花園梅樹之下，夢見一秀才，折柳一枝，要奴題詠。留連婉轉，甚是多情。夢醒來沉吟，題詩一首：「他年若傍蟾宮客〔145〕，不是梅邊是柳邊。」爲此感傷，壞了一命。〔淨〕謊也。豈有一夢而亡之理？

【鵲踏枝】**一溜溜**〔146〕**女嬰孩，夢兒裏能寧奈**〔147〕！**誰曾掛圓夢**〔148〕**招牌，誰和你拆字道白**〔149〕？**哈也麼哈，那秀才何在？夢魂中曾見誰來？**

〔旦〕不曾見誰。則見朵花兒閃下來，好一驚。〔淨〕喚取南安府後花園花神勘問〔150〕。〔丑叫介、末花神上〕紅雨數番春落魄〔151〕，山香一曲女消魂〔152〕。老判大人請了。〔舉手介、淨〕花神，這女鬼說是後花園一夢，爲花飛驚閃而亡。可是？〔末〕是也。他與秀才夢的纏綿，偶爾落花驚醒。這女子慕色而亡。〔淨〕敢〔153〕便是你花神假充秀才，誤人家女子？〔末〕你説俺著甚〔154〕迷他來？〔淨〕你説俺陰司裏不知呵！

【後庭花滾】**但尋常春自在，恁**〔155〕**司花忒弄乖**〔156〕。**眨眼兒偷元氣**〔157〕，**豔樓臺**〔158〕。**克性了費春工**〔159〕，**淹酒債。恰好九分態，你要做十分顏色**。數著你那胡弄的〔160〕花色兒來。〔末〕便數來。碧桃花〔161〕。〔淨〕他惹天台。〔末〕紅梨花〔162〕。〔淨〕扇妖怪。〔末〕金錢花〔163〕。〔淨〕下的財。〔末〕繡球花〔164〕。〔淨〕結的綵。〔末〕芍藥花〔165〕。〔淨〕心事諧。〔末〕木筆花〔166〕。〔淨〕寫明白。〔末〕水菱花〔167〕。〔淨〕宜鏡臺。〔末〕玉簪花〔168〕。〔淨〕**堪插戴**。〔末〕薔薇花〔169〕。〔淨〕**露渲**

腮。〔末〕臘梅花〔170〕。〔淨〕春點額。〔末〕剪春花。〔淨〕羅袂裁。〔末〕水仙花〔171〕。〔淨〕把綾襪踹。〔末〕燈籠花。〔淨〕紅影篩〔172〕。〔末〕醡釀花〔173〕。〔淨〕春醉態。〔末〕金盞花〔174〕。〔淨〕做合卺杯。〔末〕錦帶花〔175〕。〔淨〕做裙褶帶。〔末〕合歡花〔176〕。〔淨〕頭懶擡。〔末〕楊柳花〔177〕。〔淨〕腰恁擺。〔末〕凌霄花〔178〕。〔淨〕陽壯的哈。〔末〕辣椒花〔179〕。〔淨〕把陰熱窄。〔末〕含笑花〔180〕。〔淨〕情要來。〔末〕紅葵花〔181〕。〔淨〕日得他愛。〔末〕女蘿花〔182〕。〔淨〕纏的歪。〔末〕紫薇花〔183〕。〔淨〕癢的怪。〔末〕宜男花〔184〕。〔淨〕人美懷。〔末〕丁香花〔185〕。〔淨〕結半躧。〔末〕荳蔻花〔186〕。〔淨〕含著胎。〔末〕奶子花〔187〕。〔淨〕摸著奶。〔末〕梔子花〔188〕。〔淨〕知趣乖。〔末〕柰子花〔189〕。〔淨〕恣情柰。〔末〕枳殼花〔190〕。〔淨〕好處揩。〔末〕海棠花〔191〕。〔淨〕春困怠。〔末〕孩兒花〔192〕。〔淨〕呆笑孩。〔末〕姊妹花〔193〕。〔淨〕偏妒色。〔末〕水紅花〔194〕。〔淨〕了不開。〔末〕瑞香花〔195〕。〔淨〕誰要探。〔末〕旱蓮花〔196〕。〔淨〕憐再來。〔末〕石榴花〔197〕。〔淨〕可留得在？幾椿兒你自猜。哎，把天公無計策。你道爲甚麼流動了女裙釵〔198〕，劃地裏〔199〕牡丹亭，又把他杜鵑花魂魄灑〔200〕？

〔末〕這花色花樣，都是天公定下來的。小神不過遵奉欽差〔201〕，豈有故意勾〔202〕人之理？且看多少女色，那有玩花而亡。〔淨〕你說自來女色，沒有玩花而亡，數你聽著。

【寄生草】花把青春賣，花生錦繡災。有一個夜舒蓮，扯不住留仙帶〔203〕；一個海棠絲，剪不斷香囊怪〔204〕；一個瑞香風趕不上非煙在〔205〕。你道花容〔206〕那個玩花亡？可不道你這花神罪業隨花敗。

〔末〕花神知罪，今後再不開花了。〔淨〕花神，俺這裏已發落過花間四友，付你收管。這女囚慕色而亡，也貶在鶯燕隊裏去罷。〔末〕稟老判，此女犯乃夢中之罪，如曉風殘月。且他父親爲官清正，單生一女，可以耽饒〔207〕。〔淨〕父親是何人？〔旦〕父親杜寶知府，今陞淮揚總制〔208〕之職。〔淨〕千金小姐哩。也罷，杜老先生分上，當奏過天庭，再行議處。〔旦〕就煩恩官替女犯查查。怎生有此傷感之事？〔淨〕這事情註在斷腸簿上。〔旦〕勞再查女犯的丈夫，還是姓柳姓梅？〔淨〕

取婚姻簿查來。〔作背查介〕是。有個柳夢梅，乃新科狀元也。妻杜麗娘，前係幽歡，後成明配。相會在紅梅觀中。不可泄漏。〔回介〕有此人和你姻緣之分。我今放你出了枉死城，隨風遊戲，跟尋〔209〕此人。〔末〕杜小姐，拜了老判。〔旦叩頭介〕拜謝恩官，重生父母。則俺那爹娘在揚州，可能彀一見？〔淨〕使得。

【么篇】他陽祿〔210〕還長在，陰司數未該〔211〕。噤煙花一種春無賴〔212〕，近柳梅一處情無外。望椿萱一帶天無礙。則這水玻璃，堆起望鄉臺〔213〕，可哨見〔214〕紙銅錢，夜市揚州界？

花神，可引他望鄉臺隨意觀玩。〔旦隨末登臺，望揚州哭介〕那是揚州，俺爹爹奶奶呵，待飛將去。〔末扯住介〕還不是你去的時節。〔淨〕下來聽分付。功曹給一紙遊魂路引〔215〕去，花神，休壞了他的肉身也。〔旦〕謝恩官。

【賺尾】〔淨〕欲火近乾柴，且留的青山在〔216〕，不可被雨打風吹日曬。則許你傍月依星將天地拜，一任你魂魄來回。脫了獄省的勾牌〔217〕，接著活免的投胎。那花間四友你差排〔218〕，叫鶯窺燕猜，倩蜂媒蝶採，敢守的那破棺星〔219〕圓夢那人來。〔下〕

〔末〕小姐，回後花園去來。

醉斜烏帽髮如絲〔220〕，盡日靈風不滿旗〔221〕。

年年檢點人間事〔222〕，為待蕭何作判司〔223〕。

校 注

〔1〕冥判——冥指陰間。判指對獄訟的審理和判決。《水滸傳》第一一○回：「判了斬字，推出南豐市曹處斬。」

〔2〕判官——傳說陰間閻王屬下掌管生死簿的官。宋·孟元老《東京夢華錄》卷十「除夕」條：「教坊南河炭醜惡魁肥，裝判官。又裝鍾馗、小妹、土地、竈神之類。」《古今小說·鬧陰司司馬貌斷獄》：「（閻王）貴居王位，有左右判官，又有千萬鬼卒，牛頭、馬面，幫扶者甚眾。」

〔3〕十地宣差——十地，佛家語。謂菩薩修行所經歷的十個境界，名目各有不同。這裏所指，是陰間十殿的第十殿轉輪王，主管鬼魂轉世，下文「十地閻羅王，爭戰不休。」同。宣差，當差。

〔4〕閻浮界——意指人間世界。南朝梁・沈約《均聖論》：「娑婆南界，是曰閻浮。」娑婆者，三千大千世界也。唐・寒山《詩》二〇九：「不見朝垂露，日爍自消除。人身亦如此，閻浮是寄居。」

〔5〕栽埋——埋葬。

〔6〕門桯（tīng）——亦曰門限，俗稱門檻。

〔7〕殿下——屬下、部屬。

〔8〕趙大郎——指宋代開國皇帝趙匡胤。元・羅貫中《風雲會》三〔倘秀才〕「（做敲門科，問云：）什麼人敲門？（正末唱：）敲門的是萬歲山前趙大郎。」

〔9〕金達子——指女真族，當時曾在中國北方建立政權，與南宋征戰不休。達子，宋元時對北方少數民族的蔑稱。明・無名氏《萬國來朝》二奴廝哈白：「天朝大國漢兒人，出來的都叫我做臊達子。」

〔10〕玉皇上帝——亦稱玉皇大帝天上最高統治者。道教的迷信說法。魯迅《墳・論雷鋒塔的倒掉》：「聽說，後來玉皇大帝也就怪法海多事，以至荼毒生靈，想要拿辦他了。」簡稱玉皇帝。

〔11〕事例——成例，可以作為依據的前事。

〔12〕九州——古代分中國為九州。說法不一。《書・禹貢》作冀、兗、青、徐、揚、荊、豫、梁、雍。《爾雅・釋地》有幽、營州而無青、梁州。《周禮・夏官・職方》有幽、并州而無徐、梁州。後以九州泛指天下、全中國。

〔13〕歸著——著落。元・無名氏《猿聽經》二〔感皇恩〕：「呀！嚇得我無歸著。」

〔14〕可憐見——謂可憐得，可憐著。可憐，憐憫之意。見，用作語助詞，猶現代漢語中「得」字或「著」字。《元史・泰定帝本紀》：「薛禪皇帝可憐見嫡孫。」

〔15〕印信——公私印章的總稱。唐・元稹《酬樂天東南行詩一百韻》：「斂縉偷印信，傳箭作符繻。」

〔16〕夜叉——佛家語。梵語的音譯，亦作藥叉、閱叉。義譯為捷疾鬼、能啖鬼等，人們目之為惡鬼。唐・玄應《一切經音義》卷三：「閱叉，或云夜叉，皆訛也。正言藥叉。此譯云能啖鬼，謂食啖人也。又云傷者，謂能傷害人也。」詳《宋金元明清曲辭通釋・夜叉》。

〔17〕刑名——刑罪的名稱。如死刑、徒刑等。《荀子・正名》：「刑名從商。」《隋書・刑法志》：「其刑名有五。」詳《宋金元明清曲辭通釋・五刑》。

〔18〕押花——在文書或契約上簽名，字迹從草簡曰「押花」，或稱「花押」。宋・周密《癸辛雜識後集・押字不書名》：「古人押字，謂之花押印，是用名字稍花之，如韋陟五朵云是也。」

〔19〕好不干係——關係多麼重大！好不，即「好」，以反語見義，用作甚詞，很、多麼的意思。干係，俗稱關係、責任。

〔20〕落迦山——梵語地獄的音譯。見唐・釋道士《法苑珠林》卷十一。徐朔方注：

「這裏單取『山』字，指筆架，又以地獄和它相關，形容這支筆關係重大。」其說是也。

〔21〕肉蓮花——徐朔方注云：「蓮花通常用來形容山形，這裏指筆架。肉，說陰司筆架是人肉做成，形容情景很慘。」

〔22〕功曹——官名。漢、晉至唐，州、縣都沒有功曹，掌管祭祀、禮樂、學校、選舉、表疏、醫巫、考課之事，約相當於今科員一類下級官員。

〔23〕當該——謂值班，猶「當直」。元·孫仲章《勘頭巾》二、白：「（張千云：）當該何在？（趙令史上，云：）自家趙仲先的便是。在這府裏做著個把筆司吏，正在司房裏攢造文書，相公呼喚，須索見咱。」

〔24〕手想骨、腳想骨——這裏是指手管骨、腳管骨，意思是說：陰間筆管都是用手骨、腳骨做成。想，如也，像也，似也。唐·李白《清平調》之一：「雲想衣裳花想容，春風拂欄露華濃。」唐·杜甫《東屯月夜》詩：「數驚聞雀噪，暫睡想猿蹲。」

〔25〕剉（cuò）——同「銼」，用銼磨東西，如說「把鋸銼一銼」。

〔26〕圓滴溜——即滴溜圓，滾圓的意思。

〔27〕牛頭——佛教指地獄中的鬼卒，頭做牛形，故稱。《法苑珠林》卷十一：「夫論地獄幽酸，特為痛切……牛頭惡眼，獄卒凶牙，長叉掛肋。」

〔28〕赤支毢（sāi）——紅色的鬍鬚。本劇四十七〔北尾〕：「則踹著你那幾莖兒苫嘴的赤支砂。」清·吳偉業《臨春閣》一〔天下樂〕：「赤支沙嘴臉波斯眼。」赤支砂、赤支沙，義並同。

〔29〕上的選——製造毛筆重在選毫（細毛）。古稱「中山毫」最勝。唐·李白《殷十一贈栗岡硯》詩：「殷侯三玄士，贈我栗岡硯。灑染中山毫，光映吳門練。」王琦注引王羲之《筆經》曰：「諸群毫，惟中山兔肥而毫長，可用練熟絹也。」為此，筆製成，在毛筆上面都印上選毫的人（或某商號）的「精選」字樣。「判爺上的選」，意即指判官是地獄毛筆的製造者。

〔30〕筆頭公——指筆。筆頭、筆公，原北朝人古弼的外號。《魏書·古弼傳》：「弼頭尖，世祖常名之曰『筆頭』，是以時人呼為筆公。」宋·楊伯喦《臆乘》：「古人自以公稱者，獨范蠡曰陶朱公；人號之者，古弼曰『筆頭公』。」參見清·趙翼《陔餘叢考》卷三十八「混號」條。

〔31〕遮須國——傳說中的國名。據說三國魏曹植死後曾做過遮須國的國王。《類說》卷三十二引《洛浦神女感甄賦》曰：「曠曰：或聞洛神即甄后，后謝世，陳思王遇其魄洛濱，為《感甄賦》，改為《洛神賦》，託於宓妃，有之乎？女曰：『有之，妾即甄后也……』曠曰：『思王今在何處？』女曰：『現為遮須國王。』」按思王，即曹植也。

〔32〕管城子——筆的別名。唐·韓愈作寓言《毛穎傳》稱筆為「管城子」。後因以

「管城子」爲筆的別稱。宋・黃庭堅《戲呈孔毅父》詩:「管城子無食肉性,孔方兄有絕交書。」簡呼「管城」。宋・楊萬里《霜寒》詩之二:「只緣青女降,便與管城疏。」亦尊稱「管城公」。宋・陳師道《古墨行》詩:「徑須脫帽管城公,小試玉堂揮翰手。」

〔33〕夜郎——古代少數民族建立的小國,在今貴州省。《史記・西南夷列傳》:「滇王與漢使言:『漢孰與我大?』及夜郎侯亦然,各自一州王,不知漢廣大。」後因以比喻妄自尊大爲「夜郎自大」。在此處,夜郎之「夜」,語涉雙關,亦寓陰間之意。

〔34〕支兀另——象聲詞,形容嘯聲。

〔35〕鍾馗(kuí)——傳說人物,宋・沈括《夢溪筆談・雜誌》說唐明皇夜夢二鬼,一大一小。小者竊太眞紫香囊及明皇玉笛;大者捉其小者,擘而啖之。明皇問何人?對曰:「臣鍾馗,即武舉不捷之士也。誓與陛下除天下之妖孽。」後世圖其形醜陋,衣冠不整,專爲人除邪驅祟。人稱爲捉鬼之神。

〔36〕疏喇沙——形容舞蹈的聲音與姿態。

〔37〕斗河魁近墨者黑——北斗七星中第一到第四顆星叫「魁」,手執墨斗,作踢斗狀,故河魁又是凶神。按:在這裏鍾馗和河魁都是用來形容判官面貌醜陋。「近墨者黑」語見晉・傅玄《箴》:「近朱者赤,近墨者黑。」《醒世恒言・蘇小妹三難新郎》:「自古道『近朱者赤,近墨者黑。』何況小妹資性過人十倍,何事不曉?」

〔38〕漆河橋——佛家傳說,善人死後,魂走金橋銀橋。若生前不做善事,死後走漆河橋。其橋很窄,魂不得過,永墮其中受罪而無可如何,故曰奈何(漆河)。唐・張讀《宣室志》卷四謂:「董觀死,行至一水,廣不數尺,流而西南。觀問僧靈習,習曰:『此俗所謂奈河,其源出於地府。』觀視其水皆血,而腥穢不可近。」按:此不過警戒惡人耳,無科學根據。

〔39〕鬼門關——迷信說法,謂爲冥間地名。在陽世、陰間交界處。《論衡・訂鬼》:「《山海經》又曰:『滄海之中,有度朔之山,山有大桃木,其屈蟠三千里,其枝間南北曰鬼門,萬鬼所出入也。』」《西遊記》第十回:「忽見一座城,城門上掛著一面大牌,上寫著『幽冥地府鬼門關』七個大金字。」亦比喻道路險阻的地方。如唐・李德裕《貶崖州》詩:「崖州在何處?生度鬼門關。」明・唐以初小令《淩波仙・春遊》:「藍橋驛,一步步鬼門關;陽臺路,一層層刀劍山。」

〔40〕可上榜來——意言可曾榜上有名?即是否考取功名的意思。

〔41〕神祇(qí)——泛指神靈。《武王伐紂平話》卷下:「上祭天,下祭地,中祭神祇。」

〔42〕朔望——農曆每月初一日叫「朔」,十五日叫「望」。

〔43〕攝——勾攝。

〔44〕井、鬼宿——井、鬼皆星宿名。井，即井宿，二十八宿中朱鳥七宿的第一宿。鬼，即鬼宿，二十八宿中朱雀七星的第二宿。由這裏鬼星聯想到主文的魁星，是判官暗示自己文才也說得過去。

〔45〕做弗迭鬼仙才——做弗迭，意言比不上。鬼仙才，指唐詩人李賀。李賀才氣怪譎，詩風奇詭，世稱「鬼才」。宋・錢易《南部新書》丙：「李白爲天才絕，白居易爲人才絕，李賀爲鬼才絕。」宋・嚴羽《滄浪詩話・詩評》：「人言太白仙才，長吉鬼才。不然，太白天仙之詞，長吉鬼仙之詞。」

〔46〕白玉樓摩空作賦——白玉樓，傳說唐代詩人李賀將死時，有一緋衣人持書信向賀云：「帝成白玉樓，立召君爲記，上天差樂，不苦也。」少頃，賀氣絕。（見《唐文粹・李賀小傳》）摩天作賦，李賀《高軒過》詩云：「殿前作賦聲摩空，筆補造化天無功。」（見《全唐詩》卷 393）意言讀賦的聲音很高，直上天空。

〔47〕陪得過風月主——陪得過，可以匹敵。風月主，意言管理風光景色的主人。這裏是指宋詩人石曼卿。宋・歐陽修《六一詩話》云：「曼卿卒後，其故人有見之者，云恍惚如夢中，言我今爲鬼仙也，所主芙蓉城，欲呼故人往遊，不得，忿然騎一素驢去如飛。」以上「白玉樓」兩句是說，我判官比不上李賀的文才，和石曼卿相比，卻不相上下。

〔48〕四大洲——即佛經上所說的四大神洲：東勝神洲、南瞻部洲、西牛貨洲、北俱盧洲。此四洲猶今云世界，分別環繞在須彌山四方的鹹海中。見《大唐西域記》卷二。

〔49〕轉（zhuàn）輪——佛教語，謂轉法輪也。南朝梁・沈約《佛記序》：「屈茲妙有，同此轉輪。」

〔50〕五瘟使——亦作「五瘟神」，即瘟神之意，掌管災難。

〔51〕見有地分——現在有地位。見，同「現」。地分，地位。《漢書・高帝紀下》：「又加惠於諸侯有功者，使得立社稷。地分已定，而位號比擬，亡上下之分。」

〔52〕則合北斗司、閻浮殿，立俺邊傍——意言判官的塑像應立在北斗司的北斗星君和閻浮殿的閻羅王旁邊。據說北斗星君主管人的生死。閻浮，本指人間世界，這裏代指閻羅。

〔53〕東嶽觀、城隍廟，也塑人左側——意言東嶽觀、城隍廟也有判官的塑像，立在東嶽大帝和城隍的身邊。東嶽觀，即祭祀東嶽大帝的東嶽觀。迷信謂東嶽大帝主管人的生死。魯迅《朝花夕拾・無常》：「凡是神，在中國彷彿都有些隨意殺人權柄似的，倒不如說是職掌人民的生死大事的罷，猶如城隍和東嶽大帝一樣。」城隍廟，祭祀城隍的地方。城隍，本是保護城池的神，各省、府、縣都有城隍。後來城隍和閻羅被混在一起，也認爲是主管人生死的神，

如前文魯迅所說是也。左側，附近、旁邊、左右。《漢書‧武五子傳》：「陛下左側，讒人眾多。」

〔54〕百里城，高捧手——百里城，古時縣所轄之地，因借指縣令。《後漢書‧循吏傳‧仇覽》：「澳（王澳）謝遣日：『枳棘非鸞鳳所棲，百里豈大賢之路？』」李賢注：「時澳爲縣令，故自稱百里也。」這裏又借指相當陽世縣令的權管，管十地獄印信的判官。高捧手，意指站立的判官塑像高高捧著筆和文卷。

〔55〕好相莊嚴乘坐位——好相，佛家語。指佛陀所具有的三十二種「相」（不同凡俗的顯著特徵）和八十種「好」（不同凡俗的細微特徵），總之，即好看的形象。如手指纖長、身金色……等等。清‧黃遵憲《錫蘭島臥佛》詩：「就中白豪光，普照世大千，八十種好相，一一功德圓。」莊嚴，佛家語謂裝飾。唐‧寒山《詩》二六二：「十善化四天，莊嚴多七寶，七寶鎮隨身，莊嚴甚妙好。」乘坐位，謂有座位坐著。

〔56〕三尺土——此指判官塑像不過三尺高，不夠神氣。三尺，喻低矮之詞。

〔57〕低分氣——猶言氣分低，意即體面不像樣子。今天津話謂之「點低」。分氣，「氣分」之倒文，意謂氣概、光彩、體面。

〔58〕塵泥軒冕——塵泥，謂塵土，意指判官衣冠上全是塵土。軒冕，古代大夫以上官乘軒車（有屏障的車），穿冕服（古代大夫以上的禮冠與服飾）。

〔59〕潤筆——舊時付給作詩文書畫之人的報酬。唐‧殷文奎《貽李南平》詩：「潤筆已曾經奏謝，更飛章句問張華。」魯迅《彷徨‧幸福的家庭》：「投稿的地方，兄定爲《幸福月報》社，因爲潤筆似乎也比較豐。」潤，又有濕潤之意，照應上文「筆幹了」。

〔60〕紙陌——紙錢一百或一串。陌，通「百」，又作「佰」；一陌，就是一百張，亦即通常所說的一串。

〔61〕沒據三展花分魚尾冊——意謂糊塗塗翻開了點鬼簿。沒據三，謂輕浮、魯莽，糊突或缺乏思考。展，謂打開、翻閱也。花分，意謂開列名字。古時登記戶口，戶叫花戶（戶口冊上的戶口），口叫花名（冊籍上的人名）。雜者，言其參雜不一也。魚尾冊，因古代簿頁縫中有魚尾形標誌，故日簿冊。

〔62〕無賞一掛日子虎頭牌——意即持攝魂牌按照點鬼簿開列的名單逐日傳拿處分。無一賞，謂沒有一個受獎賞的，引申爲處分。掛日子，限期，逐日。虎頭牌，這裏疑爲攝魂牌（相當陽世的拘捕證）。

〔63〕鬼董狐落了款——董狐，春秋時晉國的史官，史冊上以直書晉卿趙盾弒其君事而著稱。後以稱直筆記事爲「董狐筆」。晉‧干寶撰《搜神記》，劉眞長說他是「鬼董狐」。《世說新語》卷下「排調」：「干寶向劉眞長敘其《搜神記》，劉日：『卿可謂鬼之董狐』。」這裏是指判官。落款，即在書畫、書箚、禮品等上面署名。清‧顧貞觀《歸國謠》詞：「幾迭才開羅扇，莫教題字滿。空卻

迴文一半，有人親落款。」

〔64〕《春秋傳》——《春秋》，我國最早的編年體史書，相傳爲孔子據魯史修訂而
成。所記起於魯隱公元年，止於魯哀公十四年，凡二四二年，敘事極簡，字裏
行間寓褒貶，別善惡，以警戒所謂的亂臣賊子。《傳》，闡明經義的著作。闡明
《春秋》大義的書，以《左氏》、《公羊》、《穀梁》爲最著。現代學者大多認爲
《左傳》是獨立的史書。

〔65〕崩、薨、葬、卒大注腳——封建制度社會對不同階級的死亡，有不同的稱呼。
《禮記・曲禮下》：「天子死曰崩，諸侯曰薨。」唐制，《新唐書・百官志》：「凡
喪，二品以上稱薨，五品以上稱卒，自六品達於庶人稱死。」注腳，解釋字句
的文字。宋・朱熹《答呂子約書》：「所論甚善，末後注腳尤好。」清・葉廷琯
《鷗陂漁話・王郇公封國年月》：「得此考證，不特可補史文之闕，並足爲《圖
經續記》注腳也。」

〔66〕假如他支祈獸上了樣，把禹王鼎各山各水各路上，魑魑魍魅細分腮——支祈
獸，即無支祁，水神名。唐・李公佐《古嶽瀆經》：「（夏禹）乃獲淮渦水神，
名無之祁，善應對言語，辨江淮之淺深，原隰之遠近。形若猿猴，縮鼻高額，
青軀白首，金目雪牙，頸伸百尺，力逾九象。」（亦見於《太平廣記》卷四六
七《李湯》）上了樣，意即鑄在鼎上。禹王鼎，相傳夏禹令九州之牧貢金，「鑄
鼎象物，百物而爲之備」，包括螭（山神，獸形）、魅（怪物）、罔兩（水神）
（見《左傳・宣公三年》）。細分腮，分細分別它們不同的形態。連起來這三句
話是說：點鬼簿上的形形色色的人物一概俱全，在禹王鼎上不僅鑄上了支祈獸
的圖像，各地山林水澤的神怪在鼎上也都現出原形。

〔67〕子時硯——子時，舊時計時法指夜裏十一點鐘到十二點鐘的時間。子時硯，疑
即半夜子時用硯。

〔68〕忔忔察察——象聲詞，形容磨墨時發出的聲響。

〔69〕烏龍蘸眼——烏龍，指墨。元・鄭廷玉《金鳳釵》一〔油葫蘆〕：「投至的十年
身到鳳凰池，知他磨了幾錠烏龍墨，知他壞了多少霜華筆。」蘸眼，謂耀眼，
形容墨汁光亮照人。

〔70〕丁字牌——丁字形的攝魂牌。古今用物中多有以「丁字」喻其形狀者，如丁字
尺、丁字簾。

〔71〕多多登登——象聲詞。形容身帶丁字牌碰撞時發出的聲響。

〔72〕金雞剪夢——金雞，傳說中一種神雞。《神異經・東荒經》：「蓋扶桑山有玉雞，
玉雞鳴則金雞鳴，金雞鳴則石雞鳴，石雞鳴則天下之雞鳴，潮水應之矣。」
後爲報曉雞的美稱。「金雞剪夢」，意即指金雞一高唱，就把人都從夢中驚醒。

〔73〕但點上格子眼，串出四萬八千三界——意言判官的筆只要筆尖在格子內名字上
一點，每個人在來生就有各種不同的命運。格子，方形的空欄或框子。串，

反映、表現。三界，佛教指眾生輪迴的欲界、色界和無色戒。見《俱舍論‧世分別品》。晉‧惠遠《沙門不敬王者論‧求宗不順化》：「三界流動，以罪苦爲場。化盡則因緣永息，流動則受苦無窮。」四萬八千，形容人死後將遇到的各種不同的命運。

〔74〕漏——佛家語，指欲望帶來的煩惱。《百喻經‧牧羊人喻》：「爲此漏身之所誑惑，妄期世樂，如已妻息，爲其所欺。」宋‧劉斧《青鎖高議別集‧用城記》：「夫無漏然後有果焉。」明‧李昌祺《剪燈餘話‧武平靈怪錄》：「無緣不復勞烹飪，有漏從教老歲華。」

〔75〕烏星炮粲——形容人多。炮粲，爆竹炸裂的碎片。

〔76〕怎按下筆尖頭——怎麼放下筆。意言不把犯鬼打入無間地獄。筆尖頭，筆的尖端部分，即指筆。清‧昭槤《嘯亭雜錄》卷七「阿司寇」：「嘗定秋審冊，公揚筆曰：『此可謂筆尖兒立掃千人命也。』」筆尖頭、筆尖兒，義同。

〔77〕插入一百四十二重無間（jiàn）地獄——無間地獄，佛教語，即梵語阿鼻地獄的義譯。據《俱舍論》卷十一稱，造「十不善業」的重罪者墮入之，「地獄無間」，是地獄的最底層。一百四十二重，言地獄自寒冰地獄到飲銅地獄共有一百四十二層。見《法苑珠林》卷十一引《觀佛三昧海經》。

〔78〕鐵樹花開——比喻不可能的事。以上三句連起來是說：怎能放下筆，不把鬼犯打入無間地獄，這是不可能的事。

〔79〕剒、燒、舂、磨——地獄裏刑罰的名稱。剒，指鍘切、斬剁。燒，指燙、灼。《法苑珠林》卷八十三：「地有熱沙，走行其上，燒爛人腳。」舂，漢代的一種徒刑。《漢書‧惠帝紀》：「有罪當刑，及當爲城旦，舂之。」顏師古注引應劭曰：「舂者，婦人不豫外徭，但舂作米。」磨，用磨碎物也。明‧張岱《陶庵夢憶‧天童寺僧》：「余遍觀寺中僧匠千五百人，俱舂者、碓者、磨者……猙獰急遽，大似吳道子一幅《地獄變相》。」

〔80〕一靈兒——指遊魂。元‧關漢卿《竇娥冤》四〔得勝令〕：「呀！今日個搭伏定攝魂臺，一靈兒怨哀哀。」

〔81〕少一個請字——意即請誰來執行。

〔82〕左則是那虛無堂，癱、瘓、蠱、膈四正客——意言反正是那癱、瘓、蠱、膈四凶神的住所。左則是，反正是，橫豎是也。第十四齣〔尾犯序〕白：「呸！左則無人要他去！」義同。虛無堂，指空無所有的住所。癱，癱瘓（指肌體的某部感覺或運動功能完全或部分喪失）。瘓，結核病的俗稱。蠱，蠱毒。《左傳‧昭公元年》：「何謂蠱？」孔穎達疏：「以毒藥藥人令人不自知者，今律謂之蠱毒。」膈，噎食病，噎膈反胃，吃不下東西。以上都是中醫學病名。正客，這裏意謂病的凶神。

〔83〕稱（chèng）——同「秤」，衡量輕重的工具。

〔84〕業——佛教語，梵文 karman（羯磨）的意譯。業分善、不善、非善非不善三種，一般偏指惡業，即罪孽。

〔85〕衡石程書秦獄吏——衡石，泛指稱重量的器物。衡，秤也。石，古代重量單位，一百二十斤為一石。程書，《史記·秦始皇本紀》：「天下之事無大小皆決於上，上至以衡石量書，日夜有呈，不中呈，不得休息。」這句話是說，秦始皇每日要辦完一百二十斤重的公文，辦不完不休息。秦時尚無紙，公文都寫在竹簡上。所說一百二十斤，是指寫有公文的竹簡一百二十斤。

〔86〕肉鼓吹——謂體罰犯人的聲音。五代後蜀酷吏李匡遠，性苛急，一日不用刑，則慘然不樂。聞捶楚之聲，曰：「此吾一部肉鼓吹。」見《類說》卷二七引《外史檮杌》。鼓吹，謂音樂，古代一種器樂合奏曲。

〔87〕毛鉗（qián）刀筆漢喬才——毛鉗，當作毛錐、毛筆。刀筆，刀筆吏的省稱，指掌文案的官吏，引申為酷吏。《史記·酷吏列傳》：「臨江王欲得刀筆為書謝上，而都禁吏不予。」《後漢書·劉盆子傳》李賢注：「古者記事書於簡冊，謬誤者以刀削而除之，故曰刀筆。」喬才，壞蛋，這裏即指酷吏。

〔88〕沒關節包待制——宋代包拯做過龍圖閣直學士、天章閣待制，因稱「包龍圖」或「包待制」。包拯為官清正，為民伸冤，人稱包青天。《宋史·包拯傳》：「拯立朝剛毅，貴戚宦官為之斂手，聞者皆憚之。人以包拯笑比黃河清，童稚婦女，亦知其名，呼曰：『包待制』。京師為之語曰：『關節不到，有閻羅、包老。』」關節，舊時一般借稱行賄、說人情為關節，或叫做打關節、通關節。沒關節，意即指包拯辦案鐵面無私，行賄、託人情是辦不到的，所以說「關節不到，有閻羅、包老」。

〔89〕人厭其笑——化用《論語·憲問》「人不厭其笑」句，與下文「子哭之哀」（化用《論語·先進》「子哭之慟」句）相對，意謂即使像包拯一樣難得一笑，這笑聲在這裏也是可厭的，蓋極言地獄之淒慘也。

〔90〕無棺槨顏修文——意言顏淵死沒有棺無槨。棺，裝殮死人的器具。槨，棺外的套棺。《墨子·七患》：「死又厚為棺槨，多為衣裘。」顏淵死，門人欲厚葬之，顏淵之父顏路請子之車以為之槨，孔子沒答應。孔子說：「鯉也死，有棺而無槨。吾不徒行以為之槨，以吾從大夫之後，不可徒行也。」意言按照他的身份，必須坐車，不能徒步了。以上俱見《論語·先進》。顏修文，即顏淵，傳說他死後做地下修文郎的官。據說晉·蘇韶死後現行，對他兄弟說：「顏淵、卜商，今在為修文郎，修文郎凡有八人，鬼之聖者。」見《太平廣記》卷三一九引晉·王隱《晉書》。後因以「修文郎」稱陰曹掌著作之官。

〔91〕《樓炭經》，是俺六科五判——意言《樓炭經》便是我們執行六科五刑的依據。《樓炭經》，唐·段公路《北戶錄》卷一「緋猿」條：「《樓炭經》云：『鳥有四千五百種，獸有二千四百種。』」六科，即指六條法令。唐制：刺史頒行六

條詔書，以考察官吏。《漢書・百官公卿表上》：「武帝元狩五年初置部刺史。」顏師古注引《漢官典職儀》云：「刺史班宣，周行郡國，省察治狀，黜陟能否，斷治冤獄，以六條問事，非條所問，即不省。」五判，指笞、杖、徒、流、死五等刑法。見《隋書・刑法志》。清・阮葵生《茶餘客話》卷六「五刑」條謂：「自隋以前，死刑有五，曰磬、絞、斬、梟、裂，而流徒之刑、鞭笞兼用，數皆逾百。至隋，始定爲笞……杖……徒……流……死……。此笞、杖、徒、流、死，後世五刑之始也。」

〔92〕刀花樹，是俺九棘三槐——刀花樹，謂刀山劍樹，形容地獄之陰森可怕也。九棘三槐，古代皇帝的外朝種植棘、槐，作爲朝見時朝臣的地置，因用以指官位，三、九表示多的意思。《新唐書・刑法志》：「太宗以古者折獄，訊於三槐九棘。」則又作刑獄處所的標誌。這裏即指此義，言地獄的審判廳就設在刀山劍樹中。

〔93〕臉婁搜——猶云滿臉鬍子拉碴。老舍《駱駝祥子》十九：「對著鏡子看了看，他不認得鏡中人了：滿臉鬍子拉碴。」

〔94〕赳赳——雄壯勇武貌。《詩・周南・兔罝》：「赳赳武夫，公侯干城。」

〔95〕眉剔豎——眉毛挑起直立貌。《清平山堂話本・西湖三塔記》：「娘娘聽了，柳眉剔豎，星眼圓睜。」元・關漢卿《緋衣夢》三〔寨兒令〕：「直雙雙眉剔豎，古魯魯眼圓睜。」

〔96〕崖（yá）崖——形容目光炯炯有神貌。

〔97〕少不得中書鬼考，錄事神差——少不得，意言少不了，猶言「多」也。中書，官名，中書省的省稱，原掌禁中書記，明清廢中書省，於內閣設置中書舍人，負責撰擬、繕寫之事，這裏指掌管文書的一般吏人。《官場現形記》第五十三回：「他就湊了千把銀子，捐了個內閣中書。」可證官職不大。考，考問也。鬼考，拷問鬼魂。錄事，指在機關中擔任抄寫工作的低級官員。老舍《趙子曰》第二十：「他說只有文書科有一個錄事的缺。」連起來是說：輔佐判官審理鬼魂的吏員很多。

〔98〕金州判、銀府判、銅司判、鐵院判——意即州判、府判、司判、院判。按：司、院，亦官署名。所下金、銀、銅、鐵各字，蓋按其價值大小，表示判官隨其職位高低貪贓致富的等差。

〔99〕白虎臨官——意即白虎當值。白虎，凶神名，碰到他當差就有災禍。

〔100〕一樣價打貼刑名催伍作——打貼，意謂料理、處置，猶「打點」。打貼刑名，量刑、判刑的意思。伍作，即仵作，舊時官署中檢驗死屍的吏役。《六部成語・刑部成語》：「仵作，驗屍之男者也。」

〔101〕注濕生，牒化生，准胎生，照卵生——注、牒、准、照，皆用作動詞，意爲判明、批准。佛經說，世界眾生的產生有如下四種方式：一是濕生，指蟲、

蛾、蚤、虱的滋生；二是化生，指天地自然界的演化；三是胎生，即腹生，指人和畜類；四是卵生，指飛禽和魚鱉。敦煌變文《太子成道變文》：「出家定證仏（佛）身，救拔四生之重苦。」

〔102〕青蠅報赦——意言赦書尚未公佈，便有青蠅化爲黑衣人，把消息傳於街巷。典出《晉書·符堅載記上》：「堅親爲赦文，猛、融供進紙墨。有一大蒼蠅入自牖間，鳴聲甚大，集於筆端，驅而復來。俄而長安街巷市里人相告曰：『官今大赦，』有司以聞。堅驚問融、猛曰：『禁中無耳屬之理，事何從泄也？』於是赦外窮推之，咸言有一小人衣黑夜，大呼於市曰：『官今大赦。』須臾不見。」

〔103〕十分的磊齊功德轉三階——十分，用作甚詞，有極、很、甚、非常等義。元·費唐臣《貶黃州》一、白：「獨翰林學士蘇軾，十分與我不合。」磊，疊也，眾石堆砌貌。磊齊功德，形容功高德厚，轉三階，官連升三級。階，舊時官的等級。《舊唐書·職官志一》：「流內九品三十階。」

〔104〕威凜凜——嚴肅令人敬畏的樣子。清·無名氏《雙錘記》三十四〔梁州令〕：「看這大邦人物盛，威凜凜氣昂昂。」

〔105〕掌案的——管理案卷、掌辦文書的吏員。《儒林外史》第七回：「請了吏部掌案的金東崖來商議。」

〔106〕開除——開列的意思。清·洪昇《長生殿》四十二〔梨花兒〕白：「造銷算，開除些馬匹。」

〔107〕發落——猶今云「處理」。元·關漢卿《謝天香》一、白：「張千，有該簽押的文書，將來我發落。」

〔108〕史——文林、朱墨、清暉、獨深、竹林各本俱作「吏」。

〔109〕人間勾令史，地下列功曹——意指人世間死個令史官，到陰曹，做了陰曹的功曹。勾，勾攝陰魂，從陽世到陰間。令史，此名始於漢代蘭臺令史，掌管文書。魏晉南北朝因之。隋以後地位漸低，不入官品。宋以後所謂令史，實即衙門中的書吏。功曹，見本齣注〔22〕。

〔110〕枉死城——迷信說法，陰間拘禁冤魂的地方。《初刻拍案驚奇》卷十一：「不信死囚牢裏再沒有個含冤負屈之人，那陰間地府也不須設得枉死城了。」

〔111〕脫——拘禁的意思。

〔112〕沉香泥壁——把沉香塗在牆壁上。沉香，即沉水香，一種貴重香料。此香料早見於晉·葛洪《西京雜記》卷一。泥，塗飾，粉刷。《世說新語·汰侈》：「王（王愷）以赤石脂泥壁。」

〔113〕花粉錢——指嫖妓的費用。亦作「花錢」，元·無名氏《陳州糶米》三〔黃鐘煞尾〕：「不憂君怨和民怨，只愛花錢共酒錢。」

〔114〕男風——男色。明·秦樓外史《男王後》一〔仙呂賞花時·么篇〕白：「俺大

王爺最愛男風。」清·無名氏《魚籃記》十七〔惜奴嬌〕：「休唧噥今日雌兒皇帝，不勁男風。」

〔115〕回回卵——這是對少數民族的侮蔑語。

〔116〕哾（dōu）——怒斥聲。

〔117〕鶯鶯小姐——唐人傳奇《會眞記》和董西廂、王西廂中的女主角。

〔118〕飛燕娘娘——漢成帝的皇后，古代著名美人。

〔119〕粉版花衣——形容蝴蝶翅膀的美麗。

〔120〕咋——猶「咂（zā）」，吮吸、品辨的意思。

〔121〕斬——意猶「蘸」、猶「沾」。

〔122〕溜——練也。老舍《趙子曰》第14：「（趙子曰）也不漱到城外護城河岸去溜嗓子。」

〔123〕花間四友——說法不一：元·喬吉《金錢記》一、白，《揚州夢》一〔鵲踏枝〕，均以鶯、燕、蜂、蝶爲花間四友。元·吳昌齡《東坡夢》二〔黃鐘尾〕白，以桃、柳、竹、梅爲花間四友。

〔124〕拘礙——束縛、阻礙。謂不使自由也。

〔125〕怕彈珠兒打的呆——這句寫「鶯」的遭遇。

〔126〕扇梢兒撲的壞——這句寫「蝶」的遭遇。

〔127〕不枉了你宜題入畫高人愛——這句寫「燕」的遭遇。不枉了，意謂沒有辜負、沒有白費。徒勞無益曰「枉」。

〔128〕則教你翅膀兒展將春以鬧場來——這句寫蜜蜂的遭遇。翅掤，同「翅膀」。展，指蜜蜂展翅飛翔。將春色鬧場來，言把春光帶到萬千爭豔的熱鬧場面來。

〔129〕噀（xùn）氣——噴氣做法。噀，噴也。《古今韻會舉要·願韻》：「潠，噴水也。亦作噀。」《後漢書·欒巴傳》：「所在有績，徵拜尙書。」李賢注引《神仙傳》：「巴蜀後到，又飮酒西南噀之。」《西遊記》第六十九回：「那老龍在空中……噀一口津唾，遂化作甘霖。」

〔130〕哎（xuè）聲——以口吹物發出的小聲。

〔131〕天台——即天台山。在浙江天台縣北。南朝梁·陶弘景《眞誥》：「（山）當斗牛之分，上應臺宿，故名天台。」相傳東漢劉晨、阮肇入天台山採藥，曾遇仙女留住半年。回來時子孫已歷七世。

〔132〕背介——猶「旁白」，表示角色私向觀眾。其它在場角色聽不到的表白。

〔133〕哈也麽哈——歌曲的句中襯詞，只助聲調，無具體實際意義。這裏表示判官看到美女驚喜的神情。

〔134〕血盆中叫苦觀自在——血盆，舊時迷信傳說謂地獄中有血盆池，婦女生育過多，會觸污神佛，死後要在此池飮污血受苦。這裏逕指地獄。觀自在，迷信傳說中，稱觀世音菩薩爲觀自在。唐·玄奘《大唐西域記·烏仗那國》：「中

有阿嚩盧枳低濕伐羅菩薩像。」注：「唐言觀自在。」據說他住在落伽山掌持楊柳，以救苦救難爲己任。《南史・王玄謨傳》：「初，玄謨始將見殺，夢人告曰：『誦觀世音千遍則免。』」這裏是以觀世音的美貌比喻杜麗娘。

〔135〕耳語——附耳低語的意思。《史記・灌夫傳》：「臨汝侯方與程不識耳語。」是上古語已然。近人章太炎《新方言・釋言》：「《說文》：『聶，附耳私小語也。』蘄州謂附耳私語爲聶。」今俗語亦稱耳語爲「打啞巴科」。（蘄，音奇，蘄春也。縣名，在湖北省）

〔136〕天條——謂天上的法律，即上天所立凡人犯罪之條文。

〔137〕胡亂篩——胡言亂語。篩，謂傾吐虛言謊語也。

〔138〕是不曾——同「世不曾」，意謂從來沒有過。元明時習用語。元・無名氏《盆兒鬼》一〔混江龍〕：「世不曾閒閒暇暇，常則是結結的這巴巴。」

〔139〕粉油頭忒弄（nòng）色——粉油頭：婦女的濃妝豔裏，因亦以稱輕薄的婦女。弄色，顯示媚人的美色。宋・蘇軾《宿望海樓再和》詩：「新月如佳人，出海初弄色。」明・賈仲明《升仙夢》一〔北賺煞〕：「桃也再不去向陽弄色，我可便送盡行人才放解。」

〔140〕潤風風粉腮——潤風風，滋潤貌。粉腮，紅腮。意言臉色嬌嫩紅潤。故下句問她吃酒沒有。

〔141〕溜些些短釵——短短金釵略顯滑動。這句話是形容杜麗娘短釵微斜下墜貌。溜，滑動貌。南唐・李煜《浣溪紗》詞：「佳人舞點金釵溜，酒惡時拈花蕊嗅，別殿遙聞簫鼓奏。」因見短釵滑動，故下句問她唱歌、跳舞沒有。

〔142〕秦臺、楚臺——相傳爲秦穆公之女弄玉和其夫蕭史所住之臺。《冷眼觀》第四回：「但是時常聽那小說上有什麼秦穆公的女兒秦弄玉，被一個天上的神仙蕭史娶了去。」楚臺，即陽臺，楚襄王與巫山神女歡會的地方。戰國楚・宋玉《高唐賦》裏敍述楚襄王在高唐夢見一個神女，臨行對他說：「妾巫山之女，朝爲行雲，暮爲行雨，朝朝暮暮，陽臺之下。」後來就用陽臺比喻男女歡會的地方。

〔143〕泉臺——泉下之望鄉臺，即指陰府。唐・寒山《詩》二三六：「冥冥泉臺路，被業相拘絆。」

〔144〕過人家——意指嫁人。本劇第十六齣：「若早有了人家。」第十七齣：「則見不多時，那人家下定了。」第三十二齣：「姐姐敢定了人家？」諸「人家」皆此義，可互參。

〔145〕蟾宮客——唐以來科舉中第者的美稱。金・董解元《西廂記諸宮調》卷六〔大石調・玉翼蟬〕：「蟾宮客，赴帝闕，相送臨郊野。」

〔146〕一溜溜——一點點大，言其幼小也。猶「一丟」，明・徐渭《雌木蘭》二〔二煞〕：「去時節只一丟，回時節長並肩。」

〔147〕能寧耐——能，這樣、如此。寧奈，猶「能耐」，意謂本領。能，寧古通用。《老殘遊記》第十八回：「我沒有這們大的能耐。」以上兩句連起來，是說：一點點大的女孩兒，夢兒裏有這樣大的能耐！

〔148〕圓夢——解說夢中事，從而附會、預測人事的吉凶。唐・李德裕《次柳氏舊聞黃幡綽》：「黃幡綽在賊中，與大逆（指安祿山）圓夢。」

〔149〕拆字道白——是宋元時帶遊戲性的一種文字體制，把一個字拆做兩個字，或變成一句話。例如宋・黃庭堅《兩同心》詞：「你共人女邊著子，爭如我門裏挑心。」「女邊著子」是拆「好」字，「門裏挑心」是拆「悶」字。因此亦用來測字，把字拆開來占卜人運氣好壞，如明・劉元卿《應諧錄》：「宋季有謝石者，善測字……高宗以杖即地畫『一』字。石曰：『土上加一王也，是吾君王乎？』遂拜伏。」

〔150〕勘問——審訊，問罪。勘，《篇海類編・身體類・力部》：「勘，鞫囚也。」元・無名氏《鴛鴦被》楔子李府尹白：「我如今有罪，赴今聽勘。」《元曲選・音釋》：「勘，坎去聲。」

〔151〕春落魄——落魄，潦倒，失意。春落魄，是指殘春。（春季快完的時候）。

〔152〕山香一曲女消魂——《山香》，古曲名。古代神話傳說，謂「西王母宴群仙，有舞者戴砑光帽，帽上簪花，舞《山香》一曲。曲未終，花……皆落去」（見蘇軾《仇池筆記》卷上「砑光帽」條）。後來元代朱德潤《落花》詩有云：「卻憶當年砑光帽，《山香》一曲淚沾襟。」

〔153〕敢——意謂恐怕，爲推想或然之詞，語氣不肯定。

〔154〕著甚——猶言幹什麼、做什麼、用什麼、憑什麼。金・董解元《西廂記諸宮調》卷三〔大石調・洞仙歌〕：「你咱說謊，我著甚癡心沒去就！」元・王實甫《西廂記》一本二折〔二煞〕：「縱然酬得今生志，著甚支吾此夜長？睡不著如翻掌。」元・馬致遠《漢宮秋》二〔牧羊關〕：「你們干請了皇家俸，著甚的分破帝王憂？」

〔155〕恁——應作「您」，訛爲「恁」。民國・姚華《菉猗室曲話》卷二：「您、恁二字，傳奇每每互訛，亦由形與音皆相近也。」

〔156〕弄乖——要手段。《水滸傳》第十一回：「愁懷鬱鬱苦難開，可恨王倫忒弄乖。」

〔157〕偷元氣——謂偷取天地間之元氣也。元氣，唐・陳子昂《諫政理書》：「元氣者，天地之始，萬物之祖。」

〔158〕豔樓臺——言花神偷取了天地間的元氣，化成千花百草，把亭臺樓閣裝飾得更加絢麗。

〔159〕克性子費春工，淹酒債——意言要克制一下陶醉在花酒之間。克性子，克制本性。春工，春季造化萬物之工。宋・柳永《剔銀燈》詞：「何事春工用意，繡畫出，萬紅千翠。」淹，沉湎。《禮・儒行》：「儒有委之以貨財，淹之以樂

好，見利不虧其義。」這裏引申爲陶醉。「淹」、「費」互文爲義。

〔160〕胡弄的——胡來，亂搞。今語仍有，如魏剛焰《寶地寶人寶事》：「不要在外頭胡弄。」

〔161〕碧桃花——戲曲中以「碧桃花下」爲男女幽會場所。故有「碧桃花下鳳鸞交」、「碧桃花下死，做鬼也風流。」這類成語，其來源似是依據劉晨、阮肇入天台遇仙女故事而來，故下句說「惹天台」。

〔162〕紅梨花——元有張壽卿《謝金蓮詩酒紅梨花》雜劇，其內容是寫趙汝舟愛上妓女謝金蓮，其友洛陽太守劉公弼，怕他耽誤前程，暗使三婆哄騙他，說他晚上遇到的是個女鬼，紅梨花就是她的怨氣所在。趙汝舟懼怕匆匆赴京趕考。考中轉來，在劉公弼的歡宴會上，又看到謝金蓮扇子上插朵紅梨花。趙以爲是眞的又見鬼了，結果倒成了他們的親事。（明·徐復祚《紅梨記》傳奇劇情，大致類此）故下文說「扇妖怪」。

〔163〕金錢花——花名，即旋覆花。唐·段成式《酉陽雜俎》前卷卷十九「草篇」：「金錢花，一云本出外國，梁大同二年，進來中土。梁時荊州掾屬雙陸，賭金錢，錢盡，以金錢花相足。」故下句說「下的財」，下財，舊俗訂婚，男方給女方的財禮（聘金）。

〔164〕繡球花——花名。又名粉團、八仙花。落葉灌木，葉青色，夏季開花，呈五瓣，簇聚成球形，色白或淡紅，甚美觀，爲著名觀賞植物。見《廣群芳譜·花譜十七·雪球》。故下句說「結得彩」。

〔165〕芍藥花——花名。多年生草本植物，五月開花，花朵大而美麗。有紫紅、粉紅、白多種顏色，供觀賞。《詩·鄭風·溱洧》：「維士與女，伊其相謔，贈之以勺藥。」勺藥，即「芍藥」，表示男女愛慕之情。故下句說「心事諧」。諧者，謂愛情如願也。

〔166〕木筆花——花名。其花未開時，苞有毛，尖長如筆，故以名之。故下句說「寫明白」，蓋筆所以寫字者也。

〔167〕水菱花——即「菱花」，指照面的鏡子。漢·伶玄《趙飛燕外傳》：「飛燕始加大號婕妤，奏上三千文物以賀，有七尺菱花一奩。」據宋·陸佃《埤雅·釋草》：「鏡謂之菱華（花），以其面平光影所成如此。」故下句說「宜鏡臺」。

〔168〕玉簪花——花名。元·白樸《梧桐雨》二〔中呂粉蝶兒〕：「坐近幽蘭，噴清香玉簪花綻。」因花名「玉簪」，故下句說「堪插戴」。

〔169〕薔薇花——薔薇，落葉灌木植物。花白色或淡紅色，有芳香，花可供欣賞。因薔薇露，原採薔薇花露水而成（見宋·蔡襄《鐵圍山叢談》卷五）。故下句說：「露渲腮」，言用薔薇露塗面也。薔薇露，古代婦女常用的化妝品。

〔170〕臘梅花——臘梅、落葉灌木。冬季開花、花瓣外黃內暗紫，香味濃烈，可供觀賞。因上句言「臘梅花」，故下句說「春點額」。春點額是指梅花落於額角

也。《太平御覽》卷九七零引《宋書》：南朝宋「武帝女壽陽公主，人日臥於含章殿簷下，梅花落在公主額上，或五出之華（花），拂之不去，皇后留之。自後有梅花妝，後人多傚之。」宋‧歐陽修《訴衷情‧眉意》：「清晨簾幕卷清霜，呵手試梅妝。」明‧謝讜《四喜記》六〔排歌‧前腔〕：「脂輕抹，粉薄籠，梅妝不減壽陽宮。」

〔171〕水仙花——花名。省稱「水仙」。花如金盞銀盤，養在水中，清香淡雅，故以名之。由水仙而聯想到水仙洛神，三國魏‧曹植《洛神賦》：「凌波微步，羅襪生塵。」所以下句說「綾襪踹」。踹，踐踏也。光緒年修《米脂縣志‧方言》：「踹，腳物也。」

〔172〕紅影篩——謂紅影從燈籠眼透過也。篩，凡從孔隙中透過或漏下皆曰篩。唐‧孟郊《送從舅端適楚地》詩：「羽扇揮輕汗，布帆篩細風。」唐‧元稹《聞》詩之一：「晻淡洲煙白，蘿篩日腳紅。」宋‧王安石《春雪》詩：「春雪墮如篩，渾家醉不知。」

〔173〕酴醾花——花名，即「荼蘼」。《六書故》：「或謂：取其芳以漬酒，亦作荼蘼。」因酴醾花可以漬酒，聯想到醉，故下句說「春醉態」。

〔174〕金盞花——一年或二年生草本植物。葉子互生，披針形，頭狀花序，花冠乳黃色或橘紅色。因葉子互生，聯想到男女成雙成對，故下句說「做合巹杯」。合巹，古代婚禮，合巹而酳，世因稱夫婦成婚曰合巹。《儀禮‧士昏禮》「四爵合巹」注：「合巹，破匏也。四爵兩爵凡六，為夫婦各三，酳一升曰爵。」《禮記‧昏義》：「婦至，婿揖婦以入，共牢而食，合巹而酳，所以合體同尊卑以親之也。」按：酳（yin），同「酳」，少飲也。《集韻‧稕韻》：「酳，小飲也。」《儀禮‧士虞禮》：「酳酒酳尸。」鄭玄注：「古文酳作酳。」

〔175〕錦帶花——花名。又名海仙花。宋‧王禹偁《海仙花》詩之三：「錦帶為名卑且俗，為君呼作海仙花。」因「錦帶花」之「帶」聯想到做裙帶，故下句說「裙褶帶」。褶，衣服折疊而形成的印痕。唐‧張祜《觀杭州柘枝》詩：「看著遍頭香袖褶，粉屏香帕又重隈。」

〔176〕合歡花——植物名，一名為「馬纓花」。落葉喬木，羽狀複葉，小葉對生，夜間成對相合，故又俗稱「夜合花」。故下句說「頭懶擡」，蓋喻其成雙成對、頭俯向對方互相擁抱也。唐‧杜甫《佳人》詩：「合昏尚知時，鴛鴦不獨宿。」合昏，即合歡。

〔177〕楊柳花——古時楊、柳並稱，故楊花、柳花並指柳絮。北周‧庾信《春賦》：「新年鳥聲千種囀，二月楊花滿路飛。」唐‧李白《金陵酒肆留別》詩：「風吹柳花滿店香，吳姬壓酒喚客嘗。」

〔178〕凌霄花——凌霄，落葉藤本植物，攀援莖上，羽狀複葉，小葉卵形，邊緣有鋸齒，花鮮紅色，花冠漏斗形，結碩果。

〔179〕辣椒花——辣椒，一年生草本植物。葉子呈卵狀披針形，花白色，原產於南
　　　美洲熱帶地區，可入藥，亦可供食用。因爲辣椒屬熱性，故下句說「把陰熱
　　　窄」，意指內熱使人不舒服。窄，謂不舒坦。唐·李賀《酒罷張大徹索贈》詩：
　　　「隴西長吉摧頹客，酒闌感覺中區窄。」王琦彙解：「中區窄，謂心事不舒。」

〔180〕含笑花——花名。木蘭科，常綠灌木。花開時常不滿，如含笑狀。宋·歐陽
　　　修《歸田錄》卷一：「（丁晉公）晚年詩筆尤精，在海南篇詠猶多，如『草解
　　　忘憂憂底事，花名含笑笑何人』，尤爲人所傳誦。」因花含笑向人，故下句說
　　　「情要來」。「情」者，指人之感情也。

〔181〕紅葵花——即向日葵。俗有云：「葵花朵朵向太陽。」故下句說「日得他愛」。

〔182〕女蘿花——即女蘿，植物名，多攀附於松樹而生，成絲狀下垂，故又稱「松
　　　蘿」。古直《哀朝鮮》詩：「女蘿附松柏，妄謂可終始。」故下句說「纏的歪」。
　　　歪，方言，屬害兇惡的意思。李劼人《大波》第一部第四章：「硬是比老虎還
　　　歪！」川劇《柳蔭記》第八場：「你們的狗又歪，員外又惡。」

〔183〕紫薇花——紫薇，花木名。又稱滿堂紅、百日紅。落葉小喬木，夏、秋間開
　　　花。樹皮滑澤。用手撫摸，枝葉就會搖動，又稱「怕癢花」。故下句說「癢的
　　　怪」。

〔184〕宜男花——萱草的別稱，又稱宜男草。古人迷信，認爲孕婦佩之則生男。《太
　　　平御覽》卷九九六引前蜀·杜光庭《述異記》：「婦人帶宜男草，生兒。」故
　　　下句說「人美懷」。「人美懷」者，謂人心中歡喜也。

〔185〕丁香花——常綠喬木，葉子長呈橢圓形，花淡紅色。花蕾如結。《全唐詩》卷
　　　539、李商隱《代贈二首》之一：「芭蕉不展丁香結，同向春風各自愁。」故
　　　下句說「結半躧」。結，即指丁香的花蕾如結也。半躧，半開也。

〔186〕荳蔻花——荳蔻，植物名。又稱「草荳蔻」、「白荳蔻」。花淡紅色，花蕾呈胎
　　　狀，故下句說「含著胎」，故荳蔻花，又名含胎花。《本草綱目·草三·山薑》
　　　集解引宋·蘇頌曰：「劉恂《嶺表異錄》云：莖葉皆薑也……花生葉間，作穗
　　　如麥粒，嫩紅色。南人取其未大開者，謂之含胎花。」

〔187〕奶子花——不詳。

〔188〕梔（zhī）子花——梔子，花木名。常綠灌木，春夏開白花，香氣撲鼻。木質
　　　緻密，色黃，可供雕刻等用。故下句說「知趣乖」。「知趣」者，謂討人喜歡
　　　也。乖，義同。

〔189〕柰子花——茉莉花的別名。明·袁宏道《顯靈宮柏》：「余嘗謂戒壇老松，城
　　　外柰子花，顯靈柏，可稱卉木中三絕。」故下句說「恣情柰」。恣情，縱情也。
　　　柰，「愛」的同音假借字。

〔190〕枳（zhǐ）殼花——枳，通稱枸橘，落葉灌木或小喬木，莖上有刺，春生白花
　　　季結實，味酸苦不能食，可入藥。故下句說「好處揩」。揩，擦抹也。

〔191〕海棠花——落橋木，葉子卵形或橢圓形，春季開花，有白色、淡紅色等，品種頗多。舊時詩句中多以海棠花形容美人春困。如宋·蘇軾《海棠》詩：「春風嫋嫋泛崇光，香霧空濛月轉廊。只恐夜深花睡去，故燒高燭照紅妝。」宋·李清照《如夢令》詞：「昨夜雨疏風驟，濃睡不消殘酒。試問捲簾人，卻道海棠依舊。」故下句說「春困怠」，言美人一到春天就發困發怠。

〔192〕孩兒花——疑為孩兒茶。藥茶名。明·謝肇淛《五雜組·物品三》：「藥中有孩兒茶，醫者盡用之……俗因治小兒諸瘡，故名孩兒茶也。」故下句說「呆笑孩」。

〔193〕姊妹花——姊妹，稱妓女。花，亦妓女之稱。元·陶宗儀《輟耕錄》卷十四「婦女曰娘」條：「娼婦曰花娘。」明·朱有燉《繼母大賢》一、白：「專一吃酒養花。」明·梁辰魚《浣溪紗》二十三〔一江風·前腔〕白：「戀酒迷花。」兩「花」字皆指妓女。故下句說「偏妒色」，意謂怕奪寵甚為嫉妒別人之美色也。

〔194〕水紅花——即蓼花。一年生成多年生草本植物，花小，呈白色或淺紅色。因「蓼」、「了」叶音，故下句說「了不開」。

〔195〕瑞香花——瑞香，植物名。常綠灌木，葉為長橢圓形，春季開花，有紅紫及白色等，味香烈。又名「睡香」，傳為花中祥瑞。宋·陶穀《清異錄·睡香》：「廬山瑞香花，始緣一比丘晝寢磐石上，夢中聞花香烈酷不可名。既覺，尋香求之，因名睡香。四方奇之，謂乃花中祥瑞，遂以『瑞』易『睡』。」花既名貴，人皆寶之，故下句說「誰要探」。瑞、睡、誰，皆音近字。探，摘也。

〔196〕旱蓮花——荷花的一種。唐·蘇鶚《蘇氏演義》卷下：「芙蓉，一名荷花……花大者，至百葉。又有金蓮花、青蓮花、碧蓮花、千葉蓮花、石蓮花、雙蓮花、旱蓮花。」「蓮」和「憐」叶音，故下句說「憐再來」。憐，愛也。

〔197〕石榴花——石榴，樹木名。石榴花即石榴樹所開的花。元·張昱《題鸚鵡士女圖》詩：「只有舊時鸚鵡見，春衫曾似石榴花。」「榴」、「留」叶音，故下句說「可留得在」？在，語尾助詞。

〔198〕流動了女裙釵——流動，這裏意為感動。女裙衩，指杜麗娘。

〔199〕剗地裏——這裏用作反詰詞，猶「怎麼」，元·鄭廷玉《忍字記》二〔烏夜啼〕白：「你看經念佛，剗地殺人？」

〔200〕杜鵑花魂魄灑——杜鵑，鳥名。又名杜宇、子規。相傳為古蜀王杜宇之亡魂所化，這裏借喻杜麗娘之死。

〔201〕欽依——皇上依準曰「欽依」。明·唐順之《海賊分道侵突疏》：「先是宗憲會同臣題奉欽依，用銀一萬兩分道都司何本源，把總指揮邢鎮，募山東兵三千名防守江南。」

〔202〕勾——勾引、引誘。

〔203〕有一個夜舒蓮，扯不住留仙帶——夜舒蓮，即夜舒荷。東漢靈帝荒淫無度，建裸遊館，內有流秀渠，帝與宮女裸體嬉戲其間，《太平廣記》卷二三六「後漢靈帝」條引王子年《拾遺記》云：「靈帝初平三年，于西園起裸遊館十間。採綠苔以被階，引渠水以繞砌……渠中植蓮大如蓋，枝長一丈，南國所獻也。其葉夜舒晝捲，一莖有四蓮叢生，名曰夜舒荷。亦言月出見葉舒，亦名望舒荷。帝乃盛夏避暑于裸遊館，長夜飲宴……宮人年二七以上，三六以下，皆靚妝而解上衣。或共裸浴。西域所獻茵墀香，煮為浴湯，宮人以之沐浴。浴畢，餘汁入渠，名曰流香渠。」留仙帶，亦俗稱「留仙裙」，類似今之百褶裙，據漢‧伶玄《趙飛燕外傳》記載：漢成帝於太液池作千人舟，號合宮之舟，後歌舞《歸風》、《送遠》之曲，侍郎馮無方吹笙以倚後歌。至中流，歌酣，風大起。後揚袖曰：「仙乎，仙乎，去故而就新，寧忘懷乎？」帝令無方持後裙。風止，裙為之縐。他日，宮姝幸者，或襞裙為縐，號「留仙裙」。成帝在位期間，趙飛燕專寵十餘年，貴傾後宮。成帝崩，畏罪自殺。本句把兩個故事結合在一起，意指趙飛燕是玩花而亡。

〔204〕一個海棠絲，剪不斷香囊怪——此句疑係楊貴妃故事。海棠，指楊貴妃。《事類統編》卷上十八引《太真外傳》云：「明皇登沉香亭，召太真（楊貴妃）。宿酒未醒，釵橫鬢亂。不能再拜。上笑曰：『豈海棠春睡未足耶？』」香囊，指錦香囊。安史之亂平定後，明皇返京都長安，想把貴妃骸骨重新安葬。及開墓，肌膚已不見了。宋‧樂史《楊太真外傳》卷下這樣記載說：「妃之初瘞，以紫褥裹之。及移葬，肌膚已消釋矣，胸前猶有錦香囊在焉。」驚疑不解，故以為「怪」。

〔205〕一個瑞香風趄不上非煙在——唐人傳奇故事：武公業的愛妾步非煙，容止纖麗，為近鄰書生趙象所窺，發狂心蕩，不知所持。步非煙亦慕趙象才華。及相一見，兩情相悅，一來二去，遂成美事。在趙象給非煙的詩中有這樣兩句話：「瑞香風引思深夜，知是蕊宮仙馭來。」後來因非煙拷打女奴，女奴銜恨告密，武公業便把非煙毒打而死。見《太平廣記》卷四九一皇甫枚撰《非煙傳》。

〔206〕花容——一般喻指女子的美貌，這裏徑指美女。曉風殘月：意為曉風輕拂，殘月在天。語本宋‧柳永《雨霖鈴》詞：「今宵酒醒何處？楊柳岸、曉風殘月。」這裏用以比喻不可捉摸的事物。

〔207〕耽饒——寬恕的意思。

〔208〕總制——官名，即「總督」。明武宗嘗自稱「總督軍務」，臣下避之，乃改「總督」為「總制」。明世宗嘉靖十九年避「制」字，又改「總制」為「總督」。見《明史‧武宗紀》及《職官志二》。

〔209〕跟尋——訪問，打聽，尋找。亦作「根尋」。敦煌變文《降魔變文》：「妄說地獄天堂，根尋無人的見。」

〔210〕陽祿——陽壽。

〔211〕該——注定。

〔212〕噤煙花一種春無賴——春天的煙花都是無賴，言外之意，謂春天景色容易引起男女情思，應予禁止。煙花，泛指綺麗的春景。唐·李白《黃鶴樓送孟浩然之廣陵》詩：「故人西辭黃鶴樓，煙花三月下揚州。」無賴，意猶「無奈」、「無可奈何」。

〔213〕水玻璃，堆起望鄉臺——水玻璃，形容水色白茫茫一片。望鄉臺迷信傳說謂陰間有望鄉臺，亡魂登上去可以看到陽世家中情況。元·無名氏《爭報恩》二〔快活三〕：「我一靈兒直到望鄉臺，猛聽的招魂魄。」

〔214〕哨（shào）見——瞧見。哨，巡邏，偵察。《英烈傳》第十三回：「探子哨知消息，報與趙普勝。」

〔215〕路引——猶今云「通行證」。

〔216〕留的青山在——中國民間諺語有云：「留得青山在，不怕沒柴燒。」比喻杜麗娘的屍身只要不毀壞，就有還魂的希望。

〔217〕勾牌——謂傳訊牌子，猶今之「傳票」。

〔218〕差排——差使、差遣、差派。元·馬致遠《漢宮秋》二〔哭皇天〕：「我不信你敢差排呂太后。」

〔219〕破棺星——對開棺救活杜麗娘三人的尊稱。

〔220〕醉斜烏帽髮如絲——語見《全唐詩》卷533、許渾《送蕭處士歸緱嶺別業》詩。

〔221〕盡日靈風不滿旗——語見《全唐詩》卷539、李商隱《重過聖女祠》詩。靈風，東風，春風也。又李商隱《贈白道者》詩：「靈風正滿碧桃枝。」

〔222〕年年檢點人間事——語見《全唐詩》卷654、羅鄴《賞春》詩。檢點，《全唐詩》作「點檢」，皆查核、檢查、查對之意。

〔223〕為待蕭何作判司——語見《全唐詩》卷413、元稹《酬孝甫見贈十首》之二。《全唐詩》「為待」作「多道」。判司，古代官名。唐代節度使、州郡長官的僚屬，分別掌管批判文牘等事務。亦用稱州郡佐史。

第二十四齣　拾　畫

【金瓏璁】〔生上〕驚春誰似我？客途中都不問他。風吹綻蒲桃褐〔1〕，雨淋殷杏子羅〔2〕。今日晴和，曬衾單兀自有殘雲渦〔3〕。

脈脈〔4〕梨花春院香，一年愁事費商量。不知柳思〔5〕能多少？打迭腰

肢關沈郎〔6〕。小生臥病梅花觀中，喜得陳友知醫，調理痊可。則這幾日間，春懷鬱悶，何處忘憂？早是〔7〕老姑姑到也。

【一落索】〔淨上〕無奈女冠〔8〕何，識的書生破。知他何處夢兒多？每日價欠伸千個。

秀才安穩〔9〕！〔生〕日來病患較些〔10〕，悶坐不過。偌大梅花觀，少甚園亭消遣。〔淨〕此後有花園一座，雖然亭榭〔11〕荒蕪，頗有寒花點綴。則留散悶，不許傷心。〔生〕怎的得傷心也！〔淨歎介〕是這般說。你自去遊便了。從西廊轉畫牆而去，百步之外，便是籬門。三〔12〕里之遙，都爲池館。你盡情玩賞，竟日消停〔13〕，不索老身陪去也。名園隨客到，幽恨少人知。〔下、生〕既有後花園，就此迤邐〔14〕而去。〔行介〕這是西廊下了。〔行介〕好個蔥翠〔15〕的籬門，倒了半架。〔歎介〕
【集唐〔16〕】憑闌仍是玉闌干〔17〕，四面牆垣不忍看〔18〕。想得當時好風月〔19〕，萬條煙罩一時乾〔20〕。〔到介〕呀，偌大一個園子也。

【好事近】則見風月〔21〕暗消磨，畫牆西正南側左〔22〕。〔跌介〕蒼苔滑擦〔23〕，倚逗著〔24〕斷垣低垛〔25〕，因何，蝴蝶門兒落合〔26〕？原來以前遊客頗盛，題名在竹林之上。客來過，年月偏多，刻畫盡琅玕〔27〕千個。咳，早則是寒花繞砌〔28〕，荒草成窠〔29〕。

怪哉，一個梅花觀，女冠之流，怎起的這座大園子？好疑惑也。便是這〔30〕流水呵！

【錦纏道】門兒鎖，放著這武陵源〔31〕一座，恁好處教頹墮！斷煙中見水閣摧殘，畫船拋躲〔32〕，冷秋韆尚掛下裙拖。又不是經曾兵火，似這般狼籍〔33〕呵，敢斷腸人遠、傷心事多？待不關情〔34〕麼，恰湖山石畔留著你打磨陀〔35〕。

好一座山子哩。〔窺介〕呀，就裏一個小匣兒。待把左側一峰靠著，看是何物？〔作石倒介〕呀，是個檀香匣兒。〔開匣看畫介〕呀，一幅觀世音喜相〔36〕。善哉〔37〕，善哉！待小生捧到書館，頂禮〔38〕供養，強如埋在此中。

【千秋歲】〔捧合回介〕小嵯峨〔39〕，壓的旃檀合〔40〕，便做了好相

觀音俏樓閣〔41〕。片石峰前，那片石峰前，多則是飛來石〔42〕，三生因果〔43〕。請將去爐煙上過〔44〕，頭納地，添燈火，照的他慈悲我〔45〕。俺這裏盡情供養，他於意云何〔46〕？

〔到介〕到了觀中，且安置閣兒上，擇日展禮。〔淨上〕柳相公多早〔47〕了！

【尾聲】〔生〕姑姑，一生爲客恨情多，過冷澹園林日午斜〔48〕。老姑姑，你道不許傷心，你爲俺再尋一個定不傷心何處可。

僻居雖愛近林泉〔49〕，早是傷春夢雨天〔50〕。

何處邀將歸畫府〔51〕？三峰花半碧堂懸〔52〕。

校　注

〔1〕蒲桃褐——意指印染蒲桃花樣的粗布衣服。蒲桃，即葡萄，意義並同。褐，獸毛或粗麻製成的短衣，古人貧苦人所服。《詩・豳風・七月》：「無衣無褐，何以卒歲？」

〔2〕杏子羅——意指印染有杏子花樣的羅衫。杏子，杏樹的果實。宋・范成大《晚春田園雜興》之一：「梅子金黃杏子肥，麥花雪白菜花稀。」

〔3〕衾單兀自有殘雲渦——言路途遇雨衾被還有雨淋的濕漬。兀自，用作副詞。一般含有尚、還、猶等義。作此解者，寫法約有十餘種，詳《宋金元明清曲辭通釋・兀自》。渦（wō），水漬。

〔4〕脈脈——這裏同爲「默默」，謂有言不得吐也。

〔5〕柳思——春思，情思。

〔6〕打迭腰肢鬭沈郎——意言身體瘦弱可以和南朝梁沈約相比。按：夢梅姓柳，故以柳（柳腰）借喻。打迭，打點，準備。沈郎，以腰瘦著稱。南唐・李璟《浣溪紗》詞之三：「風壓輕雲貼水飛，乍晴池館燕爭泥。沈郎多病不勝衣。」李煜《破陣子》詞：「一旦歸爲臣虜，沈腰潘鬢消磨。」周詠《感懷》詩之六：「風卷塵沙飛鳥急，工愁頻瘦沈郎腰。」

〔7〕早是——幸虧，幸而。到，朱校本作「回」。

〔8〕女冠——女道士，《宋史・徽宗紀四》：「改女冠爲女道，尼爲女德」。清・孔尚任《桃花扇》三十九〔好姐姐〕：「你看石牆四聳，畫掩了重門無縫；修眞女冠，怕遭俗客哄。」

〔9〕安穩——猶今云「你好」。

〔10〕較些——病好一些。較，《詩詞曲語辭彙釋》：「較，猶瘥。」瘥，病癒也。

〔11〕榭（xiè）——建在高臺上的木屋，多為遊觀之所。《書・泰誓上》：「惟宮室臺榭。」孔傳：「土高曰臺，有木曰榭。」

〔12〕三——朱校本作「半」。

〔13〕消停——流連、消遣。

〔14〕逶迤（yǐ lǐ）——曲折蜿蜒貌，這裏意謂緩行。清・李漁《玉搔頭》十八〔梨花兒・前腔〕：「逶迤行來，此間已是。」

〔15〕蔥翠——青翠，蒼翠。南朝梁・簡文帝《和湘東王首復》詩：「竹水俱蔥翠，花蝶兩飛翔。」

〔16〕集唐——集唐人詩句，以表己意。

〔17〕憑闌仍是玉闌干——玉，形容石的潔白。語見《全唐詩》卷491、王初《望雪》詩。兩「闌」字，《全唐詩》俱作「欄」。

〔18〕四面牆垣不忍看——語見《全唐詩》卷732、張隱《萬壽寺歌詞》詩。《全唐詩》「牆」作「匡」。

〔19〕想得當時好風月——語見《全唐詩》卷700、韋莊《令狐亭》詩。《全唐詩》「好風月」一作「好煙月」。好風月，意指園中景色之美。

〔20〕萬條煙罩一時乾——語見《全唐詩》卷643、李山甫《柳十首》之十。《全唐詩》「罩」一作「草」。萬條煙罩，形容柳條很多。一時乾，形容柳樹都已枯敗。

〔21〕風月——意即清風明月，泛指美好時光。

〔22〕側左——左側，左邊。

〔23〕滑擦——光溜，打滑。元・王伯成散套《哨遍・項羽自刎》：「足滑擦豈容停。」明・朱有燉《團圓夢》三〔正宮端正好〕：「泥滑擦行不得也。」

〔24〕倚逗著——猶「倚著」，謂倚靠、依附。

〔25〕垛（duò）——堆積成的堆。

〔26〕蝴蝶門兒落合——蝴蝶門，謂雙扇門。落合，謂門插著、門關著。

〔27〕琅玕（láng gān）——竹子的代稱。元・關漢卿散套《黃鐘・侍香金銅》：「紗窗外琅玕敲瘦節。」元・無名氏《鴛鴦被》二〔笑和尚〕：「原來是各支支聲戞琅玕竹。」

〔28〕砌——臺階。南唐・李煜《虞美人》詞：「雕欄玉砌應猶在，只是朱顏改。」

〔29〕窠——巢穴，泛指鳥獸昆蟲的棲息之所。

〔30〕這——此字下，朱墨、清暉、獨深、竹林各本俱有「灣」字。

〔31〕武陵源——本指晉・陶潛《桃花源記》所在，後泛指世外桃源（避世隱居的地方）。

〔32〕抛躲——抛掉、遺棄的意思。《玉篇・手部》：「抛，擲也。」宋・柳永《定風

波》詞：「鎭日相隨莫拋躱，針線拈來共伊坐，和我；免使少年光陰虛過。」

〔33〕狼藉──縱橫散亂貌。

〔34〕關情──情牽意惹的意思。唐・陸龜蒙《又酬（襲美）次韻》詩：「酒香偏入夢，花落又關情。」

〔35〕打磨陀──見第十一齣注〔10〕。

〔36〕觀世音喜相──觀世音，別稱「觀自在」。見第二十三齣注〔134〕。喜相，喜形於色的模樣。

〔37〕善哉──讚歎之辭。《法華經・方便品》：「梵音慰喻我，善哉釋迦文。」

〔38〕頂禮──是佛教徒拜佛最尊敬的禮節。《圓覺經疏》：「以己最勝之頂，禮佛最卑之足，敬之至也。」一般則當敬禮、致敬的意思。

〔39〕嵯峨（cuó é）──山勢險峻貌。這裏喻指假山。

〔40〕旃檀合──旃檀，香木名，即檀香，梵語旃檀那之略稱，有黃、白、紫各種。合，「盒」的省寫。

〔41〕樓閣──泛指樓房，這裏喻指假山。

〔42〕飛來石──浙江省杭州市西湖西北有飛來峰，與靈隱寺隔溪相望。晉代僧惠理說這裏印度中天竺國靈鷲山的小嶺，不知何時飛來，山因此得名。這裏亦借指假山。

〔43〕三生因果──三生，佛教語。指前生、今生、來生。唐・牟融《送僧》詩：「三生塵夢醒，一錫衲衣輕。」因果，亦佛教語，謂因緣和果報。根據佛教輪迴之說，種什麼因，結什麼果；善有善報，惡有惡報。

〔44〕請將去爐煙上過──指把（麗娘）畫像迎請到擺放香爐的上面來。

〔45〕頭納地，添燈火，照的他慈悲我──意言（衝著畫像）叩頭點燈，照亮了菩薩畫像，以盡我虔誠的敬禮，求其保祐。慈悲我，即謂保祐我也。「慈悲」在這裏作動詞。

〔46〕於意云何──意思以爲如何，佛經裏的習用語。

〔47〕多早──寒暄語。

〔48〕殂（cuo）──偏斜。這裏指日斜。《字彙補・歹部》：「殂，楊廉夫《遊仙錄》：『日殂西。』」亦作「趖」。《花間集》卷六、歐陽炯《南鄉子》八首之七：「豆蔻花間趖晚日。」

〔49〕僻居雖愛近林泉──語見《全唐詩》卷744、伍喬《僻居酬友人》詩。「雖」一作「惟」。

〔50〕早是傷春夢雨天──語見《全唐詩》卷700、韋莊《長安清明》詩。《全唐詩》「早」作「蚤」。又「夢」一作「暮」。

〔51〕何處邀將歸畫府──語見《全唐詩》卷764、譚用之《貽釣魚李處士》詩。

〔52〕三峰花半碧堂懸──語見《全唐詩》卷239、錢起《題嵩陽焦道士石壁》詩。《全唐詩》「半」作「畔」。

第二十五齣　憶　女

【玩仙燈】〔貼上〕靚物懷人，人去物華〔1〕銷盡。道的個〔2〕仙果難成，名花易隕〔3〕。〔歎介〕恨蘭昌殉葬無因〔4〕，收拾起燭灰香爐〔5〕。

自家杜府春香是也。跟隨公相夫人到揚州。小姐去世，將次三年。俺看老夫人那一日不作念，那一日不悲啼。縱然老公相暫時寬解，怎散眞愁？莫說老夫人，便是俺春香，想起小姐平常恩養〔6〕，病裏言詞，好不傷心也。今乃小姐生忌〔7〕之辰，老夫人分付香燈，遙望南安澆奠〔8〕。早已安排。夫人，有請。

【前腔】〔老旦上〕地老天昏，沒處把老娘安頓。思量起舉目無親，招魂有盡。〔哭介〕我的麗娘兒也！在天涯老命難存，割斷的肝腸寸寸。

【蘇幕遮】嶺雲沈，關樹杳〔9〕。〔貼〕春思無憑，斷送人年少。〔老〕子母千迴腸斷繞。繡夾書囊，尚帶餘香裊。〔貼〕瑞煙清，銀燭皎。〔老〕繡佛〔10〕靈辰，血淚風前禱。〔哭介、合〕萬里招魂魂可到？則願的人天淨處超生早。〔老〕春香，自從小姐亡過，俺皮骨空存，肝腸痛盡。但見他讀殘書本，繡罷花枝，斷粉零香，餘簪棄履，觸處無非淚眼，見之總是傷心。算來一去三年，又是生辰之日。心香〔11〕奉佛，淚燭澆天。分付安排，想已齊備。〔貼〕夫人，就此望空頂禮。〔老拜介〕【集唐】微香冉冉淚涓涓〔12〕，酒滴灰香似去年〔13〕。四尺孤墳何處是〔14〕？南方歸去再生天〔15〕。杜安撫之妻甄氏，敬爲亡女生辰，頂禮佛爺。願得杜麗娘皈依〔16〕佛力，早早生天。〔起介〕春香，禱告了佛爺，不免將此茶飯，澆奠小姐。

【香羅帶】麗娘何處墳？問天難問。夢中相見得眼兒昏，則聽的叫娘的聲和韻也，驚跳起，猛回身，則見陰風幾陣殘燈暈〔17〕。〔哭介〕俺的麗娘人兒也，你怎抛下的萬里無兒白髮親！〔貼拜介〕

【前腔】名香叩玉眞〔18〕，受恩無盡，賞春香還是你舊羅裙。〔起介〕小姐臨去之時，分付春香，長叫喚一聲。今日叫他，小姐，小姐呵，叫的一聲聲小姐可曾聞也？〔老旦貼哭介、合〕想他那情切，那傷神，恨天天生割斷俺娘兒直恁忍〔19〕！〔貼回介〕俺的小姐人兒也？你可還向這舊

宅裏重生何處身？

〔跪介〕稟老夫人，人到中年，不堪哀毀。小姐難以生易死，夫人無以死傷生。且自調養尊年，與老相公同享富貴。〔老哭介〕春香，你可知老相公年來因少男兒，常有娶小之意？止因小姐承歡膝下，百事因循。如今小姐喪亡，家門無託。俺與老相公悶懷相對，何以爲情？天呵！〔貼〕老夫人，春香愚不諫賢，依夫人所言，既然老相公有娶小之意，不如順他，收下一房，生子爲便。〔老〕春香，你見人家庶出〔20〕之子，可如親生？〔貼〕春香但蒙夫人收養，尚且非親是親，夫人肯將庶出看成，豈不無子有子？〔老〕好話，好話。

曾伴殘蛾到女兒〔21〕，白楊今日幾人悲〔22〕。

須知此恨消難得〔23〕，淚滴寒塘蕙草時〔24〕。

校　注

〔1〕物華——指自然景物。唐·杜甫《曲江陪鄭南史飲》詩：「自知白髮非春事，且盡芳樽戀物華。」宋·柳永《八聲甘州》詞：「是處紅衰翠減，苒苒物華休。」

〔2〕道的個——猶言「常言道」、「有道是」，常於引用成語或反詰語時用之。

〔3〕隕（yùn）——墜落。

〔4〕恨蘭昌殉葬無因——意指杜麗娘婢女春香自歎未死，不能殉葬在杜麗娘的墓旁。無因，沒有理由。蘭昌，宮名。《太平廣記》卷六十九「張雲容」條記載，大意謂張雲容本是楊貴妃寵愛的侍兒，服了申天師的絳雪丹。天師曾對她說，死後百年，遇活人精氣，便可成爲地仙。蕭鳳臺、劉蘭翹是與張雲容同時的宮女，因有姿色，爲九仙媛所忌，毒而死之，葬在張雲容墓側。又有名薛昭者，唐元和末爲平陵尉，以氣義自負。一天，在蘭昌宮與三宮女相遇，並與張雲容同居，不久薛昭發掘她的墳墓，雲容果如申天師所言，終於起死回生。

〔5〕香爐——香灰。爐，物體燃燒後剩下的東西。

〔6〕恩養——愛護養育。元·無名氏《小尉遲》一白：「有宇文慶是養爺，幼小裏將我來恩養的成人長大。」

〔7〕生忌——死者的生日。舊俗於是日設祭，並忌娛樂。清·顧炎武《爲丁貢士亡考衢州君生日作》詩序：「世俗乃以父母之生日設祭，而謂之生忌。」

〔8〕澆奠——灑酒祭奠。宋·朱彧《萍洲可談》：「宰相薨，駕幸澆奠。」

〔9〕杳（yǎo）——幽暗深遠，無影無聲。

〔10〕繡佛——用彩色絲線繡成的佛像。唐·杜甫《飲中八仙歌》：「蘇晉長齋繡佛

前，醉中往往愛逃禪。」

〔11〕心香——佛教語。表示虔誠。意爲只要心誠意至，就同焚香供奉一般。南朝梁・簡文帝《相宮寺碑銘》：「窗舒意蕊，室度心香。」

〔12〕微香冉冉淚涓涓——語見《全唐詩》卷540、李商隱《野菊》詩。冉冉，漸進貌，形容事物緩慢的變化。郁達夫《病後訪擔風先生有贈》詩：「冉冉浮雲日影黃，維摩病後氣凋喪。」涓涓，細水慢流貌。《荀子・法行》：「涓涓源水，不壅不塞。」晉・陶潛《歸去來辭》：「木欣欣以向榮，泉涓涓而始流。」

〔13〕酒滴灰香似去年——語見《全唐詩》卷628、陸龜蒙《和襲美初多偶作》詩。「灰香」二字，原本作「香灰」，今依陸龜蒙原詩改。

〔14〕四尺孤墳何處是——語見《全唐詩》卷535、許渾《經故丁補闕郊居》詩。

〔15〕南方歸去再生天——語見《全唐詩》卷96、沈佺期《再入道場紀事應制》詩。方，文林、朱墨本俱作「安」。生，升也，同音假借。

〔16〕皈（guī）依——信仰佛教的入教儀式。因對佛、法、僧三寶表示歸順依附。一作「歸依」。皈，同「歸」。

〔17〕暈（yùn）——光影色澤模糊的部分。唐・韓愈《宿龍宮灘》詩：「夢覺燈生暈，宵殘雨送涼。」

〔18〕玉眞——本僊人名，這裏代指杜麗娘。宋・歐陽修《玉樓春》詞：「池塘水綠春微暖，記得玉眞初見。」

〔19〕直恁忍——意爲如此忍心。

〔20〕庶出——妾所生的子女。庶，謂旁枝，與「嫡」相對。

〔21〕曾伴殘蛾到女兒——語見《全唐詩》卷474、徐凝《語兒見新月》詩。《全唐詩》此句原作「曾伴愁蛾到語兒」，湯顯祖更動了兩個字。

〔22〕白楊今日幾人悲——語見《全唐詩》卷231、杜甫《存歿口號二首》之一。

〔23〕須知此恨消難得——語見《全唐詩》卷578、溫庭筠李《李羽處士秋居》詩。《全唐詩》此句原作「終知此恨消難盡」（一作「得」，一作「難消遣」）。

〔24〕淚滴寒塘蕙草時——語見《全唐詩》卷801、廉氏《寄征人》詩。蕙草，一種香草，俗又稱「佩蘭」。古人迷信，謂焚燒蕙草，可以驅邪。

第二十六齣　玩　眞〔1〕

〔生上〕芭蕉葉上雨難留，芍藥梢頭風欲收。畫意無明偏著眼〔2〕，春光有路暗攛頭。小生客中孤悶，閒遊後園。湖山之下，拾得一軸小畫，似是觀音大士〔3〕，寶匣莊嚴〔4〕。風雨淹旬〔5〕，未能展視。且喜今日晴和，瞻禮〔6〕一會。〔開匣，展畫介〕

【黃鶯兒】秋影掛銀河〔7〕，展天身，自在波〔8〕。諸般好相〔9〕能停妥〔10〕。他眞身在補陀〔11〕，咱海南人〔12〕遇他。〔想介〕甚威光〔13〕不上蓮花座〔14〕？再延俄，怎湘裙〔15〕直下一對小淩波〔16〕？

是觀音，怎一對小腳兒？待俺端詳一會。

【二郎神慢】些兒個〔17〕，畫圖中影兒則度〔18〕。著了〔19〕，敢〔20〕誰書館中弔下幅小嫦娥，畫的這偌停倭妥〔21〕。是嫦娥，一發該頂戴〔22〕了。問嫦娥折桂〔23〕人有我？可是嫦娥，怎影兒外沒半架〔24〕祥雲託？樹皺兒〔25〕又不似桂叢花瑣〔26〕？不是觀音，又不是嫦娥，人間那得有此？成驚愕，似曾相識，向俺心頭摸。

待我瞧，是畫工臨〔27〕的，還是美人自手描的？

【鶯啼序】問丹青〔28〕何處嬌娥，片月影光生豪末〔29〕？似恁般一個人兒，早見了百花低躲〔30〕。總〔31〕天然意態難模，誰近得把春雲淡破〔32〕？想來畫工怎能到此！多敢他自己能描會脫〔33〕。

且住〔34〕，細觀他幀首〔35〕之上，小字數行。〔看介〕呀，原來絕句一首。〔念介〕近覷分明似儼然〔36〕，遠觀自在若飛仙。他年得傍蟾宮客，不在梅邊在柳邊。呀，此乃人間女子行樂圖也。何言「不在梅邊在柳邊」？奇哉，怪事哩！

【集賢賓】望關山梅嶺天一抹，怎知俺柳夢梅過？得傍蟾宮知怎麼？待喜呵，端詳停和〔37〕，俺姓名兒直麼〔38〕，費嫦娥定奪？打摩訶〔39〕，敢則是夢魂中眞個〔40〕。

好不〔41〕回盼小生！

【黃鶯兒】空影落纖蛾，動春蕉，散綺羅〔42〕。春心只在眉間鎖〔43〕，春山翠拖〔44〕，春煙〔45〕淡和。相看四目誰輕可〔46〕！恁橫波〔47〕，來迴顧影不住的眼兒睃〔48〕。

卻怎半枝青梅在手，活似提拽〔49〕小生一般？

【鶯啼序】他青梅在手詩細哦〔50〕，逗〔51〕春心一點蹉跎〔52〕。小

生待畫餅充饑〔53〕，小姐似望梅止渴〔54〕。小姐，小姐，未曾開半點麼荷〔55〕，含笑處朱唇淡抹，暈情多。如愁欲語，只少口氣兒呵〔56〕。

> 小娘子畫似崔徽〔57〕，詩如蘇蕙〔58〕，行書逼眞衛夫人〔59〕。小子雖則典雅，怎到得〔60〕這小娘子！驀地〔61〕相逢，不免步韻〔62〕一首。〔題介〕丹青妙處卻天然，不是天仙即地仙。欲傍蟾宮人近遠，恰些〔63〕春在柳梅邊。」

【簇御林】他能綽幹〔64〕，會寫作。秀入江山〔65〕人唱和。待小生狠狠〔66〕叫他幾聲：「美人，美人，姐姐，姐姐！」向眞眞〔67〕啼血你知麼？叫的你噴嚏似天花唾。動凌波，盈盈欲下，不見影兒那〔68〕。

> 咳，俺孤單在此，少不得將小娘子畫像，早晚玩之〔69〕，拜之，叫之，贊之。

【尾聲】拾〔70〕的個人兒先慶賀，敢柳和梅有些瓜葛〔71〕？小姐，小姐，則怕你有影無形看殺我。

不須一向恨丹青〔72〕，堪把長懸在戶庭〔73〕。

惆悵題詩柳中隱〔74〕，添成春醉轉難醒〔75〕。

校　注

〔1〕玩眞——謂觀賞（杜麗娘）畫像。眞，指畫像。宋·王禹偁《柳贊善寫眞贊序》：「（柳宜）堂有母，思見其面而不得歸，浮圖神秀爲寫其眞，使其弟持還。」

〔2〕偏著眼——偏要觀賞、看看。

〔3〕觀音大士——即觀世音，又稱觀音菩薩，是佛教傳說中救苦救難的女神。

〔4〕莊嚴——見第二十一齣注〔27〕。

〔5〕風雨淹旬——風雨天拖延了十來天。滯留曰「淹」。十天曰「旬」。

〔6〕瞻禮——瞻仰行禮。

〔7〕秋影掛銀河——形容杜麗娘的畫像像秋天的月亮高懸在天河。

〔8〕展天身，自在波——言把杜麗娘畫像身影展現出來，就像觀世音菩薩那樣美。進一步形容畫像之美。自在，即觀自在菩薩，一向被認爲是美的化身。波，語尾助詞，相當今之「呵」、「啊」等字。

〔9〕諸般好相——佛家語。應身佛肉體上有三十二妙相，如手指纖長、身金色……等。諸般，謂各方面。相，形相也。

〔10〕能停妥——謂佛的諸般妙相能在麗娘自畫像中完美地表現出來。停妥，勻稱、妥當。

〔11〕補陀（tuó）——普陀，中國佛教四大名山之一。梵語補陀落迦（potaka）的省音譯。在今浙江省普陀縣，舟山群島中的一個小島。佛教傳說，道是善財童子第二十八次參觀世音說法的聖地。《四溟詩話》卷四引唐・安慶王《西池送月泉上人歸南海》詩：「天開達摩井，雲護普陀岩。」

〔12〕海南人——柳夢梅自稱。本劇開頭交代，他是唐代文學家柳宗元的後裔，留家嶺南廣州，故云。

〔13〕威光——指觀世音聖像的靈光。第二十七齣〔孝南歌〕：「仙眞呵，威光無量」又第二十八齣〔金蓮子〕：「閒噴牙，怎能勾他威光水月生臨榻。」兩「威光」俱此義。

〔14〕蓮花座——亦稱「蓮座」，即「佛座」。佛座作蓮花形，故名。佛出現時，總是在蓮花座上，而麗娘的畫像不同，故產生「甚威光不上蓮花座」的疑問。

〔15〕湘裙——湘地絲織品製成的女裙，這裏泛指婦女穿的繡花裙。元・高明《琵琶記》十九〔畫眉序・前腔〕：「湘裙展六幅，似天上嫦娥降塵俗。」

〔16〕一對小淩波——意言一對小腳也。本於三國魏・曹植《洛神賦》：「淩波微步，羅襪生塵。」觀音像均作大腳，故這裏又發生「怎湘裙直下，一對小淩波」的疑問。

〔17〕些兒個——這裏意指時間，猶云片時、頃刻、一會兒。湯顯祖《紫簫記》十一〔醉羅歌・前腔〕：「拚千金買得春宵著，受用些兒個。」

〔18〕度（duó）——猜測。指柳夢梅對畫圖內容進行猜測。

〔19〕著了——似有猜測到的意思，今俗語猶然。

〔20〕敢——或許、莫非，語氣不肯定。

〔21〕偋停倭妥——形容女子美好的樣子。偋停，通常寫作「娉婷」。倭妥，亦作「委佗」。

〔22〕頂戴——敬禮之意。南朝梁武帝《金剛般若懺文》：「得金剛之妙寶，見金諜之深經，頂戴奉持，終不捨離。」宋・張掄《臨江仙》詞：「簾卷天街人頂戴，滿城喜氣氳氲。」

〔23〕折桂——舊說認爲考中科舉，就等於到月宮折到桂枝，故每以折桂，比喻登科。宋・葉夢得《避暑錄話》：「世以登科爲折桂；此謂郤詵對策，自謂桂林一枝也。自唐以來用之。溫庭筠詩：『猶喜故人新折桂。』以後以月中有桂，故又謂之月桂。而月中又言有蟾，故又以登科爲登蟾宮。」參見本劇第二齣、第十齣、第十四齣有關各注。

〔24〕架——朱墨、朱校、清暉、獨深、竹林各本俱作「朵」。

〔25〕樹皴（cūn）兒——此言開裂的樹皮不似桂叢花瑣，又是個疑問。皴，坼裂。

唐・杜甫《乾元中寓居同穀縣作歌七首》之二：「中原無書歸不得，手腳凍皴皮肉死。」

〔26〕花瑣──細碎的花朵，指桂花。

〔27〕臨──臨摹，即對著書畫範本摹寫。唐・姚合《秋夕遣懷》詩：「臨書愛真迹，避酒怕狂名。」

〔28〕丹青──繪畫的色彩，此指丹青手，即畫家。元・石君寶《曲江池》四〔天下樂〕白：「不施脂粉天然態，縱有丹青畫不成。」《故事成語考・技藝》：「繪畫之輩曰丹青。」

〔29〕片月影光生毫末──言一舉筆便畫出皎如月光的美女來。毫末，指筆端。唐・杜甫《奉觀嚴鄭公岷山沱江圖畫十韻》之二：「嶺雁隨毫末，川蜺飲練光。」仇兆鰲注：「毫末，謂畫筆。」文林、朱墨本作「現毫」。

〔30〕早見了百花低躲──言百花看見她的美麗，也自慚形愧而低頭避開。

〔31〕總──通「縱」，縱使也。用作連詞。

〔32〕把春雲淡破──形容畫中人的頭髮輕輕掠開。春雲，指畫中人的頭髮。淡，輕微。

〔33〕多敢他自己能描會脫──多敢，多半，推測之詞。他自己，指畫像本人。脫，描繪的意思；與「描」互文為義。

〔34〕且住──且慢，慢一點。

〔35〕幀（zhèng）首──畫幅的頂端。

〔36〕儼然──謂宛然、好像真的。見第十齣注〔89〕。

〔37〕停和──猶「停-和」，即停一會兒也。意指細看一會兒。

〔38〕直麼──怎麼。

〔39〕打摩訶──即「打磨陀」，徘徊、思量的意思。湯顯祖《南柯記》四十〔金蕉葉〕：「原來俺爹爹在此打磨陀。」參見第十一齣注〔10〕。

〔40〕真個──真的。

〔41〕好不──極甚之詞。表示加強語氣，猶云「多麼」、「很」。加「不」字是以反語見義。本劇第十二齣、第十六齣、第二十三齣、第二十五齣等多處「好不」，義並同。

〔42〕空影落纖蛾，動春蕉，散綺羅──這幾句是寫畫中美人的動態。意指畫中人似乎將春日的芭蕉撥動，身穿著羅衣輕輕飄揚。纖蛾，柔弱的美女。

〔43〕眉間鎖──眉宇間藏著。鎖，皺眉。《西遊補》第六回：「美人說那裏話來？我見你愁眉一鎖，心肺都已碎了。」引申義為「藏」。

〔44〕春山翠拖──喻指婦女姣好的眉毛，呈現青蔥的顏色。元・吳昌齡散套《端正好・美妓》：「秋波兩點真，春山八字分。」

〔45〕春煙──泛指春天的雲煙嵐氣等。這裏特指春情。

〔46〕誰輕可——誰也沒有輕易的感到滿足。意言相看不夠。輕可，即「輕」，「可」
　　　爲助詞，無義。

〔47〕橫波——指眼睛。《文選・傅毅〈舞賦〉》：「眉連娟以增繞兮，目流涕而橫波。」
　　　李善注：「橫波，言目邪視。」

〔48〕睃（suō）——看

〔49〕提掇（duō）——提取。《壇經・行由品》：「能隱草莽中，惠明至，提掇不動。」

〔50〕哦（é）——低聲吟唱。

〔51〕逗——引惹。

〔52〕蹉跎（cuō tuó）——失意。唐・白居易《答故人》詩：「見我昔榮遇，念我今
　　　蹉跎。」

〔53〕畫餅充饑——《三國志・魏志・盧毓傳》：「選舉莫取有名，名如畫地作餅，不
　　　可啖也。」後以「畫餅充饑」比喻有名無實，這裏是指借畫像以自慰。

〔54〕望梅止渴——比喻可望不可即。據《世說新語・假譎》：「魏武行役失汲道，軍
　　　皆渴，乃令日：『起有大梅林，饒子，甘酸可以解渴。』士卒聞之，口皆流水，
　　　乘此得及前源。」這裏指杜麗娘在自畫像前題詩「不在梅邊在柳邊」是她表示
　　　對愛情的徒然渴望。

〔55〕麼（yáo）荷——荷花蕾，喻指嘴唇。麼，謂細小。《文選・陸機〈文賦〉》：「猶
　　　弦麼而徽急，故雖和而不悲。」李善注：「麼，小也。」

〔56〕呵（hé）——用作動詞，謂呵氣。

〔57〕崔徽——唐代名妓曾與裴敬中相戀，分別後，託畫家畫像寄給裴敬中，不久抱
　　　恨病死。（見唐・元稹《崔徽歌》）

〔58〕蘇蕙——前秦竇滔的妻子，名蕙，字若蘭，有文才。《晉書・烈女傳・竇滔妻
　　　蘇氏》：「滔，苻堅時爲秦州刺史，被徙流涉，蘇氏思之，織錦爲迴文旋圖詩以
　　　贈滔。宛轉循環以讀之，詞甚淒婉，凡八百四十字。」

〔59〕衛夫人——姓衛名鑠，是晉代著名的女書法家。清・洪昇雜劇《四嬋娟》之一
　　　就有衛夫人。據說是王羲之的表姐，獨精書法，擅絕古今。嘗作《筆陣圖》，
　　　極論書家三昧，只是自秘枕中，無人得見。

〔60〕到得——及得、趕的上。

〔61〕驀（mò）地——突然、忽然，用作副詞。

〔62〕步韻——按照對方詩中的韻腳作爲韻腳創作。

〔63〕恰些——恰好這些。

〔64〕綽斡（wò）——這裏指作畫。綽、斡都是動詞。

〔65〕秀入江山——意指她（麗娘）的秀雅可使江山變色。

〔66〕狠狠——一作「很很」。《二十年目睹之怪現狀》第二回：「廣東人伸出手來，
　　　很很的打了他一個巴掌。」

〔67〕眞眞——借指杜麗娘畫像。唐·杜荀鶴《松窗雜記》：「唐進士趙顏，於畫工處得一軟幛，圖一婦人甚麗，顏謂畫工曰：『世無其人也，如可令生，余願納爲妻。』畫工曰：『余神畫也，此亦有名，曰眞眞，呼其名百日，晝夜不歇，即必應之，應則以百家綵灰酒灌之，必活。』顏如其言，遂呼之百日……遂活，步下言笑，飲食如常。」後因以「眞眞」泛指美人。詳見第十四齣注〔77〕。

〔68〕那——音義同「挪」。

〔69〕玩之——觀賞它（畫像）。

〔70〕拾——拾畫。近代演出本此出改名「拾畫」。

〔71〕瓜葛——瓜和葛都是蔓生植物，故常用來比喻人際之間親友關係。明·無名氏《南牢記》四〔折桂令〕：「本是個至親瓜葛，誰肯把你家醜掀揚。」

〔72〕不須一向恨丹青——語見《全唐詩》卷439、白居易《昭君怨》詩。

〔73〕堪把長懸在戶庭——語見《全唐詩》卷744、伍喬《觀華夷圖》詩。

〔74〕惆悵題詩柳中隱——語見《全唐詩》卷633、司空圖《汴柳半枯因悲柳中隱》詩。

〔75〕添成春醉轉難醒——語見《全唐詩》卷669、章碣《雨》詩。

第二十七齣　魂　遊

【掛眞兒】〔淨石道姑上〕臺殿重重春色上，碧雕闌映帶銀塘。撲地〔1〕香騰，歸天磬響。細展度人輕藏〔2〕。

【集唐】幾年紅粉委黃泥〔3〕，十二峰頭月欲低〔4〕。折得玫瑰花一朵〔5〕，東風吹上窈娘堤〔6〕。俺老道姑看守杜小姐墳庵〔7〕，三年之上。擇取吉日，替他開設道場〔8〕，超生玉界〔9〕。早已門外豎立招幡〔10〕，看有何人來到。

【太平令】〔貼小道姑，丑徒弟上〕嶺路江鄉，一片彩雲扶月上。羽衣青鳥〔11〕閒來往。〔丑〕天晚，梅花觀歇了罷。南枝外有鵲爐〔12〕香。

小道姑乃韶陽郡〔13〕碧雲庵主是也，遊方〔14〕到此。見他莊嚴幡引，榜示道場，恰好登壇，共成好事〔15〕。〔見介〕【集唐】〔貼〕大羅天上柳煙含〔16〕，〔淨〕你毛節朱旛倚石龕〔17〕。〔貼〕見向溪山求住處〔18〕，〔淨〕好哩，你半垂檀袖學通參〔19〕。小姑姑，從何而至？〔貼〕從韶陽郡來，暫此借宿。〔淨〕西頭房兒，有個嶺南柳相公養病。則下廂房可矣。〔貼〕

多謝了。敢問今夕道場，爲何而設？〔淨歎介〕則爲杜衙小姐去〔20〕三年，待與招魂上九天〔21〕。〔貼〕這等呵！清醮壇場〔22〕今夜好，敢將香火助眞仙。〔淨〕這等卻好。〔內鳴鐘鼓介、眾〕請老師兄拈香〔23〕。〔淨〕南斗注生眞妃〔24〕，東嶽受生夫人〔25〕殿下。〔拈香拜介〕

【孝南歌】鑽新火，點妙香〔26〕。虔誠爲因杜麗娘。〔眾拜〕香靄繡旛幢〔27〕，細樂〔28〕風微颺。仙眞呵，威光〔29〕無量，把一點香魂〔30〕，早度人天上。怕未盡凡心，他再作人身想。做兒郎，做女郎，願他永成雙。再休似少年亡。

〔淨〕想起小姐生前愛花而亡，今日折得殘梅，安在淨瓶〔31〕供養。〔拜神主介〕

【前腔】瓶兒淨，春凍陽〔32〕。殘梅半枝紅蠟〔33〕裝。小姐呵！你香夢〔34〕與誰行？情神忒孤往！〔眾〕老師兄，你說淨瓶像什麼，殘梅像什麼？〔淨〕這瓶兒空像，世界包藏。身似殘梅樣，有水無根，尚作餘香想。〔眾〕小姐，你受此供呵，教你肌骨涼，魂魄香。肯回陽〔35〕，再住這梅花帳？

〔內風響介、淨〕奇哉怪哉，冷窄窄〔36〕一陣風打旋也。〔內鳴鐘介、眾〕這晚齋時分，且喫了齋，收拾道場。正是：曉鏡拋殘無定色，晚鐘敲斷步虛聲〔37〕。〔眾下〕

【水紅花】〔魂旦作鬼聲掩袖上〕則下得望鄉臺如夢俏魂靈，夜熒熒〔38〕、墓門人靜。〔內犬吠旦驚介〕原來是賺花陰〔39〕小犬吠春星。冷冥冥〔40〕，梨花春影。呀，轉過牡丹亭、芍藥欄，都荒廢盡。爹娘去了三年也。〔泣介〕傷感煞斷垣荒徑。望中何處也？鬼燈〔41〕青。〔聽介〕兀的有人聲也囉〔42〕。

【添字昭君怨】昔日千金小姐，今日水流花謝。這淹淹惜惜杜陵花〔43〕，太虧他。生性獨行無那〔44〕，此夜星前一個。生生死死爲情多。奈情何！奴家杜麗娘女魂是也。只爲癡情慕色，一夢而亡。湊的〔45〕十地閻君〔46〕奉旨裁革〔47〕，無人發遣，女監三年。喜遇老判哀憐放假。趁此月明風細，隨喜一番。呀，這是書齋後園，怎做了梅花庵觀？好傷感人也。

【小桃紅】咱一似斷腸人和夢醉初醒。誰償咱殘生命也。雖則鬼叢中姊妹不同行，窣地〔48〕的把羅衣整。這影隨形，風沉露，雲暗斗，月勾星〔49〕，都是我魂遊境也。到的這花影初更，〔內作丁冬〔50〕聲旦驚介〕一霎價心兒瘮〔51〕，原來是弄風鈴〔52〕臺殿冬丁。

好一陣香也。

【下山虎】我則見香煙隱隱〔53〕，燈火熒熒。呀，鋪了些雲霞嶝〔54〕，不由人打個讖掙〔55〕。是那位神靈，原來是東嶽夫人，南斗眞妃。〔稽首〔56〕介〕仙眞仙眞，杜麗娘鬼魂稽首。魆魆地〔57〕投明證明，好替俺朗朗〔58〕的超生注生。再看這青詞〔59〕上，原來就是石道姑在此住持〔60〕。一壇齋意，度俺生天。道姑道姑，我可也生受〔61〕你呵。再瞧這淨瓶中，咳，便是俺那塚上殘梅哩。梅花呵，似俺杜麗娘半開而謝，好傷情也。則爲這斷鼓零鐘金字經〔62〕，叩動俺黃粱境〔63〕。俺向這地坼〔64〕裏梅根迸〔65〕幾程，透出些兒影。〔泣介〕姑姑們這般志誠，若不留些蹤跡，怎顯的俺鑒知〔66〕他，就將梅花散在經臺之上。〔撒花介〕抵甚麼一點香銷萬點情。

想起爹娘何處，春香何處也？呀，那邊廂有沉吟叫喚之聲，聽再來？〔內叫介〕俺的姐姐呵！俺的美人呵！〔旦驚介〕誰叫誰也？再聽。〔內又叫介、旦歎介〕

【醉歸遲】生和死，孤寒命。有情人叫不出情人應。爲什麼不唱出你可人〔67〕名姓？似俺孤魂獨趁〔68〕，待誰來叫喚俺一聲。不分明，無倒斷〔69〕，再傳停。〔內又叫介〕咳，敢邊廂〔70〕什麼書生，睡夢裏語言胡哩〔71〕？不由俺無情有情，湊著〔72〕叫的人三聲兩聲，冷惺忪〔73〕紅淚飄零。呀，怕不是夢人兒梅卿柳卿？俺記著這花亭水亭，趁的這風清月清。則這鬼宿前程，盼得上三星四星〔74〕？

呀，待即行尋趁〔75〕，奈斗轉參橫〔76〕，不敢久停呵！

【尾聲】爲甚麼閃搖搖春殿燈？〔內叫介〕殿上響動。〔丑虛上望介、又作風起介、旦〕一弄兒繡旛飄迴〔77〕，則這幾點落花風是俺杜麗娘身後影。〔作鬼聲下〕

〔丑打照面〔78〕驚叫介〕師父們，快來，快來！〔淨貼驚上〕怎的大驚小怪？〔丑〕則這燈影熒煌〔79〕，躲著瞧時，見一位女神仙，袖拂花旛，一閃而去。怕也，怕也！〔淨〕怎生模樣？〔丑打手勢介〕這多高，這多大，俊臉兒，翠翹金鳳〔80〕，紅裙綠襖，環佩玎璫，敢是真仙下降？〔淨〕咳，這便是杜小姐生時樣子。敢是他有靈活現。〔貼〕呀，你看經臺之上，亂糝〔81〕梅花，奇也，異也！大家再祝讖〔82〕他一番。

【憶多嬌】〔眾〕風滅了香，月倒廊。閃閃屍屍〔83〕魂影兒涼。花落在春宵情易傷。願你早度天堂，早度天堂，免留滯他鄉故鄉。

〔貼〕敢問杜小姐為何病亡？以何緣故而來出現？

【尾聲】〔淨〕休驚恍〔84〕，免問當〔85〕。收拾起樂器經堂。你聽波，兀的冷窣窣佩環風還在迴廊那邊響。

心知不敢輒形相〔86〕，欲話因緣恐斷腸〔87〕。

若使春風會人意〔88〕，也應知有杜蘭香〔89〕。

校 注

〔1〕撲地——遍地。《文選·鮑照〈蕪城賦〉》：「廛閈撲地，歌吹沸天。」李善注引《方言》：「撲，盡也。」唐·王勃《騰王閣序》：「閭閻撲地，鐘鳴鼎食之家。」明·湯顯祖《紫簫記》八〔錦纏道〕：「迷花欲待醉羅裙，撲地歌塵晝不分。」清·袁枚《隨園詩話》卷五引楊次也《西湖竹枝詞》：「乍晴時節好天光，紈綺風來撲地香。」

〔2〕經藏（zàng）——梵文的意譯，謂佛教經典的一大類。與律藏、論藏合稱三藏。

〔3〕幾年紅粉委黃泥——語見《全唐詩》卷 471、雍裕之《宮人斜》詩。幾年，《全唐詩》原作「幾多」。紅粉，喻美女，這裏指杜麗娘。

〔4〕十二峰頭月欲低——語見《全唐詩》卷 477、李涉《竹枝詞》四首之四。十二峰，即巫山十二峰，在四川巫山縣東巫峽兩岸。「十二峰頭月欲低」，蓋寓仰之彌高之義也。

〔5〕折得玫瑰花一朵——語見《全唐詩》卷 739、李建勳《春詞》。

〔6〕東風吹上窈娘堤——語見《全唐詩》卷 666、羅虬《比紅兒詩》一〇〇。《全唐詩》此句本作「香魂應上窈娘堤」，窈娘堤在今河南洛陽市。湯顯祖為曲意改動

三字。窈娘，唐武則天時左司郎中喬知之婢。婢貌美，善歌。後爲武承嗣所奪。喬知之憤痛成疾，作《綠珠篇》以諷。窈娘得詩，悲惋自殺。見唐・孟棨《本事詩・情感》。後借指美女，這裏指杜麗娘。

〔7〕墳庵——指杜麗娘之墳和爲看墳而建的庵堂。

〔8〕道場——舊時僧、道爲超度亡靈所布置的誦經禮拜的地方。元・張國賓《合汗衫》四、白：「我聽的金沙院廣做道場，超度亡魂。」

〔9〕玉界——指仙界。

〔10〕招幡——招魂的旗幡。

〔11〕羽衣青鳥——羽衣，道士的代稱。宋・錢易《南部新書》丙：「忽有羽衣詣門，延之與語。」青鳥，神話傳說中爲西王母取食傳信的神鳥。《藝文類聚》卷九十一引舊題漢班固《漢武故事》：「七月七日，上（漢武帝）於承華殿齋，正中，忽有一青鳥從西方來，集殿前。上問東方朔，朔曰：『此西王母欲來也。』有頃，王母至，有兩青鳥如烏，俠侍王母旁。」後遂以青鳥爲信使的代稱。這裏是指小道姑和他的徒弟。

〔12〕鵲爐——即鵲尾爐，有長柄的香爐。宋・舒亶《菩薩蠻》詞：「小亭露壓風枝動，鵲爐火冷金瓶凍。」清・吳翌鳳《憶王孫》詞：「桂香小院嫩涼天，鵲尾爐薰嫋篆煙。」

〔13〕韶陽郡——地名。在廣東省北部，轄曲江縣。

〔14〕遊方——僧人爲修行問道而雲遊四方曰遊方。元・范康《竹葉舟》楔子、白：「偶因遊方到此，終南山青龍寺。」

〔15〕好事——舊時請僧、道給死者念經、做法事，超度亡魂昇天，叫做「好事」。

〔16〕大羅天上柳煙含——語見《全唐詩》卷804、魚玄機《光威哀姊妹三人少孤而始妍乃有是作精粹難儔雖謝家聯雪何以加（一作如）之有客自京師來者示予因次其韻》。大羅天，道家語三十六天中最高的天。唐・王維《送王尊師歸蜀中拜掃》詩：「大羅天上神仙客，濯錦江頭花柳春。」

〔17〕毛節朱幡倚石龕——語見《全唐詩》卷128、王維《送方尊師歸嵩山》詩。《全唐詩》「毛」一作「旄」。毛節，亦作「旄節」，道士用來表示法力的符節。

〔18〕見向溪山求住處——不見《全唐詩》所收韓愈作品中，何所據不詳。

〔19〕半垂檀袖學通參——《全唐詩》未收女光作品。檀袖，紅袖，指婦女的紅色衣袖。通參，修道、悟道。

〔20〕去——指死。漢樂府《孤兒行》：「父母已去，兄嫂令我行賈。」又云：「居生不樂，不如早去從地下黃泉。」晉・陶潛《雜詩》之三：「日月還復周，我去不再陽。」諸「去」字皆指死。

〔21〕九天——即九重天。古人認爲天有九重（層），最高的一層曰「九天」或「九重天」。

〔22〕清醮（jiào）壇場——清醮，謂道士設壇祈禱。壇場，古代設壇舉行祭祀的地方。

〔23〕拈香——猶「裝香」，意即焚香拜神佛。

〔24〕南斗注生眞妃——南斗，星名。注生，意即關注人生、管理人生。元·無名氏《盆兒鬼》一〔鵲踏枝〕：「我臨去也折一朵大紅花，明日個蚤還家，單注著買賣和合，出入通達。」眞妃，女仙的稱號。

〔25〕東嶽受生夫人——迷信傳說，謂東嶽大帝夫人負責人死後注生。

〔26〕妙香——佛教謂殊妙的香氣。唐·杜甫《大雲寺贊公房》詩之三：「燈影照無睡，心清聞妙香。」

〔27〕香靄繡幡幢（chuáng）——香靄，焚香的煙氣。後蜀·毛熙震《浣溪紗》詞：「困迷無語思猶濃，小屏香靄碧山重。」幡幢，即「幢幡」，旌旗之類。

〔28〕細樂——指管絃樂器，和打擊樂器（如鑼鼓等）相對而言。

〔29〕威光——見第二十六齣注〔13〕。

〔30〕香魂——美人之魂。唐·黃滔《明皇回鑾經馬嵬賦》：「杳鑾闕而尋豔質，經馬嵬而空念香魂。」

〔31〕淨瓶——佛前放的裝水的瓶子。清·楊潮觀《吟風閣雜劇·寇萊公思親罷宴》〔二煞〕：「淨瓶兒佛座前，繡幡兒慈位旁，看源頭一滴楊枝上。」

〔32〕陽——活、復蘇之意。《莊子·齊物論》：「近死之心，莫使復陽。」《詩·豳風·十月》：「春日載陽。」鄭注：「陽，溫也。」

〔33〕紅蠟——朱墨、清暉、獨深、竹林各本俱誤作「臈（臘）」。

〔34〕香夢——美夢，甜蜜之夢。唐·武元衡《春興》詩：「春風一夜吹香夢，夢逐春風到洛城。」按：凡與美女有關的事物，美女之髮則曰「香雲」，美女之腮則曰「香腮」，美女之肌則曰「香肌」，美女的住處則曰「香巢」，美女的遊魂則曰「香魂」，美女的車則曰「香車」，美女之死則曰香消玉碎，等等。

〔35〕回陽——回生。

〔36〕冷窣窣——象聲詞，形容陰涼透骨的風聲。窣窣，形容細小的聲音。《聊齋誌異·妖術》：「（於公）意欲就枕，忽聞窗隙窣窣有聲。」

〔37〕步虛聲——道觀所唱的讚歌。唐·李白《題隨州紫陽先生壁》詩：「喘息餐妙氣，步虛吟眞聲。」王琦注引《異苑》：「陳思王遊山，忽聞空裏誦經聲，清遠遒亮，解音者則而寫之，爲神仙聲。道士傚之，作步虛聲。」唐·施肩吾《聞山中步虛聲》詩：「何人步虛南峰頂，鶴唳九天霜月冷。」

〔38〕熒熒（yíng yíng）——光閃爍貌。漢·秦嘉《贈婦》詩：「飄飄帷帳，熒熒華燭。」

〔39〕賺（zhuàn）花陰——意指花影動，誤以爲人來。賺，誑騙，哄騙。元·關漢卿《竇娥冤》一、白：「誰想他賺我到無人去處，要勒死我。」元·王實甫《西廂記》三本二折〔滿庭芳〕白：「隔牆花影動，疑是玉人來。」

〔40〕冷冥冥——謂寒冷而昏暗。

〔41〕鬼燈——鬼火，磷火。唐·李賀《南山田中行》詩：「石脈水流泉滴沙，鬼燈如漆點松花。」葉蔥奇疏解：「鬼燈，指磷火。」

〔42〕兀的有人聲也囉——兀的，用作指示詞，猶「這」。兀的有，這有的意思。也囉，亦作「也羅」，曲中餘聲，略表感歎；只起助聲或傳情作用，無義。在傳奇作品中，〔水紅花〕曲多以「也囉」兩字作結束。宋·無名氏《小孫屠》十八〔水紅花〕：「怨魂飛，憾人淚珠垂。也羅。」清·洪昇《長生殿》四十三〔水紅花〕：「早難道爲雲爲雨，飛去影都無，但只有芳香四散襲人裾也囉。」

〔43〕淹淹惜惜杜陵花——淹淹惜惜，形容多情。杜陵花，這裏借喻杜家女兒（麗娘）。杜陵，地名，即樂遊原，在今陝西省西安市東南。杜甫曾住此，杜甫因以「杜陵布衣」自稱（見《自京赴奉先縣詠懷五百字》詩）。

〔44〕無那（nuò）——無奈，無可奈何也。元·王實甫《西廂記》二本三折〔甜水令〕：「我這裏粉頸低垂，蛾眉頻蹙，芳心無那，俺可甚『相見話偏多』？」

〔45〕湊的——碰著，遇到。《玉篇·水部》：「湊，聚也。」

〔46〕十地閻君——佛教傳說，陰間有十殿閻王，即此之謂也。十殿閻王，省稱「十王」，是十個主管地獄的閻王。《西遊記》第十一回說：「那十王是：秦廣王、初江王、宋帝王、仵官王、閻羅王、平等王、泰山王、都市王、汴城王、轉輪王。」他們各居一殿，故稱十殿閻王。《西遊記》第三回：「十王即命掌案的判官取出文籍來查。」

〔47〕裁革——裁汰革除。《紅樓夢》第七十四回：「如今若無故裁革，不但姑娘們委屈，就連太太和我也過不去。」

〔48〕窣地——拖地，形容衣服很長。金·董解元《西廂記諸宮調》卷一〔般涉調·牆頭花〕：「裙兒窣地，一掬腰肢裏。」亦作「籍地」。元·孟漢卿《魔合羅》三、白：「（詩云：）濫官肥馬紫絲韁，猾吏春衫籍地長。」

〔49〕月勾星——即「辰鈎月」，月蝕。辰星，一名鈎星，即水星。「其出常以辰、戌、丑、未」（《史記·天官書》）。明人王伯良考證：「辰勾，水星。其出雖有常度，見之甚難。張衡云：『辰星一名勾星。』《博雅》云：『辰星謂之鈎星。』故亦謂之辰勾。晉灼謂：『常以四仲之月，分見奎、婁、東井、角、亢、牽牛之度，然亦有終歲不一見者。』盼佳期如等辰勾之出，見無夜不候望也。」（見暖紅室彙刻明·王伯良古本《西廂記》）

〔50〕丁冬——象聲詞，這裏是形容簷前鐵馬聲。字亦作叮咚。

〔51〕瘆（shèn）——驚恐。宋·釋延一《廣清涼傳》卷上：「神龍宮宅之所在，爲人暫視之，瘆然神駭。」

〔52〕風鈴——殿、閣、塔的懸鈴，風吹出響聲，故稱。唐·元稹《神麴酒》詩：「遙城傳漏箭，鄉寺響風鈴。」清·李漁《慎鸞交》九〔八聲甘州〕：「最奇的是橫

階塔影，在平地上振響風鈴。」

〔53〕隱隱——隱約不分明貌。南朝宋・鮑照《還都道中》詩之二：「隱隱日沒岫，
　　　瑟瑟風發谷。」元・楊景賢《西遊記》四本十五齣〔笑和尚〕：「雲昏昏迷望眼，
　　　霧隱隱遮蒼漢。」

〔54〕幀（zhèng）——同「幀」，謂畫幅。明・梅鼎祚《玉合記》十三〔北沽美酒帶
　　　太平令〕：「張碧落粉圖霞幀。」

〔55〕蠆掙——打冷噤、發怔。元・白樸《梧桐雨》一〔油葫蘆〕：「我恰待行，打個
　　　蠆掙。」字亦作「意掙」，音義並同。

〔56〕稽（qǐ）首——叩頭至地，停會起身，古時九拜中最敬之禮。參見第十八齣注
　　　〔70〕。

〔57〕魆魆地——悄悄地，暗暗地。此與第十八齣「魆魆地」意別。

〔58〕朗朗——形容聲音清晰響亮。唐・韓愈《奉使常山早次太原呈副使吳郎中》詩：
　　　「朗朗聞街鼓，晨起似朝時。」

〔59〕青詞——舊時道家的祈禱詞。把向神請求的願望，用朱筆寫在青藤紙上，燒了
　　　這紙，認爲神就可以接受，這就叫「青詞」，爲古時文體之一。唐・李肇《翰
　　　林誌》：「凡太清宮道觀薦告詞文，用青藤紙，朱字，謂之青詞。」

〔60〕住持——佛家語，意爲寺觀的主僧（道），謂居住寺中，總持事務也。

〔61〕生受——對人說是「有勞」、「費心」、「麻煩」的意思，表示道謝。見第三齣注
　　　〔35〕。

〔62〕金字經——指經卷。著「金」字，謂以泥金寫經也。唐・元稹《清都夜境》詩：
　　　「閒開蕊珠殿，暗閱金字經。」

〔63〕黃粱境——夢境。唐・沈既濟《枕中記》記載：盧生在邯鄲客否遇道士呂翁，
　　　生自歎窮困，翁探囊中枕授之曰：此枕當令子榮適如意。時店主人正蒸黃粱，
　　　生夢中享盡榮華富貴、官高極品。及醒，黃粱尚未熟，怪曰：「豈其夢寐耶？」
　　　翁笑曰：「人世之事，亦猶是矣。」後因以「黃粱夢」比喻虛幻的事和不能實
　　　現的欲望。

〔64〕地坼（chè）——地裂。語出《禮記・月令》：「仲冬之月……冰益壯，地始坼，
　　　鶡旦不鳴，虎始交。」坼，《說文・土部》：「坼，裂也。」《廣雅・釋詁三》：「坼，
　　　開也。」唐・杜甫《登岳陽樓》詩：「吳楚東南坼，乾坤日夜浮。」

〔65〕迸（bèng）——蹦也、跳也。唐・溫庭筠《和沈參軍招友生觀芙蓉池》詩：「珠
　　　墜魚迸淺，影多鳧泛遲。」

〔66〕鑒知——明察知悉。《初刻拍案驚奇》卷二十：「上天鑒知，減其爵祿。」

〔67〕可人——稱心如意的人。《宋元戲文輯佚・董秀英花月東牆記》〔黃鐘引子〕：「緣
　　　慳分淺，未曾遇可人。」湯顯祖《紫釵記》五十二〔王鶯兒〕白：「看你嬴質
　　　嬌姿，如不勝致，更覺可人也。」

〔68〕趁——《集韻‧軫韻》：「走謂之趁。」《紅樓夢》第五十回：「皚皚輕趁步。」

〔69〕倒斷——了結、休止、間斷。在表時間時，「倒斷」多與否定詞「無」或「沒」連文，即無間斷、無休止、沒完沒了的意思。

〔70〕邊廂——旁邊。

〔71〕胡啞（jìng）——胡言亂語。

〔72〕湊著——適逢。唐‧王建《照鏡》詩：「萬愁生旅夜，百病湊衰年。」

〔73〕惺忪（xīng sōng）——蘇醒、警覺貌。亦作「惺惚」，《二刻拍案驚奇》卷三十九：「見他夫妻惺惚，未敢下手。」參見第二十齣注〔30〕。

〔74〕則這鬼宿前程，盼得上三星四星——意言做了鬼，姻緣前程還有幾分把握呢？鬼宿，星官名，二十八宿之一。這裏即指鬼魂。前程，用意不一，這裏專指婚姻。《清平山堂話本‧風月瑞仙亭》：「雖然有虧婦道，是我一世前程。」義同。三星四星，謂三分、四分，言婚姻機會之少也。

〔75〕尋趁——尋覓、尋找。宋‧杜安世《玉闌干》詞：「幾何獨睡不思量，還悠悠夢裏尋趁。」

〔76〕斗轉參（shēn）橫——北斗轉向，參星橫斜，表示天色將明。斗、參，皆星座名，它們在太空方位的移動大約是天將明的時候。

〔77〕一弄兒繡幡飄迥（jiǒng）——一弄兒，猶云一派、一片。迥，高也。南唐‧馮延巳《應天長》詞：「垂簾靜，層樓迥，惆悵落花風不定。」

〔78〕打照面——這裏指魂旦和丑面對面碰著。猶云「撞個滿懷」。金‧董解元《西廂記諸宮調》卷一〔雙調‧尾〕白：「與那五百年前疾憎的冤家，正打個照面兒。」

〔79〕焚煌——光焰貌。唐‧牛僧孺《郭元振》：「廊下及堂上，燈燭焚煌。」《聊齋誌異‧竹青》：「開目，見高堂中巨燭焚煌。」

〔80〕翠翹金鳳——皆婦女首飾名。翠翹，釵之類的一種首飾。唐‧白居易《長恨歌》：「花鈿委地無人收，翠翹金雀玉搔頭。」金鳳，金質鳳凰形首飾。明‧謝讜《四喜記》四〔黃鶯穿皂袍〕：「春牽意慵，春薰臉濃，春枝髻觸搖金鳳。」

〔81〕糝（sǎn）——散落、灑上。唐‧杜甫《絕句漫興》之七：「糝徑楊花鋪白毯，點溪荷葉疊青錢。」

〔82〕祝讖（chèn）——祝告求福。

〔83〕閃閃屍屍——猶「閃閃藏藏」，東藏西躲、忽隱忽現的樣子。

〔84〕驚恍（huǎng）——神魂不定、精神恍惚的樣子。

〔85〕問當——即「問」，「當」為語助詞，無義。敦煌變文《維摩詰經講經文》：「維摩臥疾於方丈，佛敕文殊專問當。」宋‧楊萬里《和張器先》詩：「他日君來相問當，南溪溪北北山前。」

〔86〕心知不敢輒形相——語見《全唐詩》卷641、曹唐《小遊仙詩九十八首》之二。

形相，端詳、細看。唐・溫庭筠《南歌子》：「偷眼暗形相，不如從嫁與，做鴛鴦。」

〔87〕欲話因緣恐斷腸——據三婦本，但在《全唐詩》中不見有天竺牧童詩，何所據，不詳。

〔88〕若使春風會人意——語見《全唐詩》卷654、羅鄴《雙平泉》詩。《全唐詩》「使」作「遣」。

〔89〕也應知有杜蘭香——語見《全唐詩》卷666、羅虯《比紅兒詩》。杜蘭香，神話中仙女名，曾謫於人間，見《太平廣記》卷六十二引《墉城集仙錄・杜蘭香》。

第二十八齣　幽　媾〔1〕

【夜行船】〔生上〕瞥下天仙何處也？影空濛〔2〕似月籠沙。有恨徘徊，無言窨約〔3〕。早是夕陽西下。

　　一片紅雲下太清〔4〕，如花巧笑玉傽婷〔5〕。憑誰畫出生香面？對俺偏含不語情。小生自遇春容，日夜想念。這更闌時節，破些工夫，吟其珠玉〔6〕，玩其精神。倘然夢裏相親，也當春風一度〔7〕。〔展畫玩介〕呀，你看美人呵，神含欲語，眼注微波。真乃落霞與孤鶩齊飛，秋水共長天一色〔8〕。

【香遍滿】晚風吹下，武陵溪〔9〕邊一縷霞，出托個〔10〕人兒風韻殺。淨無瑕，明窗新絳紗。丹青小畫，又把一幅肝腸掛。

　　小姐小姐，則被你想殺俺也。

【懶畫眉】輕輕怯怯〔11〕一個女嬌娃，楚楚臻臻〔12〕像個宰相衙〔13〕。想他春心無那〔14〕對菱花〔15〕，含情自把春容畫，可想到有個拾翠人〔16〕兒也逗著他？

【二犯梧桐樹】他飛來似月華〔17〕，俺拾的愁天大。常時夜夜對月而眠，這幾夜呵，幽佳，嬋娟〔18〕隱映的光輝殺。教俺迷留沒亂〔19〕的心嘈雜，無夜無明快〔20〕著他。若不為擎奇〔21〕怕浣的丹青亞〔22〕，待抱著你影兒橫榻。

　　想來小生定是有緣也。再將他詩句朗誦一番。〔念詩介〕

【浣沙溪】拈〔23〕詩話，對會家〔24〕。柳和梅有分兒些〔25〕。他春心迸〔26〕出湖山罅〔27〕，飛上煙綃莩綠華〔28〕。則是禮拜他便了。〔拈香拜介〕僝幸〔29〕殺，對他臉暈眉痕心上揣，有情人不在天涯。

小生客居，怎勾姐姐風月〔30〕中片時相會也。

【劉潑帽】恨單條〔31〕不惹的雙魂化，做個畫屛中倚玉蒹葭〔32〕。小姐呵，你耳朵兒雲鬢月侵芽〔33〕，可知他一些些都聽的俺傷情話？

【秋夜月】堪笑咱，說的來如戲耍。他海天秋月雲端掛，煙空翠影遙山抹。只許他伴人清暇，怎教人挑達〔34〕。

【東甌令】俺如念咒，似說法。石也要點頭〔35〕，天雨花〔36〕。怎虔誠不降的仙娥下？是不肯輕行踏。〔內作風起按住畫介〕待留仙怕殺風兒刮，黏嵌著錦邊牙〔37〕。

怕刮損他，再尋個高手臨他一幅兒。

【金蓮子】閒嘖牙〔38〕，怎能勾他威光水月生臨榻〔39〕？怕有處相逢他自家，則問他許多情，與春風畫意再無差。

再把燈細看他一會。〔照介〕

【隔尾】敢人世上似這天眞多則假〔40〕。〔內作風吹燈介、生〕好一陣冷風襲人也。險些兒誤丹青風影落燈花。罷了，則索睡掩紗窗去夢他。〔生睡介〕

〔魂旦上〕泉下長眠夢不成。一生餘得許多情。魂隨月下丹青引，人在風前歎息聲。妾身杜麗娘鬼魂是也。爲花園一夢，想念而終。當時自畫春容，埋於太湖石下。題有「他年得傍蟾宮客，不是梅邊是柳邊」。誰想魂遊觀中，幾晚聽見東房之內，一個書生高聲低叫：「俺的姐姐，俺的美人。」那聲音哀楚，動俺心魂。悄然蕩〔41〕入他房中，則見高掛起一軸小畫。細玩之，便是奴家遺下春容。後面和詩一首，觀其名字，則嶺南柳夢梅也。梅邊柳邊，豈非前定乎！因而告過了冥府判君，趁此良宵，完其前夢。想起來好苦也。

【朝天懶】怕的是粉冷香銷泣絳紗，又到的高唐館，玩月華。猛回頭羞颯〔42〕髻兒鬖〔43〕，自擎拿。呀，前面是他房頭〔44〕了。怕桃源路徑行來詫，再得俄旋〔45〕試認他。

〔生睡中念詩介〕「他年若傍蟾宮客，不是梅邊是柳邊。」我的姐姐呵。
〔旦聽打悲介〕

【前腔】是他叫喚的傷情咱淚雨麻，把我殘詩句沒爭差。難道還未睡呵？〔瞧介、生又叫介、旦〕他原來睡屏中作念猛嗟呀〔46〕。省誼譁，我待敲彈翠竹窗櫺〔47〕下。〔內作驚醒叫「姐姐」介、旦悲介〕待展香魂去近他。

〔生〕呀，戶外敲竹之聲，是風是人？〔旦〕有人。〔生〕這咱〔48〕時節有人，敢是老姑姑送茶？免勞了。〔旦〕不是。〔生〕敢是遊方〔49〕的小姑姑麼？〔旦〕不是。〔生〕好怪，好怪，又不是小姑姑。再有誰？待我啓門而看。〔生開門看介〕

【玩仙燈】呀，何處一嬌娃，豔非常使人驚詫〔50〕。

〔旦作笑閃入、生急掩門、旦斂衽〔51〕整容見介〕秀才萬福〔52〕。〔生〕小娘子到來，敢問尊前何處，因何夤夜〔53〕至此？〔旦〕秀才，你猜來。

【紅衲襖】〔生〕莫不是莽張騫犯了你星漢槎〔54〕，莫不是小梁清夜走天曹罰〔55〕？〔旦〕這都是天上仙人，怎得到此。〔生〕是人家彩鳳暗隨鴉〔56〕？〔旦搖頭介、生〕敢甚處裏綠楊曾繫馬〔57〕？〔旦〕不曾一面。〔生〕若不是認陶潛眼挫的花〔58〕，敢則是走臨邛道數兒差〔59〕？〔旦〕非差。〔生〕想是求燈的？可是你夜行無燭〔60〕也，因此上待要紅袖分燈向碧紗〔61〕？

【前腔】〔旦〕俺不為度仙香空散花〔62〕，也不為讀書燈閒濡〔63〕蠟。俺不似趙飛卿舊有瑕〔64〕，也不似卓文君新守寡。秀才呵，你也曾隨蝶夢迷花下〔65〕。〔生想介〕是當初曾夢來。〔旦〕俺因此上弄鶯簧赴柳衙〔66〕。若問俺妝臺〔67〕何處也，不遠哩，剛則在宋玉東鄰第幾家。

〔生作想介〕是了。曾後花園轉西，夕陽時節，見小娘子走動哩。〔旦〕

便是了。〔生〕家下有誰？

【宜春令】〔旦〕斜陽外，芳草涯，再無人有伶仃的爹媽。奴年二八，沒包彈〔68〕風藏葉裏花。為春歸惹動嗟呀〔69〕，瞥見你風神俊雅。無他，待和你剪燭〔70〕臨風，西窗閒話。

〔生背介〕奇哉，奇哉，人間有此豔色！夜半無故而遇明月之珠〔71〕，怎生發付〔72〕！

【前腔】他驚人豔，絕世佳。閃〔73〕一笑風流銀蠟〔74〕。月明如乍〔75〕，問今夕何年星漢〔76〕槎？金釵客〔77〕寒夜來家，玉天仙人間下榻。〔背介〕知他，知他是甚宅眷〔78〕的孩兒，這迎門調法〔79〕？

待小生再問他。〔回介〕小娘子夤夜下顧小生，敢是夢也？〔旦笑介〕不是夢，當真哩。還怕秀才未肯容納。〔生〕則怕未真。果然美人見愛，小生喜出望外。何敢卻乎？〔旦〕這等，真個盼著你了。

【耍鮑老】幽谷〔80〕寒涯，你為俺催花連夜發〔81〕。俺全然未嫁，你個中知察〔82〕，拘惜〔83〕的好人家。牡丹亭，嬌恰恰〔84〕；湖山畔，羞答答；讀書窗，淅喇喇〔85〕。良夜省陪茶，清風明月知無價〔86〕。

【滴滴金】〔生〕俺驚魂化，睡醒時涼月些些。陡地〔87〕榮華，敢則是夢中巫峽〔88〕？虧殺你走花陰不害些兒怕，點〔89〕蒼苔不溜些兒滑，背萱親不受些兒嚇，認書生不著些兒差。你看斗兒斜，花兒亞〔90〕，如此夜深花睡罷。笑咖咖，吟哈哈，風月無加。把他豔軟香嬌做意兒耍，下的〔91〕虧他？便虧他則半霎。

〔旦〕妾有一言相懇，望郎恕罪。〔生笑介〕賢卿有話，但說無妨。〔旦〕妾千金之軀，一旦付與郎矣，勿負奴心。每夜得共枕席，平生之願足矣。

〔生笑介〕賢卿有心戀於小生，小生豈敢忘於賢卿乎？〔旦〕還有一言。未至雞鳴，放奴回去。秀才休送，以避曉風。〔生〕這都領命。只問姐姐貴姓芳名？

【意不盡】〔旦歎介〕少不得花有根元玉有芽〔92〕，待說時惹的風聲

大。〔生〕以後准望賢卿逐夜而來。〔旦〕秀才，且和俺點勘〔93〕春風這第一花。

浩態狂香昔未逢〔94〕，月斜樓上五更鐘〔95〕。

朝雲夜入無行處〔96〕，神女知來第幾峰〔97〕？

校 注

〔1〕幽媾（gòu）——男女秘密交歡。

〔2〕空濛——迷茫貌，縹緲貌。南朝齊·謝朓《觀朝雨》詩「空濛如薄霧，散漫似輕埃。」宋·蘇軾《飲湖上初晴後雨》詩之一：「水光瀲灩晴方好，山色空濛雨亦奇。」

〔3〕窨（yìn）約——考慮、思量。金·董解元《西廂記諸宮調》卷六〔雙調·倬倬戾〕：「相國夫人自窨約：是則是這冤家沒彈剝，徒恁地精神偏出跳，轉添嬌，渾不似舊時了。」

〔4〕太清——天空。《鶡冠子·度萬》：「唯聖人能正其音，調其聲，故其德上及太清，下及太寧，中及萬靈。」陸佃注：「太清，天也。」

〔5〕俜停（pīng tíng）——同「娉婷」，指美人、佳人。唐·喬知之《綠珠篇》：「石家金谷重新聲，明珠十斛買娉婷。」

〔6〕珠玉——舊時對別人詩文的讚語。元·關漢卿《望江亭》二〔聖藥王〕白：「妾身難的遇著相公，乞賜珠玉。」元·戴善夫《風光好》二〔菩薩梁州〕白：「學士，告乞珠玉。」「乞賜珠玉」、「告乞珠玉」，都是向人請求題贈詩文的意思。

〔7〕春風一度——過一次性生活。

〔8〕落霞與孤鶩齊飛，秋水共長天一色——二句見唐·王勃《滕王閣序》。這裏引用，重在「秋水」與上文「微波」相關聯。

〔9〕武陵溪——參見第十二齣注〔50〕。

〔10〕出托個——「托」字，朱校本作「落」。出落個，意指男女在青春發育期精神煥發、體貌漂亮。

〔11〕輕輕怯怯——形容動作輕巧、緩慢不前的樣子。

〔12〕楚楚臻臻——形容姿容俊秀、儀態大方。參見第十八齣注〔6〕。

〔13〕像個宰相衙——意指宰相家的小姐。

〔14〕無那——見第二十七齣注〔44〕。

〔15〕菱花——即菱花鏡。漢·伶玄《趙飛燕外傳》：「飛燕始加大號婕妤，奏上三千文物以賀，有七尺菱花鏡一奩。」何以菱花名鏡，據宋·陸佃《埤雅·釋草》云：「舊說，鏡謂之菱華（花），以其面平光影所成如此。」又據說古代銅鏡邊

緣上，鑄有菱花之紋，故云。

〔16〕拾翠人——參見第二十齣注〔80〕。

〔17〕月華——月光，月亮。北周・庾信《舟中望月》詩：「舟子夜離家，開舫望月華。」

〔18〕嬋娟——似指月亮，與第十齣注〔71〕意別。

〔19〕迷留沒亂——「沒亂」的重言，極狀神志不清、煩惱愁悶、心煩意亂。元・無名氏《合同文字》一〔那吒令〕：「一片心迷留沒亂焦，兩條腿滴羞篤速戰，恰便似熱地上蚰蜒。」

〔20〕快——勉強、強求。元・關漢卿《拜月亭》二〔梁州第七〕：「噦！則快他一路上湯風打浪；嗨！誰想他百忙裏臥枕著床。」清・朱駿聲《說文通訓定聲》「快」字條下引《廣雅・釋詁》云：「快，強也。」

〔21〕擎奇——即高舉之意。《廣雅・釋詁一》：「擎，舉也。」「奇」是語助詞，無義。擎奇，即「奇擎」的倒寫。元・王實甫《西廂記》一本二折〔哨遍〕：「我得時節手掌兒裏奇擎，心坎兒里溫存，眼皮兒上供養。」

〔22〕亞——壓也。《正字通・二部》：「亞，《讀書通》：『壓，通作亞。』」唐・杜甫《上巳日徐司錄林園宴集》詩：「鬢毛垂領白，花蕊亞枝紅。」宋・歐陽修《漁家傲》詞：「葉重如將青玉亞，花輕疑是紅綃挂。」

〔23〕拈——會也，能也。元・無名氏《小尉遲》一、白：「如今這孩兒學成十八般武藝，無有不拈，無有不會。」元・無名氏《千里獨行》四、白：「十八般武藝，無有不拈，無有不會。」兩例皆「拈」、「會」互文為義，俱可證。「拈詩話」，是指杜麗娘能寫詩。

〔24〕會家——精通某種技藝或學科的人，亦即「行家」、「專家」。這裏指擅長寫詩的人。具體是指杜麗娘的詩是為這個知心人（柳夢梅）寫的。元・王實甫《西廂記》三本四折〔聖藥王〕：「詩向會家吟。」明・賈仲明《蕭淑蘭》三〔得勝令〕：「早難道詩對會家吟。」清・查繼佐《續西廂》一〔醋葫蘆・么〕：「詩向會家尋。」皆此義。

〔25〕有分（fèn）兒些——言有些緣分。

〔26〕迸——噴射。與第二十七齣注〔65〕義別。

〔27〕罅（xià）——裂縫、縫隙。唐・韓愈《縣齋有懷》詩：「湖波翻石車，嶺石坼天罅。」

〔28〕飛上煙綃萼綠華——意言好像仙女飛上絹幅，變成畫像。萼綠華，神話中的女仙名。自言是九嶷山中得道女子羅郁。晉穆帝時，夜降羊權家，贈權詩一篇，火澣布手巾一方，金玉條脫各一枚。詳《太平廣記》卷五十七引《眞誥・萼綠華》。

〔29〕僝僽——煩惱、疑惑。元・王實甫《西廂記》二本二折〔四煞〕：「休僝僽，不

要你半絲兒紅線，成就了一世兒前程。」

〔30〕風月——清風明月，意指風流浪漫。

〔31〕單條——狹長的單幅字畫。清·孔尚任《桃花扇》二十四〔忒忒令·前腔〕白：「這壁上單條，想是周昉雪圖了。」

〔32〕做個畫屏中倚玉蒹葭——《世說新語·容止》：「魏明帝使後弟毛曾與夏侯玄共坐，時人謂『蒹葭倚玉樹』。」注引《魏志》云：「玄爲黃門侍郎，與毛曾並坐，玄甚恥之。」按：蒹葭，價值低賤的水草，因喻微賤，以比毛曾；柳夢梅借用爲自謙之詞。相比之下，以夏侯玄之尊貴比喻畫幅中美人。顯然，這句話的意思是說柳夢梅巴不得和畫中人物（杜麗娘）在一起。

〔33〕耳朵兒雲鬢月侵芽——意言鬢髮掩蓋了耳朵就像雲彩遮住月亮。芽，指月牙，即新月。侵，覆蓋也。唐·王勃《郊興》詩：「澤蘭侵小徑，河柳覆長渠。」宋·寇準《春恨》詩：「侵階草色連朝雨，滿地梨花昨夜風。」王詩「侵」與「覆」，寇詩「侵」與「滿」皆互文爲義，並可證。

〔34〕挑達——戲謔。《詩·鄭風·子衿》：「挑兮達兮，在城闕兮。」宋·朱熹《詩集傳》：「挑，輕儇跳躍之貌。達，放恣也。」後多用爲輕薄之詞。

〔35〕石也要點頭——意言感動之深。佛教傳說，南朝宋高僧竺道生在蘇州虎丘講《涅槃經》，豎石爲弟子，石皆點頭。見《事類統編》卷六十三。按：竺道生，即道生。本姓魏，因從竺法汰出家，當時僧人依師姓爲姓，故姓竺。

〔36〕天雨花——佛教傳說，南朝梁高僧雲光法師在南京雨花臺講經，感天而雨花。見王象之《輿地紀勝》（南宋地理總志）。

〔37〕黏（nián）嵌著錦邊牙——嵌，鑲嵌。宋·趙錫鵠《洞天清祿集·古鐘鼎彝器辨》：「余嘗見夏琱戈，於銅上鑲嵌以金，其細如髮。」錦邊牙，嵌在裱好的畫幅上端的絲帶，以供張掛用。

〔38〕閒嘖（zé）牙——說空話、多嘴多舌。

〔39〕威光水月生臨榻——威光水月，指水月觀音，這裏喻稱畫幅中的美人。威光，見第二十六齣注〔13〕。生臨榻，活靈活現地來到床上。臨，來到，到達。《楚辭·遠遊》：「朝發軔於大儀兮，夕始臨乎於微閭。」三國魏·曹操《步出夏門行》：「東臨碣石，以觀滄海。」義並同。

〔40〕似這天眞多則假——天眞，指天仙、天神。曲文中凡言仙眞、玉眞等，多指偃人。多則假，多半是假的。

〔41〕鶱——邁也。元·無名氏《爭報恩》二〔石榴花〕：「見一個碑亭般大漢，將這門桯來鶱。」

〔42〕羞颯（sà）——猶羞煞，害羞貌。

〔43〕髻兒鬠（zha）——髮髻散亂貌。

〔44〕房頭——房間。元·李好古《張生煮海》三、白：「前日有一秀才，在我這房

頭借住。」又本劇第三十二齣「去姑姑房頭去看了他動靜」、第三十六齣「著
他和俺收拾房頭」，義並同。

〔45〕俄旋——一會兒，短暫的時間。

〔46〕睡屏中作念猛嗟牙——睡屏，似指床上，引申作睡夢中。嗟牙，謂嗟歎。牙，
　　　應作「訝」，爲調整聲韻，改用平聲字「牙」。

〔47〕櫳——窗上櫺木。

〔48〕這咱——這早晚，這時候的意思。第三十二齣「這咱」，義同。

〔49〕遊方——見第二十七齣注〔14〕。

〔50〕驚詫（chà）——驚訝詫異，事出非常使人覺得奇怪。《二刻拍案驚奇》卷十一：
　　　「（焦大郎）大驚吒道：『奇怪，奇怪，有這等事！』」清·洪昇《長生殿》二
　　　十五〔耍孩兒〕：「事出非常堪驚詫。」按：驚吒、驚詫，音義並同。

〔51〕斂衽（rèn）——整飭衣襟，表示恭敬。衽，衣襟。《戰國策·楚策一》：「一國
　　　之眾，見君莫不斂衽而拜。」漢·桓寬《鹽鐵論·非鞅》：「諸侯斂衽，西面而
　　　向風。」

〔52〕萬福——唐宋時婦女相禮，爲表達祝願，口稱「萬福」，類乎男子相揖時口稱
　　　「唱喏」。

〔53〕夤（yín）夜——深夜。元·王實甫《西廂記》三本三折〔清江引〕白：「你既
　　　讀孔聖之書，必達周公之禮，夤夜來此何干？」

〔54〕張騫犯了你星漢槎（chá）——晉·張華《博物志》卷十：「舊說云：天河與海
　　　通，近世有人居海渚者，年年八月，有浮槎去來，不失期。」據傳說，漢代張
　　　騫曾乘浮槎經黃河到過天河，遇見牛郎織女。金·董解元《西廂記諸宮調》卷
　　　一〔仙呂調·尾〕白：「旁有江湖意相逐，上連霄漢泛浮槎。」明·周履靖《錦
　　　箋記》六〔生查子〕白：「也有騎鯨李白，也有泛渚張騫。」清·孔尚任《桃
　　　花扇》二十五〔掉角兒〕：「阻隔著黃花雪浪，那怕他天漢浮槎。」張騫，他與
　　　班超同是漢代開拓西域的功臣。槎，木筏。你，這裏是以織女比杜麗娘。

〔55〕小梁清夜走天曹罰——梁清，神話中女仙名，傳爲織女侍兒梁玉清，因逃往下
　　　界，受到天庭處罰。《太平廣記》卷五十九引《獨異志·梁玉清》云：「東方朔
　　　內傳云：秦并六國，太白星竊織女侍兒梁玉清、衛承莊，逃入衛城少仙洞。四
　　　十六日不出，天帝大怒，命五岳搜捕焉。太白歸位，衛承莊逃焉。梁玉清有子
　　　名休，玉清謫於北斗下。」這裏是以仙女梁玉清比杜麗娘。

〔56〕彩鳳暗隨鴉——比喻淑女嫁拙夫。《事文類聚》後集卷七六「武人置妾」條載：
　　　有當兵出身的杜大中，愛妾才色俱佳，抱怨沒嫁個好丈夫，作《臨江仙》詞，
　　　說他自己是「彩鳳隨鴉」。這裏是柳夢梅以彩鳳比杜麗娘，以鴉自比。

〔57〕綠楊曾繫馬——意言郎君曾貪你（指杜麗娘）美色，下馬看顧過。宋·姜夔《月
　　　下笛》：「凝佇，曾遊處，但繫馬垂楊，認郎鸚鵡。」元·關漢卿小令《大德歌·

夏》：「俏冤家，在天涯，偏那裏綠楊堪繫馬！」元·喬吉《兩世姻緣》三〔調
笑令〕：「何處綠楊曾繫馬，莫不是夢兒中雲雨巫峽？」

〔58〕認陶潛眼挫的花——陶潛，晉代大詩人，《桃花源記》的作者。桃花源和劉晨、
阮肇上天台採藥遇仙女的故事，傅會在一起以後，陶潛有時和劉、阮一樣用作
情郎的代稱。眼挫，指眼角、眉梢。眼挫的花，謂眼花看錯了。全句意為找情
郎找錯了人。

〔59〕走臨邛道數兒差——走臨邛，意指私奔。道數兒差，意謂走錯了路。此用卓
文君隨司馬相如私奔事。《史記·司馬相如列傳》：「是時卓王孫有女文君新
寡，好音，故相如繆與令相重，而以琴心挑之。相如之臨邛，從車騎，雍容
閒雅甚都；及飲卓氏，弄琴，文君竊從戶窺之，心悅而好之，恐不得當也。
既罷，相如乃使人重賜文君侍者通殷勤。文君夜亡奔相如，相如乃與馳歸成
都。」

〔60〕夜行無燭——《禮記·內則》：「女子出門，必擁其面，夜行以燭，無燭則止。」
「可是你夜行無燭也」是說杜麗娘夜出沒有持燭。

〔61〕紅袖分燈向碧紗——紅袖，指美女。分燈，《西京雜記》卷二：「匡衡字稚圭，
勤學而無燭，鄰舍有燭而不逮，衡乃穿壁引光，以書映光而讀之。」漢·劉
向《烈女傳·齊女徐吾》：「齊女徐吾者，齊東海上貧婦人也，與鄰婦李吾之
屬會燭相從夜績。徐吾最貧而燭數不屬。李吾與屬曰：『徐吾燭數不屬，請
無與夜也。』徐吾曰：『……夫一室之中，益一人，燭不為暗，損一人，燭
不為明，何愛東壁之餘光，不使貧妾得蒙見哀之恩，長為妾役之事？使諸君
常有惠施於妾，不亦可乎？』」後因以「分燈」謂借用他人燈燭餘光以讀書
勞作。碧紗，碧紗窗的省稱。全句意指你（麗娘）何不向鄰居借用燈燭餘光。

〔62〕度仙香空散花——佛家傳說，文殊菩薩到維摩詰那裏問病，時維摩詰室有一天
女，見諸大人，便現其身，即以天花散諸菩薩大弟子身上。花至諸菩薩，即皆
墮落；至大弟子，便著不墮。天女說：「結習未盡，花著身耳，結習盡者，花
不著也。」以上皆見《維摩經·觀眾生》。按：「結習」者，佛家稱煩惱也。

〔63〕濡（rú）——停留；遲緩。

〔64〕趙飛卿舊有瑕——趙飛卿，漢成帝的皇后趙飛燕。相傳她貧賤時曾和射鳥者私
通。見《趙飛燕外傳》（玉上的斑點，即污點），蓋指此。

〔65〕蝶夢迷花下——在夢中為美女所迷。蝶夢，即「夢」。《莊子·齊物論》：「昔者
莊周夢為胡蝶，栩栩然胡蝶也。自喻適志與！不知周也。俄然覺，則蘧蘧然周
也。不知周之夢為胡蝶與，胡蝶之夢為周與？周與胡蝶，則必有分矣。此之謂
物化。」後因以「蝶夢」比喻迷離徜恍的夢境。

〔66〕弄鶯簧赴柳衙——意指來到柳夢梅住處。鶯簧，黃鶯鳴聲。以其聲如笙簧奏樂，
故稱。清·陳維崧《瑣窗寒·初春和雲臣韻》：「鶯簧生澀，不似舊時淹潤。」

柳衙：柳成行。衙，排衙也。南唐・韓遲偓《中朝故事》：「曲江池田半多柳，亦號爲柳衙，意謂成行列如排衙也。」排衙，這裏借指長官排設儀仗，接受屬員參謁的一種儀式。這裏借鶯鳴柳間表示麗娘來到柳夢梅的住處。「柳衙」之「柳」正與「柳夢梅」之「柳」相關。

〔67〕妝臺——婦女的住處。唐・韓溉《鵲》詩：「幾度送風臨玉戶，一時傳喜到妝臺。」

〔68〕包彈——缺點、毛病、破綻。元・喬吉《金錢記》一〔金盞兒〕：「尋包彈，覓破綻，敢則無纖掐。」按：包彈，用作名詞，多置於名詞或動詞之後。

〔69〕嗟（jué）呀——驚歎，歎息。《三國演義》第四十五回：「（曹操）乃謂眾將曰：『二人怠慢軍法，吾故斬之？眾皆嗟呀不已。』」

〔70〕剪燭——語出唐・李商隱《夜雨寄北》詩：「何當共剪西窗燭，卻話巴山夜雨時。」後以「剪燭」爲促膝夜談之典。《聊齋誌異・連瑣》：「與談詩文，慧黠可愛，剪燭西窗，如得良友。」

〔71〕明月之珠——即夜光珠，因珠光晶瑩有似月亮，故以名之。這裏用來形容杜麗娘光彩照人。

〔72〕發付——對付、應付。元・馬致遠《任風子》三、白：「今日任屠的魔頭至也，我且看他如何發付那。」清・李應桂《梅花詩・雌荅》〔錦唐春〕白：「梅大人夫妻跟前或可掩飾，只是那鴛鴦被底，教我怎生發付那一個如花似玉的梅小姐！」

〔73〕閃——忽然，突然。凡突然顯現或忽明忽暗者，均謂之「閃」。元・胡紫山小令《一半兒・四景》：「閃出些月兒明，一半兒陰，一半兒晴。」

〔74〕銀蠟——即蠟燭。

〔75〕乍——這裏形容迸射，含義近於「炸」。元・鍾繼先小令《罵玉郎帶感皇恩探茶歌・夏》：「端陽過了炎威乍。」

〔76〕星漢——天河，銀河。三國魏・曹操《步出夏門行》：「日月之行，若出其中；星漢燦爛，若出其裏。」

〔77〕金釵客——一般指妓女，以其頭戴金釵，故稱。這裏指美女。唐・李賀《殘絲曲》：「綠鬢年少金釵客，縹粉壺中沉琥珀。」王琦彙解：「金釵客，指女子。」下文「玉天仙」，亦指美女。

〔78〕宅眷——一般指家眷，家屬（多指女眷）。這裏指「家」。

〔79〕迎門調法——迎門，當門，對著門，頂著門。今語猶然。陳登科《風雷》第一部第十六章：「祝永康站在迎門，對陸紫雲的舉動，看得非常親切。」調法，花頭，花招。《詞林摘豔》卷九、明・段顯之散套《醉花陰・寶髻高整鳳釵插》：「一會家思，一會家察，莫不是風流的調法。」

〔80〕幽谷——幽深的山谷。《詩・小雅・伐木》：「出自幽谷，遷於喬木。」

〔81〕催花連夜發——催促百花連夜開放。化用唐・則天皇后《臘月宣召幸上苑》詩：「花須連夜發，莫待曉風吹。」發，花開放之義。

〔82〕個中知察——知悉、明察其中內情。指夢中幽會事（見《驚夢》〔山桃紅〕、〔鮑老催〕兩節）。個中，此中、其中也。

〔83〕拘惜——「拘繫」的異寫。謂約束、拘管，引申爲勉強、強求。

〔84〕嬌恰恰——嫵媚歡洽貌。

〔85〕淅喇喇——象聲詞。形容風吹窗紙聲。

〔86〕清風明月知無價——語本唐・李白《襄陽歌》：「清風明月不用一錢買。」見《全唐詩》卷166。這裏反用其義，無價，極言其珍貴也。

〔87〕陡地——突然、立刻。明・沈君謨《一合相・庵會》〔滴滴金〕：「驚魂化蝶，詡詡輕舉如霞，陡地乘槎，恍疑到高唐巫峽。」「陡地榮華」，言男女歡會後頓覺容光煥發。榮華，本喻容顏美好，這裏蓋用其引申義也。

〔88〕巫峽——此指巫山，男女歡會。參見第一齣注〔16〕。

〔89〕點——猶「踮」，意謂提著腳跟，用腳尖著地。

〔90〕亞——低垂貌。前蜀・韋莊《對雪獻薛常侍》詩：「松裝粉穗臨窗亞，水結冰錘簌溜懸。」

〔91〕下的——忍的，忍心。元・張國賓《合汗衫》二〔紫花兒序〕白：「孩兒，怎下的閃了俺也？」亦作「下得」。金・董解元《西廂記諸宮調》卷五〔黃鐘宮・雙聲疊韻〕：「細覷了，這病體，好不忘，怎下得。」

〔92〕花有根元玉有芽——意言有根芽，有來歷，有出處的意思。

〔93〕點勘——標點校訂。

〔94〕浩態狂香昔未逢——語見《全唐詩》卷343、韓愈《芍藥》詩。

〔95〕月斜樓上五更鐘——語見《全唐詩》卷539、李商隱《無題四首》之一。

〔96〕朝雲夜入無行處——語見《全唐詩》卷183、李白《巫山枕障》詩。

〔97〕神女知來第幾峰——語見《全唐詩》卷116、張子容《巫山》詩。

第二十九齣　旁　疑

【步步嬌】〔淨扮老道姑上〕女冠兒〔1〕生來出家相。無對向〔2〕、沒生長〔3〕。守著三清〔4〕像，換水添香，鐘鳴鼓響。赤緊的是那走方娘〔5〕，弄虛花扯閑帳〔6〕？

世事難拚一個信，人情常帶三分疑。杜老爺爲小姐剏下這座梅花觀，著俺看守三年。水清石見〔7〕，無半點瑕疵。止因陳教授老狗，引下個嶺南柳秀才，東房養病。前幾日到後花園回來，悠悠漾漾〔8〕的，著鬼著

魅一般，俺已疑惑了。湊著〔9〕個韶陽小道姑，年方念八，頗有風情，到此雲遊，幾日不去。夜來柳秀才房裏，唧唧噥噥，聽的似女兒聲息。敢是小道姑瞞著我去瞧那秀才，秀才逆來順受了。俺且待他來，打覷〔10〕他一番。

【前腔】〔貼扮小道姑上〕俺女冠兒俏的仙真樣。論舉止都停當〔11〕，則一點情拋漾〔12〕。步斗〔13〕風前，吹笙〔14〕月上。〔歎介〕古來仙女定成雙，恁生來寒乞相〔15〕？

〔見介、貼〕常無欲以觀其妙，〔淨〕常有欲以觀其竅〔16〕。小姑姑你昨夜遊方，遊到到柳秀才房裏去。是竅，是妙？〔貼〕老姑姑，這話怎的起？誰曾見來？〔淨〕俺看見來。

【剔銀燈】你出家人芙蓉〔17〕淡妝，剪一片湘雲鶴氅〔18〕。玉冠兒斜插笑生香，出落的十分情況〔19〕。斟量，敢則向書生夜窗，迤逗的幽輝半床〔20〕？

〔貼〕向那個書生？老姑姑這話敢不中〔21〕哩。

【前腔】俺雖然年青試妝，洗凡心冰壺〔22〕月朗。你怎生剗落〔23〕的人輕相？比似你半老的佳人停當！〔淨〕倒裁〔24〕起俺來。〔貼〕你端詳，這女貞觀〔25〕傍，可放著個書生話長？

〔淨〕哎也，難道俺與書生有帳！這梅花觀，你是雲遊道婆，他是雲遊秀才，你住的，偏他住不的？則是往常秀才夜靜高眠，則你到觀中，那秀才夜半開門，唧唧噥噥的。不共你說話，共誰來？扯你道錄司〔26〕告去。〔扯介、貼〕便去。你將前官香火院〔27〕，停宿〔28〕外方遊棍〔29〕。難道偏放過你？〔扯介〕

【一封書】〔末上〕閒步白雲除〔30〕，問柳先生何處居？扣〔31〕梅花院主。〔見扯介〕呀，怎兩個姑姑爭施主〔32〕？玄牝同門道可道〔33〕，怎不韞櫝而藏姑待姑〔34〕？俺知道你是大姑，他是小姑，嫁的個彭郎港口無〔35〕？

〔淨〕先生不知。聽的柳秀才半夜開門，不住的唧噥。俺好意兒問這小

姑：「敢是你共柳秀才講話哩？」這小姑則答應著「誰共秀才講話來」，便罷；倒嘴骨弄的〔36〕，説俺養著個秀才。陳先生，憑你説，誰引這秀才來？扯他道錄司明白〔37〕去。俺是石的〔38〕。〔貼〕難道俺是水的〔39〕？〔末〕喋聲〔40〕，壞了柳秀才體面〔41〕。俺勸你，

【前腔】教你姑徐徐。撒月招風實也虛？早則是者也之乎，那柳下先生君子儒〔42〕，到道錄司牒〔43〕你去俗還俗，敢儒流們笑你姑不姑〔44〕。〔貼〕正是不雅相〔45〕。好把冠子兒〔46〕扶，水雲梳，裂了這仙衣四五銖〔47〕。

〔淨〕便依説，開手罷。陳先生喫個齋去。〔末〕待柳秀才在時又來。

【尾聲】清絕處〔48〕，再踟躕。〔淚介〕咳，糝〔49〕東風窮淚撲疎疎〔50〕。道姑，杜小姐墳兒可上去？〔淨〕雨哩。〔末歎介〕則恨的鎖春寒這幾點杜鵑花下雨。〔下〕

〔淨貼弔場、淨〕陳老兒去了。小姑姑好嚜〔51〕。〔貼〕和你再打聽，誰和秀才説話來。

煙水何曾息世機〔52〕！高情雅淡世間稀〔53〕。

隴山鸚鵡能言語〔54〕，亂向金籠説是非〔55〕。

校　注

〔1〕女冠兒──女道士，詳第二十四齣注〔8〕。

〔2〕對向──配偶。亦作「對門」，元・關漢卿《調風月》一〔勝葫蘆〕：「怕不依隨，蒙君一夜思。爭奈忒達地，忒知根，兼上親上成親好對門。」

〔3〕生長──生育。《醒世恒言・汪大尹火焚寶蓮寺》：「我和尚一般是父娘生長，怎地剃掉了這幾莖頭髮，便不許親近婦人。」《紅樓夢》第六十八回：「正因我不大生長，原説買兩個人放在屋裏的，今既見了你妹妹很好，而且又是親上做親的，我願意娶來做二房。」

〔4〕三清──指道觀所供奉的元始天尊、太上老君、太上道君。

〔5〕赤緊的是那走方娘──赤緊的，猶雲當眞的、實在的。走方娘，指遊方的小道姑。

〔6〕弄虛花扯閒帳──虛花，虛幻不實。《醒世恒言・徐老漢義憤成家》：「杜亮道：『那爵位乃虛花之事，金銀是臭污之物，有甚稀罕？』」閒帳，閒事，即與己

無關之事。《醒世恒言・張廷秀逃生救父》:「我們也不管閒帳。」

〔7〕水清石見──比喻事情清清白白。語出漢樂府《燕歌行》:「語卿且勿眄,水清石自見。」

〔8〕悠悠漾漾──神魂顛倒貌。

〔9〕湊著──碰著。

〔10〕打覷──猶「打趣」,拿人開玩笑的意思。

〔11〕停當──妥當、妥帖。《晉書・庾亮傳》:「臣等以九月十九日發武昌,以二十四日達夏口,輒簡卒搜乘,停當上道。」《邯鄲記》十七〔雙蝴蝶〕:「但塞外之事,須處置停當。」

〔12〕拋漾──拋棄、丟掉。引申為四處飄蕩。蓋疑小道姑不守婦道也。

〔13〕步斗──即步罡踏斗。道士禮拜星宿,召遣神靈的一種動作。其步行轉折,據說宛如踏在罡星斗宿(北斗星)之上,故稱。清・洪昇《長生殿》四十六〔混江龍〕:「(內細樂,二童引淨上壇科)(淨:)趁天風,隨仙樂,雙引著鸞旌高步鬥。」

〔14〕吹笙──徐朔方注引《浙江通志》卷一九八云:神話傳說,西王母的侍女董雙成,本在西湖妙庭觀修煉,後來吹笙騎鶴飛上天去。這裏借指小道姑。

〔15〕寒乞相──窮樣子。參見第六齣注〔24〕。

〔16〕常無欲以觀其妙,常有欲以觀其竅──語見《老子・一章》。欲,欲望。妙,精微、奧妙。王弼注:「妙者,微之極也。」竅,原作「徼」,湯改「竅」,蓋調謔小道姑也。

〔17〕芙蓉──荷花之別名。戰國楚・屈原《離騷》:「制芰荷以為衣兮,集芙蓉以為裳。」以芙蓉為裳,蓋淡妝也。

〔18〕湘雲鶴氅──湘雲,形容衣服淡雅。鶴氅,鳥羽製成的裘,道士的服裝。

〔19〕出落的十分情況──出落的,顯露出。情況,情趣,情致。

〔20〕迤逗的幽輝半床──迤逗,謂引誘。金・董解元《西廂記諸宮調》卷六〔中呂調・牧羊關〕:「你試尋思,早晚時分,迤逗得鶯鶯去。」幽輝半床,語見唐・元稹《會眞記》。《會眞記》云:「是夕,旬有八日也,斜月晶熒,幽輝半床,張生飄飄然。且疑神仙之徒不謂從人間至矣。」這本是形容崔鶯鶯到張生那裏幽會時的月景,本劇借指小道姑到柳夢梅那裏尋歡。

〔21〕不中(zhòng)──不適合、不適當。

〔22〕冰壺──盛冰的玉壺,比喻品德清白潔淨。語出《文選・鮑照〈白頭吟〉》:「直如朱絲繩,清如玉壺冰。」李周翰注:「玉壺冰,取其絜淨也。」

〔23〕剝落──這裏是詆毀的意思。三國魏・陳琳《應譏》:「而背枉為難,耀茲武力,徒獨震撲山東,剝落元元。」「剝落元元」,謂傷害百姓也。與此義近。

〔24〕栽──誣陷,強加人以罪名。《西遊記》第二十三回:「八戒道:『哥啊,不要栽人麼!大家從長計較!』」《二刻拍案驚奇》卷三十九:「本是與我無干,今

庫吏自盜，他要卻罪，官面前暗栽著我。」

〔25〕女貞觀——道觀名。宋代潘必正與道姑陳妙長在女貞觀幽會。元明間・無名氏雜劇《女貞觀》、明・高濂傳奇《玉簪記》皆傳其事。

〔26〕道錄司——管理道教徒官署，教徒有訴訟的事，也由該司負責。本劇第三十齣〔尾聲〕曲：「動不動道錄司官了私和。」

〔27〕香火院——私人出錢建造廟宇，供奉香火，替自己求神佛保祐，近於家廟性質。謂之香火院。元・王實甫《西廂記》一折楔子・白：「這寺是先夫相國修造的，是則天娘娘香火院。」《金瓶梅》第八十九回：「守備說：『不打緊，永福寺是我家香火院，明日咱家上墳，你教伴當擡些祭物，往那裏與你娘燒紙，也是好處。』」

〔28〕停宿——「停眠整宿」之省文。停，亦留居、居住義。唐・韓愈《答張徹》詩：「潩郊避兵亂，睢岸連門停。」王伯大音釋：「按：停，猶居也。」

〔29〕遊棍——流氓無賴。明・沈德符《野獲編》卷十九「臺省・按臣笞將領」條：「武臣自總戎而下，即為副將及參將，體貌素崇，與司道同列。近來多點卒及遊棍濫居之，日以輕藐。」

〔30〕除——泛指臺階。《文選・張子平〈東京賦〉》：「乃羨公侯卿士，登自東除。」宋・葉適《王氏讀書堂》詩：「矧今治華室，山翠湧前除。」

〔31〕扣——探問，求教。南朝梁・元帝《撰〈孔子正音〉竟述懷》詩：「孤陋乏多聞，獨學少擊扣。」元・范康《竹葉舟》二〔掛玉鉤〕：「現如今，路又迷，途難叩。」叩，通「扣」。

〔32〕施主——佛道對布施者的敬稱。

〔33〕玄牝（pin）同門道可道——「玄牝之門」、「道可道」語分見《老子》六章和一章。這裏用作調謔語，與原義無關。玄牝，本意為神妙莫測，化生萬物的母體。故《老子》曰：「玄牝之門，是謂天地之根。」這裏只用「牝」字之意。牝，雌性的禽獸。

〔34〕韞櫝而藏姑待姑——按《論語・子罕》原文為：「子貢曰：『有美玉於斯，韞櫝（放在匣子裏）而藏諸？求善賈（價）而沽（出賣）諸？』子曰：『沽之哉，沽之者！我待賈者也。』」作者利用?音，把「沽」改為「姑」，是在嘲謔老道姑和小道姑。

〔35〕你是大姑，他是小姑，嫁的個彭郎港口無——語義雙關。劇中大姑指老道姑，小姑是小道姑。又江西省彭澤縣南岸有澎浪磯，隔江有大小孤山相望。俚因轉「孤」為「姑」，轉「澎浪」為「彭郎」，云「彭郎」者，小姑婿也。後遂以此相傳，把彭郎附會為小姑的丈夫。見宋・歐陽修《歸田錄》卷二。宋・蘇軾《李思訓畫長江絕島圖》詩：「舟中賈客莫漫狂，小姑前年嫁彭郎。」

〔36〕嘴骨弄的——意為撅著嘴，鼓著腮（進行辯駁）。

〔37〕明白去——評理去。明白,辨別清楚。唐・韓愈《諱辯》:「若不明白,子與賀且得罪。」

〔38〕石的——見第十七齣注〔10〕。

〔39〕水的——意指水性、輕狂,行為不軌。

〔40〕嗓聲——禁止出聲之詞,猶云「住口」。

〔41〕體面——謂臉面、情面。元・喬吉《金錢記》四〔水仙子〕:「(正來云:)小官欲要不成這門親事,則怕破了丈人體面。」《醒世恒言・兩縣令競義婚孤女》:「我若不扶持他,同官體面何存!」

〔42〕柳下先生君子儒——柳下惠,春秋時魯國的大夫,姓展名獲字禽,居柳下,諡惠,故稱柳下惠,有「坐懷不亂」的美譽。君子儒,語見《論語・雍也》。意指規規矩矩的讀書人。

〔43〕牒(dié)——古代公文的一種。《增修禮部韻略・帖韻》:「牒,官府移文謂之牒。」這裏用作動詞,意為告狀。

〔44〕觚不觚——《論語・雍也》:「子曰:『觚不觚,觚哉!觚哉!』」朱熹集注:「觚,棱也。或曰酒器,或曰木簡,皆器之有棱者也。不觚者,蓋當時失其制,而不為棱也。觚哉,觚哉,言不得為觚也。」作者利用?音而打諢也。

〔45〕不雅相——猶云「不雅觀」、「不好看」。元明間・無名氏《女姑姑》楔子、白:「我是個秀才,可領著一個道姑走,可也不雅相。」

〔46〕冠子兒——道士帽。唐・周渭《贈龍興觀主吳崇岳》詩:「橚為冠子布為裳,吞得丹霞壽最多。」下文「扶水雲梳」,義不詳。

〔47〕裂了這仙衣四五銖(zhū)——把一件仙衣撕裂,重量僅剩四、五銖。銖,古代重量單位,為一兩的二十四分之一。《孫子・形》:「故勝兵若以鎰稱銖,敗兵若以銖稱鎰。」郭化若注:「古代二十四兩為一鎰,二十四分之一兩為一銖。」仙衣,即「銖衣」,神仙穿的衣服,重僅五、六銖。撕裂後就只剩四、五銖了。

〔48〕清絕處——淒清至極之時。

〔49〕糝(sǎn)——散落,灑上。

〔50〕撲疎疎——猶「撲簌簌」,形容淚水不斷下落貌。明・孟稱舜《眼兒媚》二〔紫花兒序〕:「撲簌簌悽惶淚下。」

〔51〕嗻——同「者」,語助詞,無義。

〔52〕煙水何曾息世機——語見《全唐詩》卷 579、溫庭筠《渭上題》三首之三。煙水,本指霧靄迷蒙的水面,這裏借指散淡的人,即本齣的道姑。世機,世俗的機心。

〔53〕高情雅淡世間稀——語見《全唐詩》卷 359、劉禹錫《贈東嶽張煉師》詩。

〔54〕隴山鸚鵡能言語——語見《全唐詩》卷 201、岑參《赴北庭度隴思家》詩。

〔55〕亂向金籠說是非——語見《全唐詩》卷 824、僧子蘭《鸚鵡》詩。